황범송 평전

일러두기

· 별도로 촬영자를 표기하기 않은 사진은 모두 황범송 작가가 직접 촬영했거나 자료사진을 촬영한 것임.

· 이 책에 실린 사진의 한국 내 사용권은 경인문화사에 있음.

· 원고의 본문 표기와 한자 표기는 한국식으로 함.

황범송 평전

◆ 중국 조선족 촬영예술의 선도자 ◆

김창석 · 이광평 지음

역사인

"그의 일대기는 개인사에 그치는 것이 아니라 중국 조선족의 생생한 역사 기록이기도 하다"

93년 인생 여정에 76년을 카메라와 함께 했다면 이 또한 기네스북에 올릴만한 대 기록이라 하겠다. 중국 조선족 촬영예술계의 제1대 원로 황범송(黃范松) 선생이야말로 그 기록의 주인공이다. 촬영이라고 하면 통상 "사람이나 사물, 풍경 따위를 사진이나 영화로 찍는 것"이라고 하여 사진은 물론 영화나 미디어 분야까지 포함된다. 하지만 이 책에서는 촬영을 사진에 국한하여 사용하고자 한다.

중국 조선족 촬영예술사의 분수령하면 아마도 1959년 3월에 있은 중국촬영학회 연변분회 설립이라고 할 수 있다. 중화인민공화국이 설립된 지 십년이 흐른 뒤에야 비로소 연변에 촬영가협회가 설립된 것은 다른 분야에 비해 다소 처진 느낌이 든다.

그러나 이것은 어쩌면 당연한 일이었다. 사진 촬영하면 타고 난 예술 감각 외에 우선 기본으로 갖춰야 할 것이 바로 카메라였다. 그런데 당시 카메라 하나가 단독아파트 한 채 가격에 맞먹었다. 지금은 휴대폰에 카메라가 장착되어 웬만한 사진은 셀카로 무람없이 찍지만 그 당시 카메라는 감히 넘볼 수 없는 귀한 물건이었다. 어쩌면 카메라라는 개념 자체를 모르는 사람이 대부분이었다 해도 과언이 아니다. 서민들은 가족에 경사스러운 군일이 있어야 어쩌다 사진 한 두 장 찍게 되는데 그것도 모처럼 사진사를 모셔오거나 사진관에 가서 찍었다. 그러다 보니 카메라는 서민들로 말하면 거의 접할 수 없는 사치품이었다.

까만 보자기가 쓰인 삼각대 속에 머리를 집어넣고는 뭔가 관찰하고 나서 "하나, 둘, 셋!"하고 셈을 세면서 주의를 집중시키는 순간 바른 손에 쥐였던 고무주머니를 살짝 조였다 놓는다. "찰칵"하는 소리와 함께 그 순간이 그대로 포착이 된다. 믿겨지지 않을 정도로 신기하면서도 희한한 일이다.

그 미지의 수수께끼를 풀어보고자 막무가내로 방랑길에 오른 13살 소년이 있었다. 그가 바로 엉뚱한 궁리에 빠져들면 헤어 나올 줄 모르는 유별난 아이 황범송이었다.

황범송은 1930년 7월 7일에 길림성 왕청현 중안향 팔과수촌의 한 움막에서 태어났다. 그는 어린 나이에 어머니를 여의고 누나와 함께 남하마탕에 사는 작은할아버지 댁에 맡겨진다. 그곳에서 일제강점기의 4년제 춘탕우급학교에 들어가 공부하면서 여섯 눈을 뜨게 된다.

1943년 13살 되던 해에 춘탕우급학교를 졸업할 무렵 어느 날, 졸업사진을 찍는다고 해서 운동장에 모였다. 어디서 모셔왔는지 모를 '콧수염아저씨'가 몇 번이나 삼각대 속에 머리를 들이밀고 뭔가 '조율'하더니 이윽고 줄이 달린 고무주머니를 들어 보이면서 "하나, 둘, 셋!"을 외친다. 순간 절대 눈을 감으면 안 된다고 주의를 주면서 고무주머니를 살짝 누른다. "찰-칵"하는 소리와 함께 긴장했던 순간이 '와르르' 무너진다.

"뭐지? 이게 다란 말인가?!"

애들은 신기함을 떨쳐버리지 못했다. 그 '콧수염아저씨'가 마술이라도 부리는 존재로 느껴졌다. 한동안 그 '콧수염 아저씨'를 졸졸 따라 다니면서 궁금증을 풀어보고 싶었다. 하지만 '콧수염 아저씨'가 곁을 주지 않았다.

사흘째 되는 날 졸업사진을 한 장씩 받아보고 나서 그 '콧수염아저씨'가 더 신기한 존재로 느껴졌다. 4년을 함께 지낸 눈에 익은 친구들의 모습이 신통방통하게 사진에 담겨 있다. 맙소사! 세상에 이런 희한한 일도 있단 말인가!

"나도 장차 사진 찍는 사람이 될 거야…"

어린 소년의 마음에 소박한 꿈이 생기는 순간이다. 워낙에 짓궂은 놈이라 며칠째 고민하던 끝에 '사진 찍는 사람'이 되려는 꿈을 안고 정처 없는 방랑길에 오른다. 목단강, 하얼빈, 장춘… 여러 지역을 정처 없이 떠돌아다니며 사진관이란 사진관은 다 찾아 들어가 한심하기 그지없는 '취직 의향'을 밝힌다. 결과는 불 보듯 뻔한 일이었다.

이렇게 몇 달째 방황하다가 찾아간 곳이 흑룡강성 치치하얼(齊齊哈爾) 끝자락에 위치한 태래현(泰來懸, 타이라이현) 오묘자촌이다. 그곳에 만몽척식회사가 운영하는 일본인 집단농장이 있었는데 아버지와 새어머니, 그리고 누님이 거기서 벼농사를 짓고 있었다. 몇 년 만에 '이산가족'으로 지내오던 한 가족이 그 곳에서 간만에 상봉하게 되었다.

황범송은 이듬해 그곳에서 광복을 맞이하였다. 이제는 살맛나는 세상이 도래한 줄로 알았다. 그런데 지방도적떼인 토비(土匪)들의 무차별한 기습을 받아 부득이 누렇게 익어가는 논을 버리고 다시 피난길에 오르게 되었다. 일단은 가문의 연장자인 작은 할아버지 댁을 목적지로 해서 고생고생하면서 임시로 봇짐을 풀어놓은 곳이 현재의 연길시인 국자가(局子街)의 일본인 난민수용소였다. 그 곳에서 운 좋게 금강사진관을 운영하는 김몽훈 스승과 연이 닿게 되었다. 그의 나이 16살에 카메라를 목에 걸게 된 것이다.

그 뒤로 장장 76년을 '사진장이'로, 사진기자로, 다시 박물관 사진담당자로, 연변자치주위원회의 진직 촬영담당자로 근무하면서 오로지 카메라와 함께 히는 외길인생을 걸었다. 그 사이 수만 점에 달하는 사진을 찍었고 또 수만 점에 달하는

1990년 8월 백두산 천지에서 사진 촬영을 하는 황범송

사진을 수집했다. 또 수십만 점에 달하는 사진을 제작하고 분류하고 정리하여 후세에 귀중한 역사사진자료를 남겼다.

90고령을 넘겼어도 늘 카메라를 휴대하고 다닌 그이였는데 3년 째 전 지구촌을 괴롭힌 코로나19 여파로 2022년 3월 9일에 전혀 예기치 못했던 희귀병 진단을 받고 황망히 하늘나라로 가셨다. 향년 93세를 일기로….

그는 시름시름 앓음 자랑을 하시다 간 것도 아니고 운명하기 바로 며칠 전까지도 아침이면 공원에 나가 뭇사람들이 지켜보는 가운데서 산책도 하고 철봉대에도 매달려 턱걸이도 거뜬히 해서 오가는 사람들의 주의를 끌었다. 목소리가 하도

쩌렁쩌렁해서 그가 있는 곳이면 늘 사람들로 웅성웅성했다. 그러던 그가 뭐가 그리도 급해 유언 한마디 없이 뒤도 돌아보지 않고 떠나버린 건지….

코로나로 전 지구촌에 '1급 비상'이 걸린 때에 명을 달리하다보니 가시는 길이 너무도 초라해 마음이 아팠다. 직계들마저 눈 편히 뜨고 부모님의 임종을 지켜드리지 못하는 상황이 연출되었고, 유체고별식마저 없는 장례를 치르게 되였다는 게 너무 속상한 일로 여한을 남겼다. 어쩌면 그냥 배정된 순서에 따라 아무 격식 없이 서둘러 물리적으로 불가마 속으로 들어갔을 그 당시 상황을 떠올리면 더구나 억장이 무너져 내리는 기분이었을 것이다.

황범송 사진가의 갑작스러운 타계는 중국 조선족 촬영예술계로 말하면 크나큰 손실과 슬픔이 아닐 수 없다. 하지만 지나 온 역사야 어찌되었든 황범송은 이미 고인이 되어 한줌의 재로 소천 했다. 눈을 감는 순간까지도 병상 머리맡에 놓아둔 카메라만 물끄러미 쳐다보다가 힘없이 눈을 감았다고 한다.

살다보면 세상이 참으로 매정하고 억울하고 불공평하다는 느낌이 들 때가 많다. 한생을 불태워 그만큼 역사에 길이 남을 족적을 남겼음에도 가시는 길은 너무나도 상식을 떠난 영결이 되었으니 말이다. 그래서 필자도 이참에 뭐라도 적어서 후세에 '황범송'이라는 이름 석 자만은 남겨야겠다는 생각을 하게 되었다.

누군가 글이란 워낙에 약자의 편에 서서 그들을 동정하고 그들을 대변해서 뭔가 호소하는 행위라고 했다. 황범송은 한평생 '말단직원'으로 살아왔지만 그가 만난 주인공들은 대개가 지역사회를 대변하거나 나라를 대변했던 주인공들이다. 그런 주인공들을 한 분 한 분 찾아나서는 와중에 이 나라, 이 지역, 이 민족의 역사를 사진으로 기록하는 일에 몰두하게 되었다.

누구를 막론하고 언젠가는 그의 인생도 전기를 책으로 펴낼 만도 한데…. 필자가 이런 고민에 빠져있는 데 고인의 큰사위인 허연일 회장이 필자를 찾아왔다.

"원래는 장인어르신 생전에 기념화첩을 내드리려 했는데 너무도 갑작스럽게 타계하시는 바람에 그 일은 잠시 접어두고 일단은 인물 전기를 펴낼 생각을 하게 되어 이렇게 찾아왔습니다. 본이 아니게 너무도 억울하게 떠나보낸 장인어르신의 혼을 다시 불러 세상 사람들에게 황범송이라는 이름 석 자를 되새겨보게 하려는 게 저희 가족의 소망입니다."

"잘 생각하셨습니다. 그렇지 않아도 황범송 선생은 어련히 역사에 기록되어야 할 분입니다. 의미 있는 용단을 내리셨습니다. 꼭 독자들을 감동시킬 일대기가 될 거라 믿어 의심치 않습니다. 기대에 미치는 글을 써낼 지는 장담하지 못하겠지만 최선을 다 해보겠습니다."

이렇게 되어 황범송 생전에 자주 호흡을 맞춰 온 동료이자 애제자인 이광평(李光平) 선생을 집필진에 모시면서 본격적인 작업이 시작되었다.

책 제목을 '중국 조선족 촬영예술의 선구자 황범송'이라고 정하고 보니 어딘가 머리에 어울리지 않는 모자를 눌러썼다는 모호한 느낌이 들었다. 과연 그 선구자(先驅者)라는 표현이 타당한 건지? 선구자보다는 선도자(先導者)가 더 적중한 표현이라는 생각이 들기도 했다. 뭐 거기서 거기인 걸 가지고 웬 고민이냐는 이도 있겠지만 따지고 보면 미세한 차이만은 아닌 것 같다.

선구자는 "말을 탄 행렬에서 맨 앞에 선 사람"을 이르는 말이다. 또 다른 의미로 "어떤 일이나 사상에서 다른 사람보다 앞선 사람"을 두고 하는 표현이기도 하다. 하지만 선도자는 그냥 "앞장에 서서 인도하는 사람"을 말한다. 조금 풀어서 해석한다면 그냥 남들한테 본을 보이는 것으로 길을 내는 사람, 어쩌면 뒤도 돌아보지 않고 내처 앞을 향해 새로운 길을 개척해나가는 사람을 의미한다.

그렇다면 황범송이야말로 뒤도 돌아보지 않고 장장 76년을 카메라맨이라는 외길인생을 살아 온 분이니 선구자보다는 선도자가 더 적중한 표현이라는 생각이 들었다.

2020년 이광평·전죽송·최삼룡이 편집해 연변인민출판사에서 출간한 『중국조선족예술사(촬영편)』에 김진호, 강찬혁, 황범송, 김홍국을 나란히 중국 조선족 촬영예술의 선구자라고 적은 대목이 있다. 그게 딱히 그릇된 표현은 아니지만 그렇다고 아주 적중한 표현이라고 단언할 수도 없다. 김진호나 강찬혁의 경우는 어울리는 표현일지 모르나 황범송이나 김홍국에게는 선구자보다는 선도자가 더 적중한 표현이라는 생각이 든다. 이들 모두가 조선족 촬영예술계의 제1대 원로였다는 점은 부인할 수 없는 사실이다. 하지만 비슷한 년대를 살아 온 원로예술인들이라 해서 대놓고 이런 식의 두리뭉실한 '모자'를 씌워준다면 어딘가 "남의 옷을 빌려 입고 장가든" 기분이다.

황범송은 한생을 카메라하고만 실랑이 하면서 그냥 '사진사 황범송'이라는 명분으로 살아오신 분이다. 너무도 소박하게, 너무도 서민적으로 살아 온 분이기에 "홍모(鴻毛)보다 가벼운 삶"을 살다온 듯한 데 따지고 보면 이 세상 누구도 할 수 없는 거창한 역사의 흐름을 사진이라는 매개물로 기록해놓은 "태산보다 무거운 삶"을 만부하로 사신 분이다. 하루 이틀도 아니고 장장 76년을 만부하로 살아오신 분이다.

글을 쓰는 내내 마음이 숭엄해지면서 과연 인생을 어떻게 살아가는 게 모범답안인 지를 두고 자아성찰도 많이 했고 또한 우리 사는 세상이 너무 자아 독존적이고 자기중심적 이어서 현실에 회의를 느끼기도 했다. 세상은 요지경으로 변해가고 있는 데 그래도 우리에게는 이런 자아희생적인 고상한 삶을 살아 온 주인공들이 있다는 게 참으로 가슴 벅찬 감동으로 다가와서 글 쓰는 내내 흥분했다. 우리가 받아들이든 받아들이지 않던 역사는 역사대로 흘러가기 마련인데 묵은 터에서 이밥(쌀밥) 먹던 생각에 머물러 있지 말고 우리의 자세를 반추해 볼 때도 되지 않았나

하는 혼자생각을 해본다.

황범송은 우리 민족이 낳은 저명한 촬영예술인일 뿐만 아니라 사심을 내려놓은 사진수집가이며 대공무사(大公無私)한 사진제작 베테랑이다. 카메라와 함께 한 그의 일생은 거시적인 차원에서 말하면 중화인민공화국과 함께 한 역사이며 미시적인 차원에서 말하면 연변조선족자치주와 함께 한 역사이다. 특히 연변조선족자치주가 걸어 온 70년사의 매 순간마다에 표적이 될 만한 역사적인 순간들을 포착하여 그 시기 좌표가 될 만한 화집을 출판함에 있어서 황범송의 노고가 절대적이었다고 할 수 있다.

그는 촬영업계에서 가장 오래 일하고 가장 많이 가장 '넓게' 일하고, 가장 '깊게' 일하면서 가장 많은 사진을 제작하고 가장 많은 사진을 보유하고 가장 많은 사진을 제공하고 가장 많은 화집을 펴낸 예술인이다. 그의 일대기는 개인사에 그치는 것이 아니라 동시에 중국 조선족의 생생한 역사 기록이다. 굳이 이 책을 펴내는 가장 큰 이유가 아닌가 싶다.

중국, 한국과 조선 등 중국 조선족의 역사와 생활, 인물들에 관심이 있는 분들에게 이 책이 조금이나마 도움이 되었으면 하는 바람이다.

끝으로 이 책을 낼 수 있도록 권유하고 지원해 준 중국 연변 양천허씨종친회 허연일 회장님, 기획 진행을 맡아주신 허원무 미수학회 회장님, 수많은 사진을 정리해주고 공동필자로 참여해 주신 이광평 사진작가님, 흔쾌히 출판을 허락해준 한국 경인문화사 한정희 대표님, 부족한 초고를 꼼꼼히 검토해주신 평화경제연구소 정창현 소장께 감사를 전한다.

2024년 5월 5일 연길에서

필자를 대표하여 김창석 씀

책을 펴내며 • 6

제1장
곡절 많은 어린 시절

북간도로 이주하다 • 17
유별난 '모험가' 황화순 • 21
송눈평원으로 가다 • 25
꿈을 찾아 떠난 방랑소년 • 27
눈물겨운 피난길 • 34

제2장
금강사진관 학도시절

국자가에서의 황 씨 일가 • 41
활약하는 청년동맹 맹원 • 43
금강사진관을 찾은 '불청객' • 46
김몽훈 문하에서 사진을 배우다 • 48
'성장판'이 열린 젊은이 • 51
전선원호에 나서다 • 56
드디어 내린 용단 • 62
중화인민공화국 설립 경축대회 • 65
"너 그렇게도 자신을 못 믿겠니?!" • 68
8급 기사 자격증 • 69
고급저택과 바꾼 사진기 • 71

제3장
두 발로 뛰는 사진기자

"이참에 신문사에 오지 않겠소?" • 77
맨주먹으로 시작한 기자사업 • 79
"어디 한판 붙어보자!" • 83
연변자치구 창립의 나날에 • 89
모직중산복 • 93
발로 뛰는 카메라맨 • 96
점으로 면을 이끌다 • 103
비운의 연대를 넘어 • 107
'물쇠고기' 일화 • 111
부친 황화순의 뒷이야기 • 116
'문화대혁명'의 세례 • 118

제4장
'보물 자료'를 찾아 떠난 9만리 행보

역사자료와 유적 촬영에 대한 진지한 탐구 • 127
못 말리는 직업의식 • 131
항일투사 여영준과 함께 한 항일유적지 답사 • 135
당안관과 도서관에서의 조사활동 • 140
발해 정효공주묘 발굴사업 • 150
농업박람회에 내놓은 22미터 거폭의 사진 • 157
총구멍 앞에서 지켜 낸 사진 • 163
왕일지(王一知) 여사를 찾아서 • 171
진귀한 사진에 깃든 이야기 • 186
북경 사진견학단 • 192
곤명견학단 • 195
60여 년 만에 발견된 비밀편지 • 198

제5장
행운의 카메라맨

당과 국가의 주요 지도자를 촬영 • 201
연변에 38시간 머문 주은래 총리 • 206
장백산에 오른 등소평 주석 • 224
연변을 두 번 찾은 호요방 총서기 • 228
강택민 총서기 연변 시찰 일화 • 233
김일성 주석과의 얽히고 설킨 이야기 • 237
아메리카대륙을 들썩이게 한 사진전 • 253

제6장

연변자치주 70년사에 남긴 발자취

그가 포착한 역사적인 순간들 • 263

화집1:『연변조선인민 사진책』 • 264

화집2:『연변조선민족자치구 화집』 • 266

화집3:『길림성 연변조선족자치주』 • 272

화집4:『연변조선족자치주 성립 10주년 경축대회 기념특간 1952-1962』 • 273

화집5:『연변』 • 274

화집6:『당대 중국 조선족』 • 276

화집7:『연변 50년』과『연변 60년』 • 277

화집8:『장백산 유람』 • 280

화집9:《중국연변조선족역사화책》 외 다수 • 281

제7장

생(生)에 빛이 되어준 사람들

조선의용군 대원 문정일(文正一)이 기증한 사진기 • 287

김진호와의 모호한 인연 • 296

강찬혁과의 야릇한 인연 • 302

약속을 어긴 동갑내기 김홍국 • 306

김몽훈의 또 다른 제자 김세문 • 311

제8장

최후의 승자는 그였다

마지막 동반 촬영과 대화 • 317

연변사진계에 남긴 발자취 • 322

외길 인생이 남긴 사진을 한 장 한 장 선별하며 • 326

제9장

추모와 작품세계

연변촬영가협회가 낸 부고(訃告) • 331

'딸 바보' 아버지를 회억하며 • 334

카메라와 더불어 칠십 성상 • 342

- 연변촬영계의 원로 황범송 외삼촌을 회억하며

황범송 선생님을 추모하며 • 351

약속을 어긴 사람 • 354

황범송의 작품세계 • 360

한국 사진학계의 평가 • 369

- 황범송 사진의 사료로서의 가치

황범송 연보 • 380

1

곡절 많은 어린 시절

북간도로 이주하다

19세기 중엽부터 과거 간도라고 불린 연변지역에 조선인이 이주하기 시작하였다. 특히 1860년대와 1870년대 사이에 조선에서 재해와 흉년이 연속으로 발생하자 수만 명의 이재민들이 사람이 살지 않으면서 비옥한 간도지역으로 옮겨갔다. 이주초기에 조선인들은 통화(通化), 집안(輯安), 장백(長白), 신빈(新賓), 용정(龍井) 등 두만강과 압록강 부근에 정착하였다.

이렇게 시작된 농민들의 이민은 그 후로도 계속되었다. 1905년 을사늑약이 체결되어 나라가 국권을 잃게 되자 이번엔 항일애국지사들이 국경을 넘기 시작해 이미 조선의 농민들이 모여 살던 만주와 서북간도 땅은 조선인들의 생활 터로 자리를 굳혀갔고 연변지역은 항일독립운동가들의 활동무대가 되었다.

일제강점기 동안 만주로 인구이동이 급격히 증가하면서 중국 동북부 지역의 조선인 사회는 더욱 확장되었다. 특히 1931년에 만주를 침략해 만주국을 세운 일제가 중국 동북지역을 대륙침략의 병참기지와 식량기지로 활용하고자 1년에 1만

일제강점기 함경북도 무산에서 두만강을 넘어 북간도로 이주하는 조선 사람들의 모습

호씩 이주시킨다는 계획아래 조선인을 만주지역으로 집단 이주시켰다. 그 결과 1930년에 60만 명에 달했던 조선인 인구가 1940년에는 1백45만 명으로 두 배 이상 증가하였다. 남원 황 씨인 황범송의 집안도 이러한 이주 대열의 일원으로 함경북도 온성에서 두만강을 건넜다.

조선반도에서 황 씨 시조하면 중국 후한(後漢)의 유신(儒臣)을 지냈던 황락(黃洛)으로 전해지고 있다. 황락은 광무제(光武帝) 건무 4년에 구대림(丘大林) 장군과 함께 교지국(交趾國)에 사신으로 파견되어 가던 길에 동해에서 풍랑을 만나 평해(平海)에서 표류하다가 착륙했다고 한다. 오도 가도 못하게 된 황락은 그곳에 정착하여 살면서 '황 장군'이라 불렸는데 그가 고조선 황 씨의 시조가 되었다고 한다.

황 장군의 후손으로 맏이 갑고(甲古)는 평해 황 씨, 둘째 을고(乙古)는 장수 황 씨, 셋째 병고(丙古)가 창원 황 씨로 봉해져서 훗날 평해, 장수, 창원 3개 관향으로 황 씨들이 번성했다고 전해진다. 오늘까지 전해져 내려 온 황 씨 20여 본도 이 세 관향에서 갈린 분파다.

황범송이 태어난 왕청현 중안향 팔과수촌의 현재 전경. 팔과수촌은 현재 인구가 줄면서 폐촌되었고, 마을 표석과 한 채의 농가만 남아 있다.

그 중에서 당대에 중국 북간도로 건너 간 많은 황 씨들 중 상대적으로 남원 황 씨가 우세했다는 기록이 있다. 특히 조선 함경북도 온성군의 어느 마을에서 동네 의원을 지낸 황 의사 일가하면 그 지역 황 씨들 중에서는 꽤나 알려진 집안이었다.

1929년 겨울에 가문의 연장자인 황 의원 내외와 아들 황화순 내외, 그리고 두 살내기 손녀 황신애 등 다섯 식솔이 두만강을 건너 중국의 북간도 팔과수(八棵树)라는 곳으로 이주하였다. 팔과수는 왕청현성에서 서남쪽으로 15km 떨어진 가야하 중부지역의 충적평원에 위치한 마을이었다. 그 당시에는 춘융촌(春融村) 소속이었다고 한다. 그 마을 동구 밖에 여덟 그루의 고목이 마치 의좋은 형제처럼 사이좋게 마주 자라고 있어 마을 이름을 '팔과수'라고 지어 불렀다고 한다.

황 의원 일가는 그곳에 봇짐을 풀고 할아버지는 계속해서 동네 의원을 지내면서 가난한 사람들의 병을 봐주었고, 남은 식솔들은 가무와 농사에 전념하면서 새로운 삶의 터전을 마련해 나갔다. 이주 온 이듬해인 1930년 음력 7월 7일에 팔과수촌 남산의 산재호(散在戶) 움막에서 장손 황범송(黃范松)이 태어났다.

황범송이 태어난 이듬해 1931년 9월, 일제는 압록강을 넘어 만주사변('9.18사변')을 일으켜 동북지역을 병참기지로 삼기 위한 침략전쟁을 시작하였다. 일제는 이듬해 장춘에 '괴뢰 만주국'을 세우고 중국 전역에 대한 식민지통치시대를 열었다. 이에 맞서 1931년 10월 12일에 중국공산당 중앙위원회는 만주성위원회에 항일유격대와 항일유격근거지의 창설을 지시하였고, 두 달 뒤인 12월 중국공산당 동만특별위원회도 연길현 옹성라자 소명월구(지금의 안도현 장흥향 신흥촌)에서 회의를 갖고 항일유격대 조직을 결정했다. 이에 따라 다음해 봄에 안도(安圖)·연길(延吉)·훈춘(琿春)·왕청(汪淸)·화룡(和龍) 등 동북지역에서 여러 반일유격대, 항일구국유격군 등이 창설되어 항일유격 전쟁을 전개하기 시작하였다.

유별난 '모험가' 황화순

쪽박을 차고 괴나리 봇짐을 지고 두만강을 건너 와 북간도에 정착한 남원 황씨 가문에 아주 유별난 '모험가'가 있었으니 그가 바로 황범송의 아버지 황화순(黄華顺)이다. 그 당시 황화순은 왕청 하마탕(蛤蟆塘) 천교령(天桥岭) 일대에서 꽤나 활약했던 인물로 평판이 나 있었다. 목소리도 쩌렁쩌렁하고 힘꼴도 세고 활력이 이만저만이 아니었었는데 거기에 붙임성과 수완까지 좋아서 주위에 아는 사람도 꽤 많았다고 한다.

황범송의 어머니 장 씨는 아주 조용하고 바느질에 애착이 있는 전형적인 가정주부였는데 아들 범송을 낳은 지 얼마 안 되어 27살 젊은 나이에 폐결핵으로 명을 달리했다. 젊은 나이에 아내를 잃은 황화순은 슬하의 두 자녀를 목단지령 넘어 남하마탕에 사는 작은 숙부 황명도(黄明道) 댁에 맡겨두고, 돈이나 왕창 벌어보려는 심사로 천교령 목재판으로 들어갔다. 다행이 작은 할아버지가 무자식이다 보니 핏줄이나 다름없는 남매를 친자식처럼 보살펴주어 무탈하게 자라났다.

하마탕은 1935년에 일제가 만주국 경영의 일환으로 실행한 집단 강제이민으로 조성된 조선인마을이었다. 원래 이름은 신흥둔(新興屯)이었지만 하마(개구리 일종)가 많은 늪(塘)이 있다고 해서 부쳐진 이름이다. 남쪽에 있는 마을을 남하마탕, 북쪽에 있는 마을을 북하마탕이라 불렀다.

작은할아버지 황명도는 한때 도문(圖們, 투먼) 일대에서 꽤나 평판이 나 있는 목수였다. 어떤 사정인지는 모르나 당지 일본인들의 눈에 나서 쫓겨 다니다가 이곳 하마탕에 도망 와서 정착하게 되였다고 한다. 떠도는 소문에 도문대합실을 작은할아버지와 몇 분이 지었다는 설도 있다. 작은할아버지가 무슨 일로 거기까지 쫓겨 와서 은둔생활을 하게 되었는지는 확실치 않으나 워낙에 출중한 재간을 갖고 있었던 터라 살림형편은 여느 집 보다 조금은 넉넉한 편이었다.

당시 가진 게 없는 촌사람들이 돈 좀 만지려면 농번기인 겨울철에 목재판으로 들어가 뗏목 운반 같은 부역에 동원되어야 했다. 그 외에는 별다른 부업거리가 없

아버지 황화순(1941년)

작은 할아버지 황명도(오른쪽 두 번째)와 황범송(뒷줄)(1953년)

었다. 황화순은 목재판에 들어가 뗏목 운반공으로 있으면서 열심히 일해 이판사판으로 돈을 모았다. 워낙에 완력이 있는데다가 누구보다 열심히 일한 덕에 차츰 돈이 모아지기 시작했다.

종자돈이 어느 정도 모아지자 그는 좀 더 큰 그림을 그려가기 시작했다. 그러던 차 동경성(東京城) 일대에 논농사가 잘 되어 논만 부쳐도 배를 곯을 걱정은 하지 않아도 된다는 소문을 듣고 마음이 움직이기 시작했다. 뭐니 뭐니 해도 그곳으로 가는 게 상책이라고 혼자 생각을 한 것이다. 당시로 말하면 배불리 먹고 사는 게 우선이었으니 말이다.

황화순은 목재판에 들어 가 번 돈을 가지고 혈혈단신으로 동경성 일대 하마허재라는 곳으로 갔다. 하마허재는 석두(石頭)역에서 30여 리 떨어진 중소국경지대였는데 와룡구 산하의 마을로 항일유격구로도 꽤 이름이 있었다. 일제는 그 지역이 조선인들이 소련으로 넘나드는 길목 역할을 하는 요충지인터라 일찍부터 눈독을 들이고 일본 개척단을 들여보내 집단부락을 조성하였다. 그러다 후에는 조선인 인부들도 대거 모집해 들여 조선인부락도 앉혔다. 이렇게 되어 하마허재 일대는 일본인과 조선인은 물론 유격대부대가 공존하면서 기 싸움을 하는 총성이 그칠 사이 없는 고장으로 되었다. 부근에 산 하나를 사이에 두고 유격부대가 있었고 맞은

편에 일본군집중영이 있었다.

황화순은 그곳에서 정미소를 운영해 보기로 작심했다. 후에는 정미소 바로 옆에 소매점까지 차렸다. 당시 그가 운영하는 소매점에 일본 군인들이 뻔질나게 드나들었다고 한다. 생필품도 사고 소매점에서 선술도 마시면서 취홍이 도도하면 젓가락장단에 노래도 불러대곤 했다고 한다. 그러다보니 구멍가게지만 수입이 꽤나 짭짤했다.

주머니가 두둑해지자 황화순은 그곳에서 새 장가를 갔다. 색시도 정미소를 운영하면서 눈도장을 찌어 두었던 영안(寧安)에 사는 열아홉 살 처녀 김수남(金壽男)이었다. 소매점을 운영하랴 정미소를 돌보랴 황화순은 눈코 뜰 사이 없이 바삐 돌아칠 수밖에 없었다. 그는 궁리하던 끝에 하마탕에 있던 딸 신애를 데려다 집안 살림을 맡아하도록 하였다.

당시 하마탕에 있는 춘탕우급학교를 다니던 황범송은 그나마 누나와 함께 있어 늘 마음의 위안을 받았었는데 갑자기 누나가 아버지 따라 간다고 하니 얼마나 눈물을 흘렸는지 모른다. 그냥 누나 따라 가고 싶었지만 당시 학생신분이라 막무가내로 그렇게 할 수도 없었다.

본의 아니게 아버지를 따라 나서게 된 황신애는 그때부터 부평초 같은 삶을 살게 되었다. 그때 나이 11살이었으니 범송보다 세 살 위였다. 누나 따라 간다고 책보자기까지 챙겨가지고 우물쭈물 따라 나서는 범송에게 아버지 황화순이 한마디 했다.

"너는 공부가 우선이니 작은 할아버지 댁에 그냥 있어라. 이제 춘탕우급학교를 졸업하게 될 때 쯤 형편이 낳아지면 널 데리러 올 터이니 그때까지 작은할아버지 말씀 잘 듣고 공부 열심히 해야 한다."

동구 밖까지 따라 나섰던 범송은 이제 몇 년 뒤 우급학교만 졸업하면 데리러 온다는 말에 서운했지만 주저앉고 말았다. 그때부터 누나는 어린 나이에 낯 설은 고장에 가서 의붓어머니 슬하에서 집안 살림을 거의 도맡아 하였다. 틈틈이 상가도 봐주면서 아버지 뒷바라지도 해야 했다. 고생문이 열린 것이다. 그나마 고생한

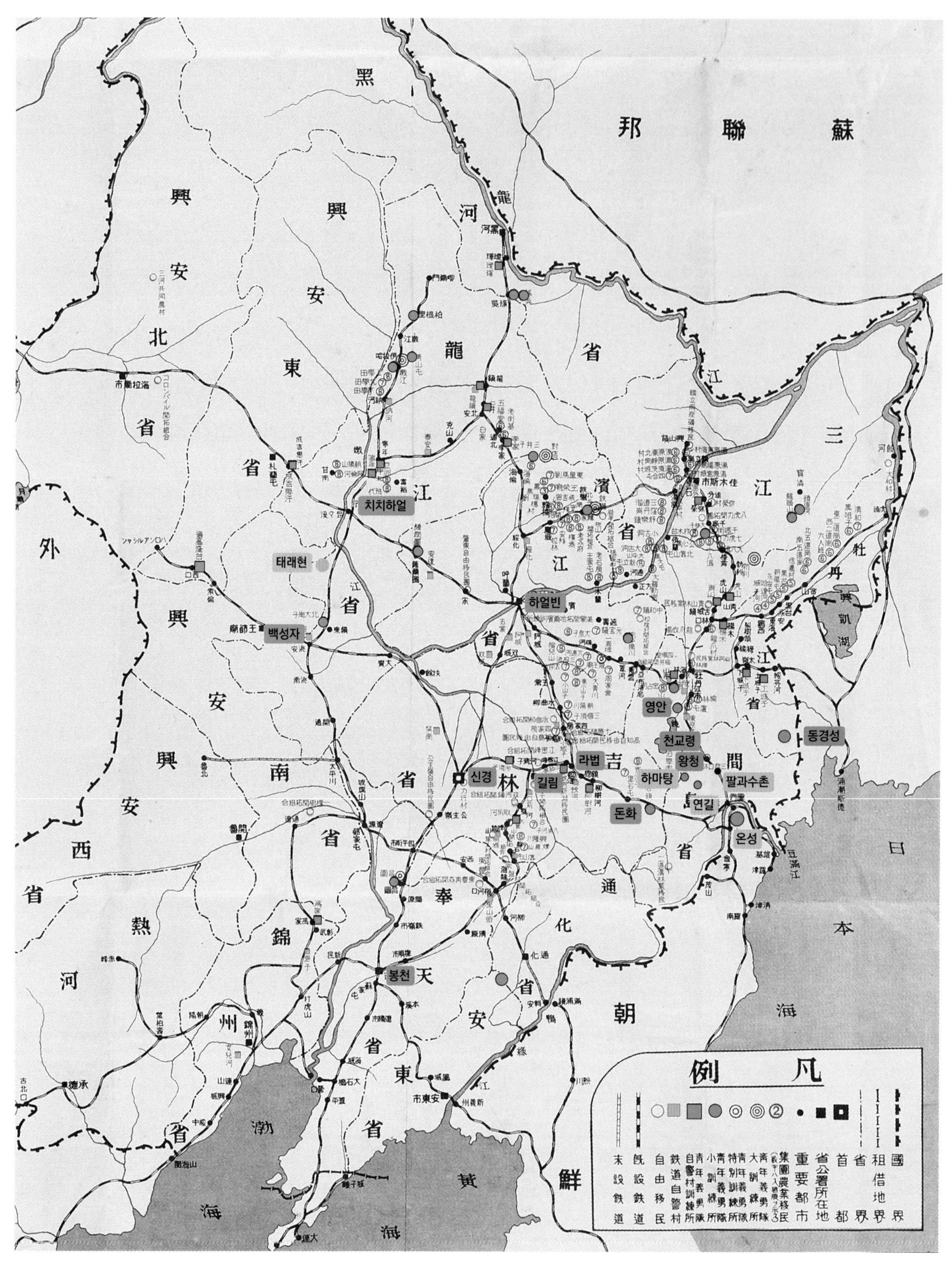

1930년대 일제가 작성한 동북지역 조선인 집단이주 현황도
황범송은 왕청현 팔과수촌에서 태어나 하마탕에서 소학교를 마치고, 태래현으로 갔다가 해방 후 국자가(연길)로 와 정착했다.

만치 돈을 만지는 재미가 있어 지루하다는 느낌은 없었다고 한다.

그런데 '모험'을 좋아하는 아버지가 또 사달을 내고야 말았다. 워낙에 활동적인데다가 손에 돈이 있으니 그 지역 '날치기'들이 아예 작정하고 아버지한테 접근하기 시작했다. 몇몇이 짜고 들어 놀음판을 벌려놓고 처음에는 져주는 척 하면서 호기심을 자극했다. 워낙에 모험을 좋아하는 황화순이 그들이 쳐놓은 그물망에 걸려들 수밖에 없었다. 전에 아편밀수에 손을 댔다가 옥고를 치렀음에도 이번에는 작정하고 덤벼드는 도박꾼들에게 혼이 나가 세월 가는 줄도 모르고 놀음판에 빨려 들어갔다. 상가며 정미소가 내내 문이 닫혀 있어도 마음 쓰지 않았다. 도박으로 잃은 돈을 도박으로 벌어보려는 심산으로 일확천금을 거머쥘 그날만을 고대한 것이다.

꿈은 야무졌지만 결과적으로 황화순은 가산을 다 말아먹고 빈털터리가 되었다. 정미소며 상가가 다 놀음판으로 들어갔다. 이제 더는 하마허재에서 살 수 없는 지경에 이르렀다.

송눈평원으로 가다

황화순은 식구들을 거느리고 울며 겨자 먹기로 그 곳을 떠나야만 했다. 이미 빈털터리가 된 그에게 관심을 보이는 사람도 없었고 동정의 눈길을 보내는 사람은 더구나 없었다. 그저 어리석은 놈이 싱거운 짓거리를 하다가 어정쩡하게 당했다고 뒤에서 쉬쉬거릴 뿐이었다.

그러던 차에 만몽(满蒙)회사가 치치하얼(齐齐哈尔)의 태래(泰来)현 쪽으로 조선인 집단이민을 강행하였다. 일제는 태평양전쟁이 가시화되면서 강압적인 흡수통합 정책인 창씨개명, 강제징병, 공출제 실시에 이어 강제로 집단 이민정책을 실시하였다. 태래현 집단이민 역시 이런 맥락에서 시작되었다.

태래현은 동북평원의 막 끝인 송눈평원(松嫩平原)지역이다. 황화순은 애초에 지긋지긋한 하마허재를 벗어나려고 작심했던 터라 묻지도 따지지도 않고 가솔들을 거느리고 이민행렬에 합류하였다. 당시 200여 호 되는 집단이민군단이 조성되어 1, 2, 3, 4반으로 편성이 되였는데 황화순 일가는 4반에 편성되었다. 일가족이라야 아버지 황화순과 새어머니 김수남, 그리고 큰딸 신애뿐이었다. 범송은 그때까지도 작은 할아버지 슬하에 있었다.

영안 일대에서 떠난 이민행렬은 목단강(牡丹江)지역을 지나 하얼빈을 거쳐 치치하얼 지역에 이르는 사이 트럭도 타고 마차도 타고 기차도 갈아타고 하면서 별의별 고생을 다 하였다.

추운 겨울날 길가에서 풍찬노숙하면서 밤에 낮을 이어 장광재령(張廣才岭)을 넘어, 송화강(松花江), 마의하(蚂蚁河)를 지나 아득히 펼쳐진 말로만 들어오던 동북평원의 한 끝 송눈평원에 이르는 길은 말이 아니게 지루하고 고달팠다. 그때가 1941년 겨울이었으니 황신애가 고작 13살이었고, 황범송은 춘탕우급학교(4년제) 2학년생이었다.

태래현은 흑룡강성 서남부에 위치한 작은 현성(지금은 치치하얼시)으로 흑룡강성과 내몽고, 길림성 세 지역 교차점에 위치한 평원지대였다. 이곳은 예전부터 땅이 비옥하기로 소문이 나 있었다. 일제는 대동아공영권의 미몽을 현실화하기 위하여 일찍부터 이곳 4리5항(四里五鄉)지역에 수전개척을 목적으로 조선인 집단이민을 대거 끌어들였다. 그러다 보니 이곳이 일찍부터 흑룡강성에서 입쌀산지로 유명세를 타게 되었다.

토성을 두른 집단부락은 아니었지만 열십자로 뻗은 동서남북의 길이가 4~5리 되는 어마어마하게 큰 마을이었다. 그 십자로를 경계선으로 제1구, 제2구, 제3구, 제4구로 편성되어 마을이 조성되었는데 데 황화순 일가는 제4구에 편입되었다. 그 지역은 땅이 흔해 빠진 곳이라 써레도 놓지 않고 그냥 물을 듬뿍 대어놓았다가 씨만 대충 뿌려 놓아도 농사만은 잘 되었다. 산이라는 게 보이지 않는 무연한 벌판이었다. 사실 동북지역은 땅은 기름지고 비옥하나 동토대지역이어서 옛날에는 벼농사 같은 건 꿈도 꾸지 못했었다. 하지만 19세기에 들어서면서 고생을 두려워하지 않는 조선인들이 이곳 저온지대에서 벼농사 기술을 갖고 들어와 동북의 광활한 대지에 수전 개척의 역사를 이루어 낸 것이다.

워낙에 수완이 좋았던 황화순은 그 와중에도 조선인 농부 셋을 머슴으로 두고 여느 집들보다는 통이 큰 규모로 벼농사를 시작했다. 처음에는 집도 없이 흙을 쌓아 바람막이를 한 오두막에서 반년 남짓이 지내다가 후에는 집도 장만했다. 이렇게 몇 년간 농사는 잘 되었다. 그런데 늦가을에 만몽회사와의 '출하계약'에 따라 싹쓸이 하듯이 다 걷어가고 나면 살림은 시종 펴지 못했다. 뼈 빠지게 벼농사를 하면서도 여름이 되기 바쁘게 잡곡을 꿔서 먹어야 하는 처지였다.

꿈을 찾아 떠난 방랑소년

작은 할아버지 댁에서 우급학교를 다니던 황범송은 이제나 저제나 아버지가 데리러 오기만을 손꼽아 기다리며 공부에 전념했다. 이제 13살이 되어 춘탕우급학교를 졸업하게 되었는데도 감감무소식이여서 은근히 조바심이 생겼다.

맨날 우울해있는 범송을 보고 하루는 담임선생님이 물었다.

"범송이는 앞으로 뭘 하는 사람이 될 거니?"

갑작스러운 질문에 한동안 어안이 벙벙해있던 범송이가 느닷없이 높은 소리로 대답했다.

"저는 장군이 될 겁니다!"

"장군? 왜서 군이 장군이 되려하는 거지?"

"전에 선생님께서 17살에 장원급제하여 조선 전기의 무신(武臣)을 지낸 남이(南怡) 장군의 이야기를 들려 준 후부터 저는 장군이 되려는 생각을 굳혔습니다. 여진족의 토벌에 큰 공을 세운 이야기도 흥미진진했지만 이시애(李施愛)난을 평정한 이야기는 더욱 마음에 와 닿았습니다. 비록 대신들의 시기와 모함으로 억울한 죽음을 당했지만 그래도 남이 장군은 힘도 세고 권세도 높은 사람이여서 자기가 원하

황범송이 다녔던 학교 모습. 후에 춘탕우급학교로 되었다.

1990년대 모교인 춘당우급학교를 방문한 황범송

는 모든 걸 다 이루어낼 수 있지 않습니까? 저는 장군이 되여 멀리 떨어져 사는 아버지하고 누나를 모셔다 가족이 같은 집에서 함께 살아갈 수 있게 할 겁니다."

황범송은 정색해서 도도하게 얘기했다.

"그래? 꿈이 참으로 야무진 게로구나. 어서 장군이 되어서 그 소원 하구 빨리 이루길 선생님도 응원할게!"

우급학교를 다니면서 범송은 자나 깨나 부모님하고 누나하고 함께 한 집에서 오손도손 살아가는 게 꿈이어서 그 꿈을 위해서라면 장군이 되어야 한다는 생각을 한 것이다. 속절없이 세월은 흘러 13살 되는 해에 학교를 졸업하게 되었다. 졸업을 앞두고 졸업사진을 찍게 되었는데 학교 측에서 사진사를 모셔왔다. 다들 교복을 산듯하게 차려입고 설레는 마음으로 운동장에 모였다. 바로 한 달 전 자연과 시간에 〈영화와 사진〉 과목을 배웠던 기억이 떠올라 범송은 혼자생각에 잠기게 되었다. 자연과 선생님으로부터 사진의 기본원리에 대해 배워 마치 실습하기라도 하듯이 졸업사진을 찍을 기회가 차려진 것이다. 난생 처음 찍어보는 사진이었다.

교장선생님을 비롯해서 학급담임과 기타 과임 선생님들이 걸상을 놓고 앞줄에 나란히 앉고 그 뒤에 졸업생들이 책걸상으로 계단을 만들어 세 줄로 올라섰다. 다들 숨을 죽이고 두 눈을 크게 뜨고 있는 데 삼각대 검은 보자기 속에 머리를 들이민 사진사가 좌중을 향해 왼손 검지를 쳐들어 보이면서 움직이면 안 된다고 주의를 준다. 그리고는 "하나, 둘, 셋" 하면 "김-치" 라고 외치면서 웃어 보이라고 했다.

그 순간 사진사는 잽싸게 바른 손에 쥐였던 고무주머니를 살짝 죄였다 놓았다. "찰-칵"하는 소리가 들렸다고 하는 데 범송의 귀에는 그 소리가 느껴지지 않았다. 참으로 신기했다. 저 시커먼 보자기 속에 뭐가 들어 있어 요상하게 생긴 고무주머니를 살짝 만지는 순간 많은 사람들의 다양한 표정과 모습들이 곧이곧대로 포착되어 사진 속에 찍혀지니 말이다. 참으로 희한하면서도 궁금해지는 순간을 두고 범송은 별의별 오만가지 생각을 다 굴려보았다.

며칠 뒤 담임선생님께서 학생들에게 졸업사진을 한 장씩 나눠주었다. 실물을 받아 쥐고 보니 더 신기했다. 셔터를 누르기 전에 조금 긴장을 했던 자신의 모습이 그대로 현상되어 나왔다. 교장선생님과 나란히 가운데 앉은 담임선생님의 표정이 유난히 돋보였다. 양 옆에 나란히 앉은 학교 지도부 선생님들 하고 몇몇 과임 선생님들 모습도 보였다. 한 학급에서 4년 간 치고 박고하면서 지냈던 불알친구들의 얼굴을 보면서 속으로 하나하나 이름을 불러봤다. 맨 뒷줄 가운데 선 우석이만은 워낙에 작은 눈을 다 감아버려서 그날 뒤로 '잠자는 우석'이라는 별호가 생겨나서 다들 골려주고는 한바탕 웃어주었다.

범송은 한식경이나 사진을 물끄러미 들여다보다가 장군이 되기보다는 사진사가 되는 게 더 현실적인 꿈일 거라는 생각이 들었다. 이 세상 모든 사물의 변화와 발전을 사진기록으로 남기는 게 장군보다 더 의미 있는 직종일 거라는 생각을 하게 되었다. 그날 범송은 졸업사진을 받아들고 깊은 생각에 잠겨 있다가 생각이 정리되자 곧장 담임선생님을 찾아가서 "선생님, 저는 장군이 아니라 앞으로 사진 찍는 사진사가 될 겁니다"라고 했다.

담임선생님도 "그래? 그것도 좋은 생각이지. 선생님은 믿는다. 범송이가 언젠가는 멋진 사진사가 되어 선생님 앞에 의젓한 모습으로 나타나리라는 걸 말이다"라고 하면서 범송을 품에 꼭 껴안아주었다.

춘탕우급학교를 졸업하고 곧장 중학교에 진학해야 하는 데 부근에 중학교가 없어 고민이었다. 가장 가까운 곳이라야 국자가나 용정에 있는 중학교였다. 기숙생활을 하면서까지 중학교를 다닐 형편이 못되는 지라 이제 어찌 살아야 할지를 두고 고민하지 않을 수 없었다. 그 당시 중학교 진학은 잘 사는 집 애들 한두 명 빼고는 감히 엄두도 낼 수 없었었다.

범송은 고민에 고민을 거듭하던 끝에 가출을 시도했다. 어디든 사진기술을 배울 수 있는 곳이면 찾아가서 학도를 하던 품팔이를 하던 그 재간을 꼭 배워내고야 말리라는 생각을 굳힌 것이다. 13살 소년의 가출은 이렇게 시작되었다.

어느 날 그는 무작정 하마탕 인근 기차역 대합실로 나와 기웃기웃 동정을 살폈다. 어느 차를 어떻게 타고 어디로 갈 지를 두고 고민했다. 당시 동북의 철도연선이 일본의 통제 하에 있다 보니 경계가 어찌나 삼엄한 지 비집고 들어갈 틈이 보

1990년대에 고향인 왕청현 남하마탕 마을을 방문해 취재하는 황범송.

이지 않았다. 게다가 평소에 가차라는 걸 타보지도 못한 촌뜨기였으니 더더구나 긴장이 됐다. 그도 그럴 것이 가더라도 '도적 기차'를 타고 목적지까지 가야 한다는 게 답안이었으니 긴장이 배가 되었다. 그래서 다음날 특별한 목적지를 정하지 않고 일단 아무 기차나 잡아타고 하마탕을 벗어나기로 작심했다.

12월이 막가는 어느 날 범송은 교복차림으로 대합실 주위를 어슬렁거리다가 하얀 김을 내뿜으며 발차를 시도하는 기차 맨 뒤 차량의 손잡이를 얼떨결에 거머쥐었다. 난생 처음 하마탕에서 도문에 와서 내렸고, 다시 거기서 잡아 탄 것이 장춘(長春) 가는 기차였다. 기차 맨 뒤로 탑승은 했는데 시도 때도 없이 하는 검표 때문에 신분이 들통날까봐 숨이 한줌만 했다. 빈자리를 찾아 앉았다가는 검표원이 나타날 징조가 보이면 무작정 화장실로 들어가 숨어버렸다.

이렇게 숨이 한줌만해서 '도적 기차'를 타고 길림성 장춘에 도착했다. 황범송이 태어난 이듬해에 9.18사변이 일어나 전 동북이 일제 치하의 식민지가 되었고, 그 이듬해 3월에 일제의 꼭두각시인 만주국이 세워지면서 장춘은 신경(新京)특별시

남하마탕의 현재 모습

① 집단이주로 건설된 마을의 역사를 기록한 하마탕촌개척기념비
② 작은 할아버지 집이 있었던 남하마탕 아랫마을 전경
③ 남하마탕 마을의 중심 광장과 거리 전경. 오른쪽 건물이 만주국 시기 협화회 건물이다.

로 이름이 바뀌어 수도로 되었다. 신경은 말 그대로 일본인들의 세상이었고, 만주국 괴뢰통치가 1945년 8월 15일 일제가 항복조항에 조인하기까지 장장 13년간 지속되었다. 당시 신경은 물론 동북지역 어디를 가나 일본인 세상이었다.

범송은 그러거나 말거나 사진관이라고 간판을 건 곳이면 무작정 찾아 들어가 사진기술을 배우려고 찾아왔다는 의사를 밝히면서 그냥 심부름꾼으로라도 받아 달라고 사정하였다. 하지만 어디서 굴러 온 유랑소년인지 조차 모르는 그를 선뜻 받아줄리 없었다. 어느 한 사진관에 찾아들어가니 지배인으로 보이는 분이 절레 절레 머리를 젔더니 용돈 몇 푼 쥐어주면서 말했다.

"꿈이 야무진 너를 응원하고 싶다. 하지만 훌륭한 사진사가 되자면 우선 기초 지식부터 탄탄히 다져야 한다. 네 나이는 아직 직업을 찾아 헤맬 때가 아니고 우선 중학교 공부를 한 다음 가능하면 대학진학을 앞두고 사진전업 쪽으로 진로 선택을 해야 하는 거다. 그러니 이 돈 가지고 얼른 고향으로 돌아가서 못 다한 공부부터 하고 다시 오너라."

범송은 이름 모를 아저씨의 소행이 눈물이 나게 고마웠다. 땡전 한 푼 없어서 하루에 한 끼 먹으면서 유리걸식하는 그에게 푼돈을 쥐어주면서 바르게 살 수 있는 방법까지 가르쳐주다니 평생을 두고 잊을 수 없는 분이었다.

하지만 범송은 포기하지 않고 아무튼 가는 데까지 가보기로 작심했다. 그는 신경에서 또 '도적기차'를 타고 목단강으로 갔다. 목단강에서 유리걸식하며 여러 사진관을 찾아 전전하다가 하얼빈까지 가보고 다시 진로 선택에 대해 생각해보기로 하였다. 어디서든 무경력자인 그를 받아주는 데는 없었다.

이른 새벽부터 비가 주절주절 내리는 을씨년스러운 날, 하얼빈 대합실에서 쪽잠을 자고 난 범송은 큰 거울에 비쳐진 자신의 초라한 모습을 보고 자기도 몰래 눈물을 흘렸다. 어쩌다 자신의 신세가 이 지경으로 초라하게 되였는지 조차 모르고 그 사이 북간도의 여러 사진관을 헤매고 다닌 자신이 어딘가 답이 없는 막무가내의 도전을 하고 있다는 생각을 하게 되었다. 이미 떠나 온 먼 길을 다시 돌아 갈 수도 없고, 그렇다고 마냥 유리걸식하는 삶을 계속 할 수도 없고 해서 고민하기 시작하였다.

그러다 역 대합실에서 벽에 걸려있는 큰 지도를 마주하게 되었다. 하얼빈에서 서북쪽으로 머지않은 곳에 대경(大慶, 다칭)이 표시되어 있고 그곳을 지나 조금 더 가면 치치하얼에 이를 수 있다고 표시되어 있다. 범송은 긴긴 터널을 혼자 걷다가 빛이 스며드는 출구를 찾은 기분이었다.

치치하얼에만 가면 태래현 오묘자(五苗子)에 아버지와 누님이 계신다는 걸 그도 진작부터 알고 있었으니 말이다. 언젠가부터 아버지가 보내 온 편지주소를 외워두고 있던 범송은 일단은 아버지를 찾아 태래현에 가서 훗날을 다시 생각해보기로 하였다. 어린 나이에 사진사가 되려는 꿈을 안고 신경, 목단강, 하얼빈을 전전하다가 치치하얼을 거쳐 태래현에 이르는 길에서 그는 나이 한 살 더 먹은 14살 소년이 되었다.

오랜만에 일가족이 한 자리에 모이긴 했으나 살림은 영 말이 아니었다. 하지만 아버지는 어느새 훌쩍 커버린 아들이 꿈을 찾아 북간도 땅을 전전하다가 불쑥 나타난 걸 천만 다행으로 생각하고 이제 일가족이 똘똘 뭉쳐 잘 살 일만 남았다고 시도 때도 없이 흥얼흥얼 콧노래를 불렀다. 아버지 입장에서는 아들의 소원을 풀어주어야 하는데 손에 쥔 것이 없어 고민이었다. 우선은 중학교 공부를 시켜야 하는 데 오묘자에는 중학교가 없어서 부근에 있는 직업기술학교에 보내놓고 차차 더 좋은 방도를 생각해 보기로 했다.

눈물겨운 피난길

그러던 1945년 8월 중순에 접어든 어느 날, 갑자기 태극기를 들고 젊은이들이 거리로 뛰쳐나와 북을 두드리고 "만세!"를 부르면서 떠들어대는 모습에 황 씨 일가는 크게 놀랐다. 대동아 공영권의 비몽을 꿈꾸던 일제가 투항하면서 드디어 조선인들이 광복을 맞이하게 된 것이다.

1945년 8월 20일 연길 의란(依蘭)에서 소련군 제25군 치스차코프 사령관이 일본관동군 제3군사령관 무라카미 케이사쿠(村上啓作) 중장 등으로부터 항복을 받고 있다.

이제 살만한 세상이 온 거라고 다들 얼마나 기뻐했는지 모른다. 그런데 너무도 갑작스레 들이 닥친 일이라 기뻐해야 할지 슬퍼해야 할지 갈피를 잡을 수가 없었다. 남들이 만세를 부르니 그들도 따라서 만세를 불렀을 뿐이었다. 내일에 대한 고민이나 근심 같은 건 아예 붙들어 매고 함께 어우러져 목이 터져라 만세를 불렀다.

이따금 만세를 부르면서도 이제 우리 조선인들 앞에 어떤 운명의 시련이 도래할 지에 대한 고민을 하지 않을 수 없었다. 누가 이 땅의 주인이 되고 어떠한 정당이 나타나 어떠한 정부를 세울 것인지? 가진 것 하나 없는 조선인들은 누구를 믿고 어떻게 살아야 하는 지에 대해 고민하지 않을 수 없었다.

아니나 다를까 그 한 순간의 기쁨은 오래가지 못했다. 어느 날 갑자기 무장을 한 지방도적떼인 토비(土匪)들이 마을에 들이 닥쳤다. 토비들은 “일본 놈이건 조선인이건 다 똑 같은 물건 짝이니 이참에 아예 한 몽둥이에 족쳐야 한다”며 시도 때

1945년 8월 중순 하얼빈에 진주하는 소련군을 조선인들이 태극기를 들고 나와 환영하고 있다.

도 없이 들이닥쳐 가택수사를 하고 난동을 부렸다. 토비들은 마을에 덮쳐들어 불을 지르고 쌀 마대를 메어가고 소나 돼지, 닭과 같은 가축을 약탈해갔다. 황 씨 일가는 물론 온 마을 사람들이 죄다 마을에서 쫓겨나 새발에서 여러 날 째 밤을 지새우며 집에 들어갈 엄두조차 하지 못했다. 밖에서 여러 날 째 가족들을 거느리고 오돌 오돌 떨던 황화순은 어느 날 하도 추워서 오밤중에 이불이라도 꺼내가려고 마을로 내려왔다가 들통이 나 하마터면 더 큰 봉변을 당할 뻔했다.

당시 이미 벼이삭이 돋아나기 바로 직진이었는데 그 황금나락 논을 버리고 차마 떠날 수 없어 일가족은 새발에 숨어서 한숨만 풀풀 내쉬었다. 하지만 무서리가 내리기 시작하면서 이제 곧 들이 닥칠 한겨울을 그냥 새밭에서 버티어 낸다는 게 말이 아니었다. 그래서 울며 겨자 먹기로 그 곳을 떠날 수밖에 없었다. 돌이켜 보면 그 피난길은 참으로 눈물겨운 한 편의 드라마였다.

황화순은 암암리에 일가와 함께 떠나게 될 난민들을 모아놓고 '귀향계획'을 세워나갔다. 일행이 자그마치 300명을 웃돌았다. 난민들은 황화순을 내세워 당지 소련홍군 사령부에 찾아가 사정이야기를 하고 아무쪼록 두만강유역에까지 갈 수 있게끔 차를 배정해달라고 사정했다.

그렇게 요행히 배정된 차가 치치하얼-장춘 간 화물차였는데 일행 모두가 오묘자역에서 탑승하게 되었다. 마침 소련으로 소를 싫어 나르고 돌아오는 화물차여서 비집고 들어가 엉덩이를 붙일 만한 공간은 있었다. 아이들은 짐짝과 함께 시렁위에 앉고, 젊은이들은 좌석공간이 턱 부족인지라 위험을 무릅쓰고 달리는 차 위로 기어 올라가 자리를 잡았다. 아낙네들은 두셋이 앉을 자리에 네다섯 명이 비집고 앉아 길을 떠났다.

그런데 그 차가 아성(阿城)시 백성자(白城子)에 와서 멈춰서더니 웬일인지 떠날 염을 하지 않는다. 포로병이었던 일본인 기관사가 도망을 간 모양이었다. 다시 기관사가 나타나야 차가 떠나게 되어 있는데 그 난리 통에 어데 가서 기관사를 데려온단 말인가?

그 와중에 툭하면 소련 군인들까지 들이 닥쳐 부녀자들을 간음하고 귀중한 물건을 빼앗아 가니 이거야말로 안절부절 못할 상황이었다. 황화순은 당시 갓 18살 꽃 다운 나이에 접어든 큰딸 신애가 걱정되어 맨날 그 주변을 맴돌다보니 배고픈 고생을 얼마나 했는지 모른다.

난민들은 하는 수 없이 다시 그곳의 홍군사령부를 찾아가서 사정이야기를 했다. 한밤중에 트럭이 배정되어 백성자 교외에 있는 어느 식량창고 앞마당으로 실려 갔다. 거기서 꼬박 보름 넘게 묵으면서 소련홍군 군량미를 운반하는 일을 하면서 입에 풀칠이나마 하게 되었다.

거기서 조선으로 나가게 될 대부분 난민들은 몇 패로 나뉘어 사평(四平) 쪽으로

1946년 3월 국민당군이 들어오자 심양역에서 기차를 타고 떠나는 피난민들. 황범송 일가의 피난길도 이와 비슷했다.

해서 두만강이나 압록강가로 나갔고 황화순 일행 몇 세대만은 사정이 있어 우선 연변 쪽으로 갔다가 다시 귀향계획을 세워보기로 했다. 그러던 중 뒤늦게 기차가 배정되어 백성자에서 고생고생하면서 장춘으로 나오게 되었다.

당시 장춘에는 벌써 조선인을 관리하는 지방민족사무위원회라는 조직이 나와 있었다. 황 씨 일가는 지방민족사무위원회의 도움을 받아 장춘시 제36중(만주국시기 지질학원)에 들어가 봇짐을 풀었다. 황 씨 일가 외에도 숱한 난민들이 꾸역꾸역 그곳으로 밀려들었다. 동북의 여러 지역에서 떼 지어 온 수백 명을 헤아리는 난민들이 그곳에 집결되어 홍군사령부의 지령에 따라 한패가 떠나기 바쁘게 또 한패가 들이 닥치는 통에 매일 같이 난민들로 인산인해를 이루었다.

황화순에게 만주국 수도였던 신경은 낯 선 고장이었지만 열다섯 살내기 범송한테는 그다지 생소하지 않았다. 어린 나이에 사진공부를 하려고 '도적 기차'를 타고 신경에 와서 떠돌이 인생을 살았던 그였으니 말이다. 범송은 난민소와 기차역 부근 사이를 뛰어다니면서 신바람이 났다. 기차역 광장에서 대나무꼬챙이에 정교하게 붙여 만든 작은 태극기를 팔고 있었다. 하나 사고 싶었는데 수중에 돈이 없어 그저 만지작거리기만 하다가 그냥 포기하고 돌아섰다.

태극기를 팔던 아주머니가 "너 이거 갖고 싶은 게로구나? 에라, 해방이 되어 다들 기뻐하는데 내가 선심 쓰지. 하나 줄 테니 골라 보거라. 대신 이걸 가지고 거리에 나가 '만세'나 많이 불러다오!"라고 하였다. 범송은 그 말이 떨어지기 바쁘게 하나 골라가지고 거리를 뛰어다녔다. 당시 황화순은 '조선으로 갈 것인가? 아니면 작은 아버지가 계시는 하마탕으로 갈 것인가?' 선택의 기로에서 고민했다. 대부분 난민들이 조선이나 한국으로 가는데 황 씨 일가는 그 길을 선뜻 택할 수 없었다. 우선 작은 아버지 황명도가 계신 하마탕으로 가서 합류한 다음 다시 귀향계획을 세워보기로 했다.

이제나 저제나 기다리다가 요행히 장춘에서 연길로 나오는 기차를 잡아타게 되었다. 그런데 엎어지면 코 닿을 곳으로 가는데 또 여러 날 걸렸다. 역시 기관사가 도망을 갔거나 아니면 차가 고장이 나서 중도에서 보수를 해야 했다. 언제든 차가 멈춰서면 내려서는 차가 다시 떠나기만을 기다려야 했다. 날씨가 추워오는데 홑옷바람으로 떠난 길이라 고생이 많았다. 제때에 먹지도 못하고 걸친 옷 또한 변변치 못하니 다들 퉁퉁 부어서 몰골이 말이 아니었다. 그렇게 고생고생해서 찾아온 곳이 조선 사람들이 많이 모여 사는 지금의 연길시인 국자가였다.

이처럼 신애와 범송, 두 오누이는 꽃다운 십대에 풍류인 아버지를 따라 동북산천을 전전하며 고생을 밥 먹듯 하면서 부평초 같은 삶을 경험했다.

금강사진관 학도시절

국자가에서의 황 씨 일가

범송을 태운 기차는 1945년 11월이 막가는 어느 날 새벽녘에 연길역에 당도하였다. 다들 쓰러 질 힘조차 없는 몸을 지탱하면서 어떻게 개찰구를 빠져 나왔는지 기억조차 없었다. 땡전 한 푼 없는 몸이니 인력거를 불러 탈 엄두도 내지 못하고 기진맥진한데다가 몇 끼를 굶은 몸이라 반은 기다시피 하면서 시가지 쪽으로 향하였다. 지금의 신문청사 로터리 부근이 일제 때 일본인들이 경영하던 운수공사 자리였는데 거기까지 오고 나니 날이 훤히 밝았다고 한다. 황 씨 일가는 누가 보든 말든 그냥 길가에 쓰러진 채 혼수상태에 빠져들었다.

그런데 천운이랄까. 마침 그곳을 지나던 청년이 걸음을 멈추고 서서 관심조로 "백주에 이게 뭘 하는 짓들이오?"라고 하면서 다들 일어나라고 호통을 쳤다. 후에 안 일이지만 그 청년이 조선에 나가 청진시 시장을 지냈다는 이희일이었다.

"나는 여기에 새로 선 청년동맹 맹원이오. 당신들은 뭘 하는 사람들인데 이 시간에 여기서 쓰러져 있는 거요? 우리 청년동맹은 공산당이 영도하는 조직인데 어려움에 처한 사람들을 보살필 의무가 있단 말이오. 다들 일어나시오."

일행 중 그래도 의지력이 강한 황화순이 정신을 가다듬고 일어나 사정 얘기를 하니 그 청년이 일단은 자기를 따라 오라고 하면서 앞장섰다. 그렇게 청년을 따라 간 곳이 지금의 연변대학 정문 옆에 위치한 일본인 난민수용소였다. 수백 명에 달하는 일본인 난민들이 거기에 운집해 있었다. 보아하니 거개가 아낙네들이 아니면 아이들이였고 일부는 전선에서 부상을 입은 군인들 아니면 노약자들이었다.

전쟁이 남기고 간 '폐허'나 다름없는 인파 속에 끼이게 되었으나 황 씨 일가는 찬밥 더운밥 가릴 신세가 못되는 지라 들어서자 그냥 들어 누워버리고 말았다. 주위를 살필 겨를도 없이 몇 시간 내내 숙면을 취하고서야 다들 겨우 눈까풀이 떠졌다.

점심인지 저녁인지도 모르는 데 난민수용소에서 '고량죽'을 준다고 해서 밖에 나가 줄을 섰다. 눈까풀이 떠졌으니 입에 풀칠은 해야 했다. 황화순은 그 사이 어디서 주어 온 다 찌그러진 양은냄비에 죽을 담아가지고 와서는 온 집 식구 마주 앉아 순가락도 없이 나뭇가지를 꺾어 만든 젓가락으로 먹었다. 세상에 살다 살다 멀건 '고량죽'이 그렇게 맛나기는 처음이었다. 황 씨 일가는 천신만고 끝에 그나마 엉덩이를 들여놓을 거처는 마련한 셈이었다.

당시 중국공산당 중앙에서는 항일전쟁 승리의 성과를 지켜내기 위해 3만 여 명의 간부와 10만 여명의 팔로군, 신사군을 동북에 급파하였다. 누가 동북을 먼저 차지 하냐가 쟁점으로 떠오른 시점이다. 당시 상대적으로 풍족했던 동북지역은 국민당과 공산당 양당이 힘을 겨루는 주요 쟁탈지로 되어 있었다. 또한 소련과 미국 양대 세력이 눈독을 들이는 지역이기도 했다.

중국에 사는 모든 사람들 앞에 두 가지 운명의 갈림길이 놓이게 되었다. 장개석을 수반으로 하는 국민당은 대지주와 대자산계급이 통치하는 독재정권을 수립하려 했고, 모택동을 수반으로 하는 공산당은 역사적인 조류에 순응하면서 민주적인 연합정부 실립, 새로운 인민민주주의 국가를 세우려 했나. 이 같은 운명의 갈림길에서 도대체 누구를 따라야 하는 지가 모든 조선인들 앞에 놓인 과제였다.

동북에 온 공산당간부들은 각 지역에 있는 당 조직과 연계를 밀접히 하는 동시에 광범한 인민을 단합시키기 위한 군중조직인 동북인민민주대동맹을 조직하였다. 황 씨 일가는 운 좋게 탈진상태에서 그 산하 조직인 청년동맹의 맹원을 만나 조직의 보살핌을 받게 되었다. 그러다보니 자연스럽게 어느 정권이 좋고 나쁨을 가늠할 선택의 여지조차 없이 민주대동맹의 입장에 설 수 밖에 없었다.

활약하는 청년동맹 맹원

당시 연변지역에서는 일본 헌병대에 체포됐다가 1945년 4월 석방된 지희겸(池喜謙)을 집행위원장으로 하는 연변인민민주대동맹이 결성되어 군중사업을 폭넓게 진행하고 있었고, 강신태(姜信泰), 김만익(金萬益)을 대장으로 하는 연길경비대도 조직되어 군사훈련에 돌입했다. 잇따라 연변 각지에서 조선인 무장조직들이 속속 생겨나고 있었다.

민주동맹 산하에는 저격산처리위원회가 설립되어 일제와 그 주구들의 재물을 걷어 들여 인민대중들에게 나눠주는 일을 하고 있었다. 이때 황범송은 어린 나이임에도 이희일의 소개로 청년동맹에 들어가 저격산처리위원회의 심부름을 하는 '꼬마통신원'으로 혁명의 길에 입문하였다. 그는 공원 안에 세워진 일제 앞잡이 김동산의 구리동상을 넘어뜨려 공중화장실에 처넣고 도흥은행과 길동은행 장부를 봉쇄하라는 임무를 맡아 꽤나 분주히 돌아다녔다.

당시 국자가는 마치 조선인들 세상 같았다. 1945년이 역사적인 한 해인 만큼 집회도 많았고 행사도 많았다. 무엇보다도 우리말을 하는 지역에서 우리의 군대가 자기들의 조직을 만들어놓고 서민들을 보호해주고 있다는 게 가슴 설레게 했다. 거기에다 토지개혁이 시작되면서 '밭갈이하는 자에게 땅을 준다'는 공산당의 토지정책이 하달되면서 이거야말로 살맛나는 세상이 따로 없다는 생각이 들었다.

스탈린광장이나 연길공원에서는 시도 때도 없이 사람들이 구름떼처럼 모여

1945년 8월 연길에 도착해 동북인민자위군을 조직한 동북항일연군 간부들인 주보중(가운데), 강신태(왼쪽), 김광협(오른쪽)

각종 집회나 활동을 했고, 하북에서 돌아온 조선의용군 전사들이 중국공산당을 옹호하고 지방토비를 숙청하며 중소우의(中蘇友誼), 중조(中朝)우의를 강화해야 한다는 내용의 선전활동을 자주 벌렸다. 그러면서 팔로군과 조선의용군은 피를 나눈 한 집안이라고 하면서 팔로군이 발표한 '3대 규율 8항주의'에 대해서도 대대적으로 선전하고 있었다. 3대 규율은 첫째, 모든 행동은 지휘를 따르고 일치하게 움직여야 승리할 수 있고, 둘째, 대중의 바늘 하나 손에 넣지 않아야 대중의 지지를 받을 수 있으며, 셋째, 노획한 모든 물건은 공유로 하고 인민의 부담을 줄이기 위해 노력한다는 내용이었다.

자기 눈으로 우리말을 하는 의용군을 직접 보았고 그들이 팔로군과 한 마음 한 뜻임을 폐부로 느끼기까지 했으니 더 이상 의심의 여지가 없었다. 황범송은 밤에 낮을 이어 이희일의 뒤를 따라 다니면서 그가 시키는 일이면 앞뒤를 가리지 않

  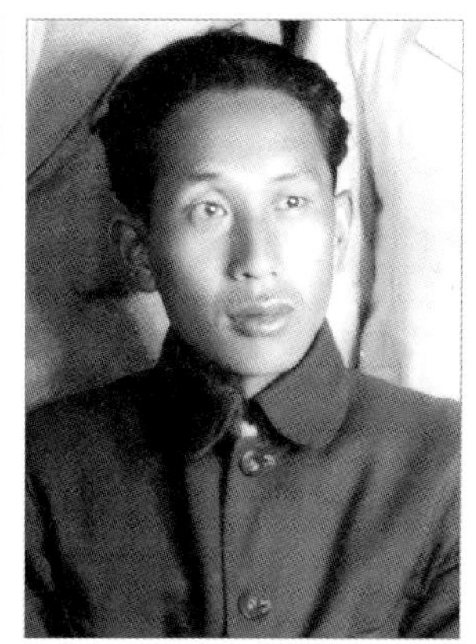

해방 후 연변지역에서 활동한 조선의용군 5지대 사령원 이익성과 정위 박일우, 연변판사처 주임 문정일

고 했다.

누나 황신애도 동생한테 뒤질세라 어느새 동북군정대학 조양천 교도대 산하 선전대에 들어가 토지개혁 선전원으로 활약하였다. 누나는 그 때부터 이름을 황정자로 바꾸고, 공산당의 영도 하에서 새로운 삶을 살아보려는 의지를 다졌다.

오누이는 혁명에 대한 열정으로 부풀어 올랐다. 그도 그럴 것이 당시 태항산이나 혁명의 성지 연안에서 온 조선의용군 5지대 정위 박일우(朴一禹)나 사령원 이익성(李益星), 연변판사처 주임 문정일이 시도 때도 없이 지방에 내려와 격정에 넘치는 정세보고를 하였다. 우리 조선인들이 오로지 공산당을 따르는 길만이 민족을 구하고 나라의 독립을 이루어내는 광명한 길이라는 내용이었다. 모든 사람들이 갈림길에서 헤매고 있을 때 그들이 한 선동연설은 조선인들의 가슴에 공산당을 옹호하고 당을 따라 일심협력해야 우리 민족의 앞길에 푸른 등이 켜지게 될 거라는 확신을 심어주었다.

연변은 항일전쟁시기 항일유격대가 비교적 활발히 활동했던 곳이었고, 조선인들 속에 공산당 조직이 지속적으로 존속해있었기에 군중토대가 아주 좋았다. 이와 같은 믿음직한 군중조직과 당 조직이 있었기에 연변에 도착한 조선의용군 제5지대는 신속히 확충되어 강신태가 거느린 3개 경비단과 훈춘보안단을 합쳐 조선의용군 제15단, 제16단, 제17단, 포병단으로 신속히 확충되었다.

그 열혈청년들 속에 낀 열여섯 살 소년 황범송은 세상을 다 얻은 기분이어서 괜히 신바람이 나서 뛰고 또 뛰었다. 황범송은 동북민주연군이 왕청현 경내의 토비를 숙청할 때 본의 아니게 정보제공을 하면서 자기도 혁명사업에 참여했었다는 성취감에 얼마나 희열을 느꼈는지 모른다.

당시 목단진에 사는 '장아매'라 부르는 여인이 황범송을 찾아와 비밀리에 연락을 취하고 있었다. '장아매'는 거의 한 주일에 한두 번씩 황범송을 찾아와 국자가의 상황과 작은 할아버지 일가가 사는 하마탕이나 대홍구 쪽의 상황을 파악하고, 마치 예언가인 듯이 내일 아니면 모레 이쪽 어느 지역에서 어떤 일이 일어나게 될 거라고 알려주었다. '장아매'의 '예언'은 딱딱 맞아떨어졌다. 썩 후에야 알게 된 일이지만 '장아매'는 일찍 해방전쟁에 남편을 잃고 남편의 뒤를 이어 혁명에 나선 당 조직의 비밀연락원이었다.

금강사진관을 찾은 '불청객'

국자가에서 새 출발을 한 황 씨 일가는 마치 가뭄에 목구멍이 타 들어가 오도가도 못하던 물고기가 갑자기 호수에 빠진 기분이라고 할까. 각자 살맛나는 세상을 만났다고 적성에 맞는 일터를 찾아 동분서주하기에 여념이 없었다.

이때 황화순은 사진에 애착이 짙은 아들의 장래를 두고 자나 깨나 염려하던 중 당시 국자가에 명성이 자자한 금강사진관을 찾아가 속셈을 털어놓기로 했다.

"실례합니다. 여기 지배인을 만나 뵙고 싶어서 이렇게 결례를 무릅쓰고 찾아왔습니다."

황화순은 일단 주의가 서자 앞뒤를 재이지 않고 그냥 배심 좋게 금강사진관 문을 노크했다. 당시 금강사진관이 지금의 서시장 근처 삼천리냉면옥 맞은편에 위치해 있었다.

"제가 여기 지배인 김몽훈(金夢勛)입니다. 무슨 일로 찾아오셨는지?"

가는 테 안경을 건 지식인 스타일의 중년사나이가 얼떨떨해 하면서 반겨줬다.

“이렇게 불쑥 찾아뵙는 게 실례된다는 걸 번연히 알면서도…”

황화순이 많이 미안해하는 기미를 보이자 지배인이 재치 있게 화제를 돌려 댔다.

“보아하니 긴 얘기인 듯한데 우리 2층으로 올라가서 얘기를 나눕시다”라면서 앞장서 계단을 올랐다. 황화순도 “네, 그러지요”라며 그의 뒤를 바싹 따랐다.

워낙에 성미가 불 같았던 황화순은 2층에 올라가 김몽훈을 마주하자 단도직입적으로 아들이 어려서부터 사진에 애착이 남달라 장춘, 목단강, 하얼빈, 치치하얼을 전전했던 경력을 구구히 얘기했다. 그러다보니 본의 아니게 자신의 지나 온 경력에 대해서까지도 다 터놓게 되었다.

잠자코 듣고 있던 김몽훈은 아들보다는 아버지의 범상치 않은 경력에 호감을 보였다. 그래서 일단은 아들을 학도로 받아주기로 약속하고, 황화순에 대해 이것저것 더 캐 묻기 시작했다. 당시 김몽훈이 운영하는 금강사진관은 밖으로 내건 간판이고, 실은 사진관 안에 ‘유림상사’라는 무역실체가 따로 있었다. 그 유림상사를 운영하는 데 도움이 될 만한 인선을 물색하던 중 이 유별난 경력의 적임자가 제 발로 찾아들어 온 것이었다.

두 사람 사이에 긴 대화 후 아들은 금강사진관의 학도로, 아버지는 유림상사의 무역담당 직원으로 취직을 하였다. 황화순이 책임진 무역실무가 바로 연변에서 생산되는 화건종담배(火乾種煙草)를 걷어 들여 하얼빈담배공장에 보내주는 일이었다. 아들의 장래가 염려되어 찾아갔다가 아들도 취직하고 아버지도 취직했으니 이거야말로 꿩 먹고 알 먹기가 된 셈이었다.

당시 연길에 담배공장이 없었고 동북지역에는 하얼빈에만 담배공장이 있었기 때문에 담배무역은 수입이 쏠쏠한 건이었다. 황화순은 지게에 화건종담배를 한가득 지고 역에 나가 하얼빈담배공장에 보내곤 하였다. 그러다 나중에는 밀린 잔금을 받을 일도 있고 해서 자주 기차를 타고 하얼빈을 오가며 장사품목을 넓혀갔다. 한번 갔다하면 말린 잎담배를 한가득 지고 떠났는데 가서는 밀린 잔금을 받아가지고 오다보니 항상 주머니가 두둑했다.

워낙에 활동적인 사유를 하는 사람이라 그 돈을 곧이곧대로 들고 올 황화순이 아니다. 자나 깨나 그 돈을 굴려볼 생각을 한 것이다. 뭐든 돈이 될 만한 것들을 사가지고 연길에 와서 팔아보려고 궁리를 했다. 당시는 광복 초기라 물자나 생필품이 턱없이 부족했던 시기였다. 하얼빈에는 일본인들이 버리고 간 의복들이 산지사방에 널려 헐값으로 팔리고 있었다. 황화순은 그걸 떨이로 사다가 국자가에서 괜찮은 가격으로 팔기 시작했다. 한물이 간 '전리품'을 가져다 파는 장사이기는 하지만 물자가 턱없이 부족했던 세월이라 수입은 상당히 좋았다. 황화순은 얼마 안 되어 서시장 부근에 잡화점도 차리고 살림집도 장만하였다. 남원 황 씨 일가는 국자가에서 다시 생활 안정을 찾아가기 시작한 것이다.

김몽훈 문하에서 사진을 배우다

금강사진관에 학도로 들어간 황범송은 스승 김몽훈의 특별한 사랑을 받았다. 스스로가 워낙에 사진업을 갈구했고, 아버지가 무역회사에서 실적을 올리고 있으니 사랑이 배가 되었다.

김몽훈은 짬만 나면 황범송에게 촬영에 대해 얘기하고 시범을 보이며 사진기의 기본원리와 기능에 대해 자상하게 가르쳤다. 그러면서 틈나는 대로 사진관 일상 사무와 사진현상 기술까지도 낱낱이 가르쳤다. 하나를 배워주면 둘을 알려하고 스승님 눈에 들게 무슨 일이던 찾아서 하며 항상 아침 일찍 출근해서는 말없이 사진관 청소부터 깔끔히 하는 황범송의 지극정성을 지켜보면서 김몽훈은 느긋한 미소를 머금었다.

그도 그럴 것이 그 사이 동북 3성에서 찾아 온 꽤나 많은 제자들을 가르쳐 왔는데 어섯눈을 뜰라치면 이센 나 배워서 알만하다면서 뿔뿔이 제 갈 데로 가서 사진관 간판을 걸기에 급급하니 가르치는 스승으로 말하면 은근히 서운했었다. 깊

금강사진관 학도시절의 황범송과 스승 김몽훈

1947년 금강사진관 직원들. 앞줄 왼쪽 세 번째 김몽훈, 뒷줄 왼쪽 1번째가 황범송.

이 파고 들려 하지 않고 그냥 수박 겉핥기식으로 대충 배우고는 알만하다고 자신 만만해하는 제자들과는 달리 황범송은 틈만 나면 이것저것 쉴 새 없이 물어오고 하나를 가르쳐주면 꼭 필기를 하는 모습이 마음에 들었다.

"모난 돌이 정 맞는다"고 해방이 되면서 계급성분이 '도시자본가'로 구분이 된 김몽훈을 대하는 사회적인 시각이 그리 좋지만은 않았다. 누구한테도 없는 기술을 갖고 있어서 돈 좀 만지게 되었는데 그 당시 분위기로는 당연히 사회의 '집중 조명'을 받을만했다. 그래서 사진관을 운영하면서 앞에 나서서 일하기가 많이 거북하고 불편할 때도 많았다. 그런 그의 문하에 꽤 믿음직스러운 제자가 들어왔으니 김몽훈으로서는 답답하고 허전한 마음을 터놓을 말동무가 생긴 셈이었다. 그 후부터 그는 주로 황범송을 앞에 내세워 사진관 실무를 보게 하였다. 워낙에 말수가 적은 신사스타일이라 황범송이 들어와서부터는 늘 한발 뒤에 물러서서 일했다.

그는 많은 제자들을 키워냈는데 그중에서 황범송을 특별히 아꼈다. 그에게는 본인이 이루고자 했던, 아니 이루고 싶었지만 이룰 수 없었던 꿈이 있었다. 그게

1948년 금강사진관에서 일할 때 스승 김몽훈이 촬영해준 황범송의 모습

바로 직업사진작가나 사진기자가 되는 길이었다. 사진기 렌즈로 사회를 통찰하고 본인이 직접 '연출가'가 되어 변화무쌍하게 발전하는 사회의 진면모를 나름의 기록법으로 기록하는 것이 꿈이었다.

하지만 계급성분을 상당히 중히 여기는 당시 사회 환경에서 그의 꿈은 몽상에 불과했다. 자신이 이루기에는 버거운, 아니 불가능한 꿈을 대신 제자들이 이루어줬으면 하는 바람이 있었다. 그 찰나에 황범송이 나타난 것이었다. 어딘가 자신의 꿈을 대신 이루어 낼 수 있는 임자를 만난 그런 기분이여서 김몽훈도 꽤 흥분했다. 그래서 은근히 황범송에게 거는 기대가 컸다.

그는 간혹 자신의 애꿎은 처지를 한탄하면서 범송에게 말했다.

"진정으로 사진을 배웠다면 사진관에서 맴 돌면 안 되지. 그건 '사진 쟁이'지 예술인이 아니지. 사진 쟁이는 살아가는 데 있어서 생계수단이 될 수밖에 없다면 그것 또한 고스란히 받아들여야겠지만 애초에 그런 꿈을 가지고 사진을 시작해서는 안 된다. 반드시 사진을 배워 사회적 가치성을 실현하는 사진작가나 촬영기자가 되어야 한다."

뭐든 필기를 하면서 진지하게 들어주는 황범송에게 김몽훈은 이 말만은 수십 번 곱씹었다. 그만큼 제자한테 거는 기대가 컸다고 한다. 하루는 일본에서 갖고 온 귀한 대학교과서하고 사진 관련 서적들을 미련 없이 황범송한테 넘겨주었다.

제자의 입장에서 그게 얼마나 귀한 것임을 알기에 준다고 해서 넙죽 받을 수도 없는 일이었다. 과연 받아야 할지 받지 말아야 할지? 받는다면 뭐라고 답례를 해야 할지 몰라 우두커니 서있는 범송에게 김몽훈이 한마디 했다.

"나한테는 사진기보다 더 귀한 존재이지만 이제부터는 너한테 더 필요할 것 같아서 주는 기니 부담 갖지 말고 받아라. 자고로 책이란 멋으로 책꽂이에 신열해 두는 게 아니다. 귀한 책을 얻어 가졌으면 밤낮을 가리지 말고 독파해서 자신의 것으로 습득해야 지 그렇지 않으면 준 사람이든 받은 사람이든 별 의미가 없는 거란다. 무슨 말인지 알겠지?"

"네. 명심하고 오늘부터 열밤을 패가면서 열심히 읽겠습니다."

황범송은 스승님한테서 넘겨받은 그 책을 밀차를 얻어다 꽉 박아 싣고 집으로 돌아왔다. 책꽂이가 없어서 방구석에 그냥 놓았는데 자그마치 두 무더기나 되었다. 그날 저녁부터 그는 밤이고 낮이고 짬만 있으면 그 책을 독파하였다. 목마른 사람이 물마시듯 밤에 낮을 이어 밑줄을 그어가며 집중해서 읽었고 의문되는 점이 있으면 연필로 밑줄을 그어놓았다가는 곧장 스승에게 묻곤 하였다. 그는 늘 스승님의 가르침에 손색이 없는 제자가 되기 위해 최선을 다하는 모습을 보였다.

그의 촬영수준은 노력만큼 눈에 띄게 늘었다. 웬만한 사진관 업무를 스승 없이도 척척 해낼 수 있게 되었다. 그러는 모습이 대견해 스승도 많은 일을 범송한테 맡겨 처리하게 하고 본인은 무역 업무에 더 신경을 썼다.

'성장판'이 열린 젊은이

동북 3성에서 금강사진관은 세인이 알아주는 실세였다. 일본에서 전문으로 사진을 배운 베테랑 김몽훈이 괴뢰만주국 초기에 연길에 들어와 개업한 사진관이다 보니 국자가에서는 모르는 이가 없을 정도였다. 거기에 김몽훈 개인 명의로 전화까지 개설되어 있는데다가 무역실무까지 취급하고 있어 일제강점기 때는 무역상이나 고위계층 관리들은 물론이고 직급이 높은 군관계자들도 자주 드나들었던 곳이었다. 광복 후에는 연변행정독찰전원공서를 포함한 연변의 여러 기관, 단체, 학교들에서 자주 촬영요청을 해오다보니 이름이 세간에 많이 알려져 있었다.

1946년 4월 23일, 연변행정독찰전원공서에서 전화가 걸려왔다. 다음날 연길시 각 계층 인민들이 소련홍군을 환송하는 대회를 소집하게 되는 데 아무쪼록 촬영자를 보내달라는 부탁이었다. 그 당시 이런 부탁이 오면 어련히 황범송을 앞에

1946년 4월 연길 인민광장에서 열린 소련홍군을 환송하는 대회 장면.

내 세우게 돼 있었다. 그는 자신이 가장 아끼는 롤라이플렉스(Rolleiflex)를 황범송의 어깨에 메워주면서 야외촬영 때 유의해야 할 몇 가지에 대해 자상히 얘기해주고 대담하게 도전해보라며 등을 떠밀었다.

이런 행운의 기회가 하루가 멀다하게 차려지다보니 어쩌면 16살 소년의 '성장판'이 열려 어린 나이에 빨리 실무에 적응할 수 있었고 능숙한 솜씨로 웬만한 촬영 임무는 거뜬히 완수할 수 있었다.

다음날 아침 일찍 연길 인민광장에 나가 보니 노천무대처럼 꾸며진 주석대를 마주해 소련홍군과 중국군대가 질서 있게 대기하고 있었다. 그 주변에 수천수만의 시민들이 모여 있었다. 주석대 단상에는 "연길시 각계 인민들이 쏘련홍군에게 감사를 드리는 대회"라고 쓴 현수막이 걸려있었고 그 밑에 "쏘, 중, 조 인민들 긴밀히 단결하자!"라고 쓴 표어가 눈에 띄었다.

그 표어를 보는 순간 황범송의 가슴이 유난히 높뛰기 시작하였다. 소련 측 사진사와 장춘영화촬영소에서 온 촬영자들이 함께 어우러져 각자 촬영위치를 정하느라 분주히 돌아쳤다.

황범송은 꿈인지 생시인지 분간이 아니 될 정도로 가슴이 울렁거려 도무지 마음을 진정할 길이 없었다. 황범송이 유난히 흥분한 데는 그럴만한 이유가 있었다. 바로 몇 달 전만해도 북만에서 온 가족이 토비들의 노략질에 쫓겨 유리걸식하면서 구사일생으로 도망쳐 온 곳이 여기 국자가였다. 그 숨 막히는 피난 길 곳곳에서 소련홍군 사령부의 도움을 받아가면서 죽기내기로 찾아 온 곳이 국자가인데 언제 그런 일이 있었냐는 듯이 지금 이곳에서 소련홍군들을 상대로 사진을 찍고 있다는 현실이 도무지 믿겨지지 않았다. 이윽고 대회가 시작되자 그는 부풀어 오르는 감정을 억제하면서 한순간이라도 놓칠세라 최선을 다해 다각도로 셔터를 눌렀다. 광복 후 연변역사의 한 페이지를 장식할만한 역사적인 순간들이 16살 황범송의 카메라에 포착되는 순간들이었다.

그 후에도 황범송의 질주는 계속되었다. 1946년 10월 30일부터 11월 2일 사이 연변행정독찰전원공서와 연길현인민정부에서 연길 서광장에서 '해란강대혈안 청산대회'를 소집하게 되었다. 그 대회 촬영요청이 들어오자 이번에도 김몽훈은 두말없이 황범송에게 카메라를 메워 보냈다.

'해란강대학살참안'은 1931년 10월부터 1933년 2월 초까지 17개월도 안 되는 사이에 일제와 그 주구들이 해란구에서 94차에 달하는 토벌을 강행하여 1,700여 명의 무고한 인민을 살해한 소름 끼치는 참변이었다. 9.18사변 직후 중국공산당 연길현위원회에서 화련리(지금의 도문시 장안진 마반산 일대)를 중심으로 해란구위원회를 설립하고 해란구 인민들을 인솔하여 일제와 그 주구들에 맞서 투쟁을 벌였다. 그러자 해란구의 당 조직과 항일세력을 눈에 가시처럼 여겨 온 일제는 "조선인 백 명을 죽이면 그 중에 공산당원, 공청단원, 유격대원 한명은 있기 마련이다"라고 몰아

학살을 위해 해란강가로 주민들을 끌고 가고 있는 일본군인들

1946년 해란강대혈안청산대회에 끌려 나온 죄인들의 모습

세우면서 해란구에 대한 무차별적인 '토벌'을 감행하였다. 그들은 혁명가와 무고한 백성들을 분별없이 칼로 찔러 죽이고 석마에 갈아 죽이고 솥에 삶아 죽이고 두 눈을 도려내 죽이고 갓난아기들은 총창으로 꿰여 불구덩이에 던져 넣어 죽이는 온갖 만행을 저질렀다.

광복 후 분노한 군중들이 때가 되자 자발적으로 일떠나 참변을 빚어내는 데 앞잡이 노릇을 한 일제주구들을 청산해야 한다고 목소리를 높였다. 피해자 가족들은 청산대회 소식을 접하자 수천수만리를 마다하고 달려왔다. 그들 가운데는 이미 조선으로 이주해간 피해자 가족들도 있었다.

대회의 시작을 선포하자 포승줄에 결박된 최남순 등 18명의 죄인들이 줄줄이 압송되어 나왔다. 이어서 참변의 진상을 규명하는 데 앞장을 섰던 김신숙을 비롯하여 김태운의 아버지, 김철훈의 어머니와 아내, 조선으로부터 달려 온 열사 이영환의 부친 등이 줄줄이 연단에 올라 눈물을 흘리며 천인공노할 주구들의 죄행을 성토하였다. 성토대회는 며칠 계속 되었고 11월 2일에는 공개 심판대회까지 열었다. 공판대회에서 법에 따른 판결문을 낭독하고 18명 죄인 중 7명을 사형에 언도하고 그 외 죄인들은 죄의 경중에 따라 각각 7년 형, 5년 형, 1년형에 처하였으며, 이실직고한 1명에게만 무죄석방을 허락했다. 대회 후 사형에 언도된 7명은 즉시 형장으로 압송되어 처형당했다.

대회 촬영을 갔다가 심각한 계급교양을 받은 황범송은 사진을 찍다 대중들 속에 끼어 함께 구호를 외치면서 열혈청년의 혁명지조를 더욱 견결히 다졌다. 그는 어딘가 모르게 자신이 코흘리개 소년이 아닌 사회의 의젓한 성인으로 성장해가고 있음을 폐부로 느꼈다.

그 후부터 김몽훈은 범송에게 사진관 내의 기계를 마음대로 다루게 하면서 금강사진관 관련 실무를 거의 혼자으로 하도록 맡겼다.

전선원호에 나서다

한번은 연길시 서광장에서 5.1국제노동절경축대회가 끝난 후 시위행진을 단행하는 장면을 찍어 올 임무가 범송에게 맡겨졌다. 여태껏 해보지 못한 대형집회 촬영이었다. 그러나 대담하게 나섰다. 이 시위는 나라의 주인으로 된 노동인민들의 기개를 떨치는 동시에 국민당이 1946년 1월 10일에 체결한 '국공쌍방 정전협정'을 포기하고 해방구를 계속해서 진공하는 만행을 성토하는 의미에서 단행되었다.

범송은 시위행진 노정을 사전에 파악하고 어느 구간에서 어떻게 찍을지를 두고 반복적으로 재연을 해보았다. 집회가 끝날 무렵에는 신화서점 앞에 있는 전선대 밑에 달려가 기다렸다. 잠시 후 호호탕탕한 시위행렬이 동쪽거리로 내려갔다가 공원다리 쪽으로 올라오고 있었다. 황범송은 5미터 남짓한 높이의 전선대에 올라가서 사진기 렌즈를 시위행렬 대오에 맞추고 거리와 광선을 조절해 셔터를 눌렀다.

이 대회에 이어 연길시에서 전선원호 긴급동원이 있었다. 김동훈은 아예 사진관문을 닫아버리고 범송을 데리고 전선원호대에 참석하였다. 당연히 지휘부의 지시에 따라 사진기를 휴대하고 나갔다. 전선원호에 나선 대원들이 길림성 돈화(敦化)에 이르자 국민당비행기가 날아와 선회하면서 반공삐라를 살포하였다. 시민들이 여기저기 몰려서서 수군거리고 시가지는 갑자기 전화의 공포 속에 잠겨버렸다. 범송은 스승의 사진기를 가지고 선회하는 적기를 연속해서 찍었다. 전선원호대원들은 돈화에서 신개령까지 걸어가면서 함께 도로를 수선하는 한편 군민이 단합하여 사기를 북돋우는 행사들을 이어갔다. 그는 몇 개 장면을 선택해 다양한 각도로 찍은 사진과 필름을 전선지휘부에 보내고 한 달 만에 돌아왔다.

그 뒤 며칠이 안 되어 또 전선지원 선전대에 뽑혀 나가게 되었다. 이들이 한창 떠날 차비를 하고 있는데 전선에서 승리의 첩보가 전해졌다. 길동군구 장병들이 주보중 사령원의 지휘 아래 동북민주연군 제6종대 1, 2사단과 연합작전으로 6월 7일부터 3일간 한 차례의 대반격전을 벌려 라법(拉法), 신참(新站)을 수복하고 노야령

쪽으로 계속 진격해나간다는 것이었다. 이에 배합하여 '주보중호' 기관차가 10여 개의 화물차에 무기, 탄약, 식량 등 군수품을 만재하고 들어가게 되었다.

현지촬영 과업을 맡은 황범송은 스승의 카메라를 가지고 연길에서 그 기차에 올랐다. 기차는 검은 연기를 하늘에 뿜어 올리며 안도, 돈화역을 거쳐 계속 달리다가 교하-라법 구간에 있는 철교 동쪽에서 서서히 정거하였다. 그는 사진기를 메고 차에서 내렸다. 철교의 중간 교량과 교각이 적기의 폭격에 허리가 뚝 끊어졌는데 공병대원들이 원목으로 사각 틀을 짜서 쌓아 받치는 식으로 철길을 이어놓았다. 철교의 양 편에 지휘원이 신호기를 들고 서 있었다.

'주보중호'가 첫 코스로 이 다리를 건너는 것이었다. 범송은 철교 아래에 내려가 공병대가 가설한 목교를 찍고 다리 북쪽으로 건너갔다. 군민의 환호 속에서 '주

1947년 5월 30일 황범송이 촬영한 '주보중호' 기관차의 모습

보중호'가 군수품을 만재한 차량을 끌고 서서히 건너오고 있었다. 그는 가슴 울렁이는 그 정경을 포착해서는 부지런히 셔터를 눌렀다. 이 역사사진의 원판은 지금 국가군사박물관에 소장되어 있다.

그날 '주보중호'는 라법, 신참, 소구자역을 거쳐 노아령터널 안으로 들어갔다. 그는 이 구간에서 폭격과 포격에 파괴된 철길과 도로를 복구, 수리하는 군민, 적아의 치열한 공방전 흔적이 그대로 남아있는 신참북산포태를 찍었다. 노아령과 육도하자, 강밀봉 등지에 가서는 적기가 기수를 숙이고 고지를 핥을 듯이 내렸다 솟아오르며 폭격, 소사하는 탄 속을 누비며 탄약과 식량을 지고 화선으로 나가는 전선원호대의 모습 등 많은 장면을 찍어서 사진과 함께 필름을 전선지휘부에 보냈다. 부대 지휘관들은 사진을 보고 만족해하면서 범송이 보고 "동무는 이름을 띠지 않은 종군기자요."라고 하면서 칭찬을 아끼지 않았다.

황범송은 선후하여 5개월간 전선원호 촬영에서 혁명에 임하는 열정이 높아지고 사진기술도 한 단계 성숙되었다. 그런데 남들은 총을 들고 전투에 나가 싸우는데 본인은 카메라를 메고 그들의 꽁무니를 따라 다니는 입장이여서 어딘가 모르게 표출할 수 없는 불만이 생겨났다. 마음 같아서는 카메라를 벗어 메고 총을 들고 싸우고 싶었다.

그런 심기를 눈치 챈 최동광(崔東光) 주임이 그에게 "우리 군의 활동을 잘 기록하는 것도 전투 못지않은 중요한 임무"라고 하면서 혁명을 함에 있어서 귀천을 따져서는 안 된다고 타일렀다.

한번은 노일령 마을에 가 있는데 최동광 주임의 지시로 황범송 또래 셋이 단짝이 되어 군민단결에 관한 표어를 마을과 노일령터널 위에 붙이게 되었다. 바로 그때 국민당 비행기가 노일령터널과 마을에 폭탄을 투하하고 무차별한 기총소사를 감행하였다. 삽시간에 일어난 일이라 황범송은 얼른 터널 속으로 뛰어 들어가 폭탄 세례를 피했다. 순간적으로 일어난 일이라 많이 놀랐는데 겪고 보니 그다지 무시움에 떨일 민은 아니라는 배짱이 들었다.

그 후부터 그는 담이 커져 군인들이 싸우고 훈련하는 현장에 찾아가서 적의 비행기를 격추시키는 장면도 찍고 '주보중호' 기차가 달리는 장면도 겁 없이 촬영하였다. 또 식량을 지고 횃불을 쳐들고 10리나 되는 노일령터널을 지나다녔다.

1946년 8월 상순 아군이 국민당 군대와의 라법전투에서 승리를 거두었다. 그러자 주보중은 돈화기차역 광장에서 '라법전투 승리 및 8.15 경축 1주년대회'를 열고 새로운 전투과업을 내놓았다. 대회에는 동북군정대학 학생들 위주로 수천 명에 달하는 군민들이 참여하였다. 황범송은 돈화대합실 오른편 2층 철도노동자 기숙사 건물에 올라가 대회장 전경을 촬영하고 주석대에 근접하여 주보중이 연설하는 장면도 촬영하였다.

당시 황범송은 사진을 찍는 즉시 필름을 뽑아 최동광 주임한테 보냈다. 그런데 가지고 간 필름이 떨어져 부득이 금강사진관에 다녀와야 했다. 그가 잠깐 전선에서 돌아오자 김몽훈이 전원공서에서 달리 중요한 촬영임무가 내려올 것이니 다시 움직이지 말라고 하였다. 비록 석 달간의 전지단련을 받았지만 황범송은 한층 더 성숙된 모습으로 나타났다.

그러던 어느 날 열사유가족 모범 김신숙(金信淑)의 아들이 참군한다는 소식을 접하게 되었다. 신문으로 말하면 이건 대서특필해야 할 특종기사였다. 그는 곧장 8촌 중형사진기를 챙겨가지고 김신숙의 집으로 찾아가 그들 모자의 일거수일투족을 기록해 역사적인 순간을 잡아보리라 마음을 추슬렀다.

황범송이 마을에 도착해 보니 온 동네가 잔치분위기로 들끓었다. 저마다 참군하는 김신숙의 아들을 둘러 싸고 축하해주고 덕담을 건네주었다. 드디어 기다리던 순간이 재현되었다. 김신숙은 동네 분들의 환호 속에서 아들의 손을 잡고 동구밖에 나타났다. 모자의 감동 없이는 볼 수 없는 이별의 순간을 앞두고 뜨겁게 포옹하는 장면을 그는 놓칠세라 순간 포착했다. 그 뒤에도 황범송은 수차 김신숙과 그의 호조조를 방문했고 그들의 움직임을 열심히 기록하였다. 황범송이 김신숙의 활동 장면을 다각도로 기록함으로써 훗날 그가 성급, 나아가서는 전국 모범으로 당선되어 당과 인민의 신임을 받고 모택동 주석의 접견까지 받는 인물로 거듭나는데 유력한 배경을 제공해주었다.

라법전투 승리 및 8.15경축 1주년대회에서 연설하는 주보중 장군과 대회 참석 군중들의 모습

1948년 길림성 연길현 연길시 흥안 이옥금 품앗이조 타작 장면.

한번은 이런 일도 있었다. 황범송한테 사진기술을 배운 최학림(崔學林)이 찾아와 자기가 사는 흥안향 발전촌에 소문난 열사유가족 모범 이옥금(李玉今)이라는 여성이 있는데 보통여인이 아니라고 했다. 알고 보니 이옥금은 연길현 열사유가족 모범, 길림성 노력모범이었다. 이옥금의 행적에 감동된 황범송은 그를 찾아 가 호조조 성원들과 함께 탈곡하는 장면을 촬영하였다. 이때부터 황범송은 자발적으로 이옥금을 찾아가 그의 사업과 생산, 생활모습들을 부지런히 기록하였다.

1949년 3월, 이옥금은 영광스럽게 북경에서 열리는 전국 제1차부녀대표대회 동북대표로 출석하여 모택동, 주덕 등 당과 국가지도자들의 접견을 받게 되었다. 이옥금이 영예를 받을 때마다 황범송은 자신의 노력이 한몫 했다는 생각에 무한한 행복감에 도취되곤 하였다. 그는 이렇게 수십 년간 김신숙, 이옥금, 김시룡, 황순옥 등 과거 해란강반의 모범인물들을 빠짐없이 기록하여 역사에 남겼다.

드디어 내린 용단

1948년 봄, 연변전원공서에서 촬영임무가 있으니 얼른 와달라는 다급한 전화가 걸려왔다. 황범송은 송수화기를 내려놓기 바쁘게 사진기자재를 챙겨가지고 뛰어갔다. 중형카메라를 메고 허둥지둥 달려간 곳이 덕의루(德意楼) 동쪽 울안이었다. 전신무장을 한 경위원들이 삼엄하게 지켜보는 중에 고위급 간부들이 벌써 줄지어 놓은 책걸상에 앉아 대기하고 있었다. 맨 앞줄 왼쪽에 앉은 첫 사람이 주보중 장군이어서 얼른 뛰어가 90도 경례를 올렸다. 주보중 장군하고는 전선원호 때 노야령에서 만난 안면이 있어서 달려가 인사를 올리니 그도 "쇼황(小黄), 오랜만이구먼!"이라며 무척 반가워하였다.

황범송은 촬영설비를 꺼내놓으면서 주보중 장군이 저 자리에 앉아 계신다는 건 나머지 분들이 그분 보다 직급이 더 높을 거라는 추측을 해보았다. 조금은 긴장이 되었으나 이런 단련을 많이 받아온지라 침착하게 심호흡을 몇 번 하고는 침착하게 촬영에 임했다.

"자, 여기 카메라 렌즈를 보면서 자연스러운 표정을 지으면 됩니다. 하나, 둘, 셋!"하는 순간과 함께 오른 손에 쥐여져있는 고무주머니를 살짝 쥐였다 놓았다. "찰-칵"하는 귀에 익은 소리와 함께 또 하나의 역사적 순간이 포착되었다. 후에 안 일이지만 사진의 주인공들은 대부분 동북국의 주요 책임자들이었다. 그날 사진관으로 돌아 온 황범송은 부랴부랴 사진 3장을 인화하여 전원공서에 갖다 드렸다. 당시 사진 속 주인공들 뒤에 보이는 건물이 바로 유명한 덕의루여서 그에게는 기억에 남아있는 순간이었다. 훗날 그 자리에 연변문화예술공연단, 연변수공업연합사 등의 기관들이 들어가 근무를 보기도 하였다.

이 값진 사진 역시 훗날 황범송이 주보중 장군의 부인 왕일지(王一知) 여사를 찾아가 복사해 와 수십 년 후에 다시 소장하게 되었다. 당시 사진관에서도 찍은 사진과 건판을 모두 손님에게 돌려주나보니 개개인들의 손에 들어간 사진이나 건판을 다시 복구하기란 쉬운 일이 아니었다. 어쩌면 그렇게 역사가 매몰되어 가는 게 안

1948년 봄 주보중 장군(1열 왼쪽 첫번째)이 중국공산당 동북국의 주요 간부들과 기념촬영을 하고 있다.

타까워 황범송은 인생 전반에 걸쳐 역사사진 수집과 정리 사업을 그렇게 묵묵히 뚝심 있게 해왔는지 모른다.

그런 일이 있은 뒤 속절없는 세월이 얼마나 흘렀는지 어느 날 갑자기 스승이 그에게 아닌 밤중에 홍두깨 내밀 듯 말했다.

"사실 너를 전선원호에 보내놓고 그냥 심사숙고 했었는데 드디어 어저께야 용단을 내리게 되였단다. 난 이 금강사진관을 그냥 무상으로 정부에 들여놓기로 마음을 굳혔다. 옛 사람들이 말하기를 욕심이 과하면 화를 불어온다고 했었지. 금강사진관을 꾸려 십여 년 세월에 돈도 벌만큼 벌었고 또 이 무대를 활용해 나름대로 제자들도 어중간히 키워냈으니 더 이상 미련을 갖지 말고 내려놓아야겠다는 생각을 하게 되였다."

황범송은 너무도 뜻밖이라 놀라지 않을 수 없었다. 세상 사람이 다 알아주는, 그것도 한창 잘 나가는 사진관을 그냥 정부에 무상으로 들여놓겠다고 하니 어딘가 납득이 가지 않았다. 그 이면에는 당연히 "그럼 저는 어떻게 할 건데요?"라는 의문

1952년 연길시열군속복무사 창립 기념사진. 앞줄 맨 왼쪽이 촬영부 책임자 황범송

도 깔려있었다.

스승은 금방 눈치를 챘는지 뒤 말을 이었다.

“네가 내일 민정국에 찾아가서 나의 이 생각을 전달해줬으면 한다. 이 모든 설비와 건물을 어떻게 접수해서 사회적으로 유용하게 활용할 지는 정부의 몫이고 나는 조용히 ‘무대’ 뒤에서 살기로 했다. 전에도 그랬지만…”

스승이 하는 말 속에 ‘씨’가 있음을 그는 직감하고 있었다. 안 그래도 “성시자본가”로 성분 구분을 받은 뒤부터 스승님은 많이 의기소침해 있었고, 웬만한 일을 다 범송한테 의뢰해서 추진했다. 어찌면 본의 아니게 눌러 쓰게 된 그 불미스러운 감투 때문에 이런 용단을 내린 게 분명했다.

황범송은 스승 지시대로 이튿날 민정국을 찾아가 의사를 전달했다. 민정국에서도 너무 예기치 못했던 제안이라 크게 놀라더니 다시 심사숙고해보고 구체적인 답안을 드리겠다고 했다. 며칠 뒤 민정국에서는 금강사진관 인수와 관련해 토의한 결과를 전해왔다. 우선 김몽훈의 자선사업에 큰 박수를 보낸다고 하면서 민정국 사업성격에 맞게 처리하자고 보니 산하 연길시열군속복무사(烈軍屬服務社)에 촬영부를 내오는 쪽으로 가닥을 잡았다고 했다. 그렇게 되면 민정국 산하 열사유가족 취직문제도 얼마간 해결하고 그 수익금으로 유가족 복리사업도 추진할 수 있어 바람직하다는 것이었다.

김몽훈은 그 제안을 받아들였다. 이렇게 되어 1949년 중화인민공화국 창건을 며칠 앞두고 연길시열군속복무사 촬영부가 고고성을 울리게 되었다. 그에 앞서 17년간 존속해 온 금강사진관이 문을 닫게 되었다.

열군속복무사 촬영부의 사진촬영과 사진제작 실무는 당연 황범송 몫이었다. 김몽훈 스승은 하루건너 띄엄띄엄 나와서 기술적인 부분에 문제가 있으면 조율해 주었고, 밖에다 내건 촬영부 책임자는 황범송이었다. 열군속복무사 촬영부가 창립되면서 많은 열사유가족들이 취직문제도 다소 해결이 되었지만 거기서 벌어들이는 수익으로 유가족 보조사업을 적극 밀어붙일 수 있었다.

중화인민공화국 설립 경축대회

1949년 10월 1일, 북경 천안문 성루에서 중화인민공화국 개국대전이 장엄한 국가의 주악 속에서 개최되었다. 세인이 주목하는 이 행사로 온 나라가 축제의 분위기로 끓어 번졌다. 당시 연변전원공서의 배치에 따라 황범송은 역사적인 순간을 기록하는 임무를 맡았다. 10월 1일, 연길시에서 굉장한 규모의 경축대회와 시위행진이 있었다. 전원공서에서는 연길시 경축행사를 1일에 치르기로 하고 각 현·시 경축행사는 2일에 치르기로 하였다.

1949년 10월 1일 연길시 첫 중화인민공화국 성립 경축 시위 장면

황범송이 연길에서 동분서주하며 촬영하고 있는 데 전인영(田仁永)이 전화로 다음날 왕청현 경축행사 사진을 찍어달라는 부탁해왔다. 황범송은 토지개혁이 시작되면서부터 그를 알고 있었다. 당시 전인영이 토지개혁공작대를 거느리고 왕청현 배초구에 내려가 있으면서 황범송 사촌형 집에 하숙을 잡고 있었다. 그래서 형님네 집에서 자주 전인영을 만나게 되었고, 당시 그의 사업 장면을 자주 카메라에 담았다. 그 뒤로 그는 늘 황범송을 불러 사진을 찍게 하였다. 그는 배초구 구위원회 서기에 이어 왕청현 현위원회 서기를 지냈고, 그 후에는 연길현에 전근되어 지도

1949년 10월 2일 왕청현에서 열린 중화인민공화국 성립 경축행사 시위행진 모습

간부로 활동했다.

이튿날 이른 새벽에 연길을 떠나 왕청에 도착한 황범송은 숨 돌릴 사이도 없이 왕청현 국경절 경축행사를 찍느라 여념이 없었다. “중화인민공화국 성립을 열렬히 경축한다!”라는 현수막으로 도배가 된 꽃단장을 한 트럭이 줄지어 움직이고 그 뒤를 따라 수많은 군중들이 기발과 꽃을 들고 환호하면서 구호를 외쳤다. 그야말로 장백산도 춤을 추고 해란강도 노래하는 기상이 눈앞에 펼쳐졌다. 그는 신바람이 나게 뛰어다니면서 새 중국의 주인이 된 변강인민들의 모습을 사진으로 기록하느라 비지땀을 쏟아냈다.

그런 축제의 분위기에 이어 중국 전국정치협상회의 제1차 전국위원회가 북경에서 소집되었다. 이 회의에 주덕해(朱德海) 동지가 위원으로 선출되어 동북지역의 120여만 명 조선족인민을 대표하여 참가하게 되었다.

10월 16일, 연변 인민들은 연길대합실 광장에 모여 성대한 경축모임을 가지고 그를 환송하였다. 황범송은 높은 곳에 올라서서 격정에 넘쳐 연설하는 그와 그를 향해 환호하며 손을 흔드는 군중들의 감격스러운 장면을 포착하여 부지런히 셔터를 눌렀다.

"너 그렇게도 자신을 못 믿겠니?!"

1950년 11월 7일, 연길시열군속사진관에서는 연변대학으로부터 연변대학 창립 1주년을 기념하고 연변의학원, 연변농학원, 연변사범학부 건립을 위한 개교식 촬영을 요청받았다. 황범송은 김몽훈이 기증한 10×8형 사진기를 둘러메고 연변대학으로 갔다.

주덕해 등 많은 지도자들과 학생 등 도합 1천여 명을 한 번에 찍어야 했다. 풋내기 황범송에게는 심적 압력이 이만저만이 아니었다. 그럼에도 아주 태연한 척하면서 학교 사업일군을 도와 책상과 걸상을 겹겹이 쌓아 계단을 만드는 일을 하면서 머리를 쥐어짰다. 그리고 학생들이 여러 줄로 정연하게 제자리를 찾아 앉도록 지휘하였다.

모든 촬영준비가 끝나자 그는 삼발에 사진기를 단단히 고정시킨 다음 헝겊덮개로 머리를 가리고 조리개를 조절하고 렌즈 초점을 맞추고 이어 10x8형 유리건판을 넣었다. 그리고 헝겊덮개를 벗고 오른손에 셔터버튼으로 된 고무주머니를 잡고는 왼손을 들어 사생들을 바라보면서 움직이면 안 된다고 주의를 주었다.

"하나 둘 셋!"

구령과 함께 고무주머니를 살짝 터치했다. 셔터소리가 귀맛 좋게 들렸다. 하지만 1천여 명이나 되는 사람들 개개의 표정이 어떠할지, 혹여 실수로 돌이킬 수 없는 결과를 초래하지는 나을 지를 고민하다가 다시 한 번 유리건판을 바꾸어 넣고 중복 촬영했다.

촬영을 마치고 돌아오자 암실에 들어가 사진 건판부터 출력했다. 아니나 다를까. 초점이나 해상력, 명암 어느 모로 보나 흠 잡을 데 없었다. 더 없이 흥분된 나머지 저도 모르게 어깨가 으쓱해났다. 스승한테서 칭찬받는 일만 남았다고 생각하니 괜히 마음이 둥둥 뜨는 기분이었다.

그런데 이게 웬 말인가? 암실에 들어와 선판을 유심히 살펴보던 스승이 뜻밖에 얼굴을 찌푸리면서 나무람 하는 것이었다.

"내가 너한테 이렇게 배워줬나? 왜 같은 사진을 두 장씩이나 찍었느냐?"

"사람들이 하도 많아서 행여 실수를 할까 봐 그랬습니다."

"너의 그 마음은 이해된다. 하지만 이는 사진기와 너 자신의 기술에 대한 믿음이 부족하다는 걸 의미한다. 아직도 사진기와 너 자신을 못 믿겠니? 앞으로 그냥 이 꼴이면 제자로 그냥 둘 수 없다! 알겠느냐?"

"예, 명심하겠습니다. 다시는 이런 실수를 범하지 않겠습니다."

얼굴이 홍당무가 된 채 정신이 번쩍 든 황범송은 처절하게 과오를 뉘우쳤다.

그 후로는 다시는 중복해서 사진을 찍지 않았다. 대신 사진기에 대한 이해와 사용법을 더 자신감 있게 익혔을 뿐만 아니라 자신감이 없는 셔터는 아예 누르지 않았다.

8급 기사 자격증

중화인민공화국이 성립된 후 사회주의 개조가 근본적으로 완성되어가는 과도 시기에 당에서는 국정운영의 총노선을 제기하였다. 그걸 요약하면 '1화3개'(一化三改)라고 일컬었다. '일화(一化)'는 사회주의 공업화를 의미하고, '삼개(三改)'는 농업, 수공업, 개체상공업에 대한 사회주의 개조를 의미했다.

'1화3개' 지시정신은 1953년 6월에 내려졌는데 김몽훈은 그에 앞서 3년 전에 스스로 본인이 갖고 있던 금강사진관을 그대로 사회에 헌납하였다. 자신의 피와 땀으로 일궈 온 손때 묻은 사진관을 미련 없이 사회에 헌납했다는 건 당시로 말하면 대서특필하고도 남을 특종기사 소재였다. 연길시 민정국에서는 그 자원을 기본으로 연길시열군속복무사를 설립하고 그 산하에 열군속사진관을 열었다. 황범송이 사진관 주임으로 발탁되었다.

김몽훈은 일선에서 물러나 뒤에서 기술적인 지도만 해주는 개명신사로 조용히 살았다. 그런 처사로 하여 김몽훈은 '도시자본가'라는 불명예스러운 딱지를 떼

1950년 11월 7일 연변대학 창립 1주년을 맞아 학생 일동 기념촬영

고 인민정권을 옹호하는 개명인사로 서민들의 존경을 받게 되었다.

1950년 길림성 영업사진 관계부문에서는 모든 성의 영업사진관 사진사 기술등급시험을 연길에서 치렀다. 시험은 이론시험과 실기시험을 결부해 치렀고, 모든 성 안의 사진관에서 수많은 기사들이 응시하였다. 엄격한 심사를 거쳐 최고직급이 8급 기사, 그 아래로 6급, 4급, 3급기사로 정해졌다. 그 결과 김몽훈과 황범송이 8급 기사로 판정받았고, 최학림 외 한 명이 6급기사로, 대부분 응시자들이 4급 혹은 3급기사로 되었다. 당시 장춘이나 길림에도 8급 기사 자격증은 고사하고 6급 기사 자격증을 소지한 사람도 없었다.

시험 총화모임에 앞서 시장은 기사자격증을 발급하면서 다음과 같이 말했다.

"전에 비행사 한 사람을 육성하자면 3년 내지 10년이 소요되었지만 지금은 세상사는 절주가 많이 빨라졌나 봅니다. 소학교 졸업생인 황범송이 순식간에 8급 기사 자격증을 따내게 되었으니 아무튼 감축드릴 일입니다. 두 분이 나란히 서 있는 모습을 보니 청출어람이란 말을 떠올리게 되네요. 훌륭한 스승님 수하에 훌륭한 제자가 있음을 체감하는 순간입니다. 훌륭한 제자를 키워낸 스승님에게 큰 박수

를 보내야겠지만 그 짧은 기안에 그 어려운 8급 기사 자격을 따낸 황 군한테도 박수갈채를 보내는 바입니다."

고급저택과 바꾼 사진기

유서 깊은 혁명근거지이자 소수족자치지역인 연변에 대하여 중국공산당 중앙과 중앙인민정부에서는 시종 중시하였고, 전국 보도매체중심인 신화사에서도 연변의 사진문화에 대하여 관심을 가졌다. 1952년 8월과 9월, 연변조선민족자치구 창립을 경축하고자 연변에 온 중앙대표단에는 모택동 주석을 전문으로 촬영해 온 신화사 여기자 후파(侯波)도 있었다. 그는 연변에 머무르는 사이 자치구정부에서 배정한 김진호, 황범송과 일심동체가 되어 움직이면서 필름 현상과 사진제작을 전적으로 황범송에게 의뢰하였다.

그 과정에서 후파는 황범송이 찍은 사진이나 필름이 해상도나 색조, 질감, 어

동북조선인민보사 사진기자 시절 황범송이 처음 D-76현상액으로 필림현상에 성공하자 스승 김몽훈이 기뻐서 촬영한 사진이다.

느 면에서 보나 자기가 찍은 사진보다 월등함을 실감했다. 후파는 자존심을 내려놓고 비결이 뭔가를 넌지시 물었다.

"제가 사용하는 롤라이플렉스 기종의 120형 필름 크기가 후 기자가 쓰는 라이카기종 135형보다 4배가 큽니다. 비결이라기보다는 기종 자체와 필름 크기에 현저한 차이가 있는데 그 사진기로는 죽었다 깨도 이 기종의 사진효과를 낼 수가 없지요."

그러면서 사회발전의 수요에 따라 사진에 대한 질적인 요구도 많이 높아질 수밖에 없는 데 신화사에서 뭐가 모자라 그런 사진기를 쓰냐고 반문했다. 전업 사진일군이라면 여하를 불문하고 큰 필름의 최신형 사진기를 사용하여야 한다고 덧붙였다. 황범송한테 한 수 배운 후파는 신화사로 돌아가자마자 연변의 경험을 받아드릴 것을 제안했다.

그 뒤인 1954년 여름, 『연변조선민족자치구사진집』 출판 일로 연변에 다녀간 민족출판사에서도 사진 작품선정과 편집을 하는 한편 김진호, 황범송과 함께 여러 곳을 다니며 촬영도 하였고, 황범송에게 사진현상과 사진작품 제작을 의뢰하였다. 암실에서 황범송이 수작업으로 필름현상 하는 걸 지켜 본 출판사 고위관계자가 이처럼 필름현상을 잘하는 기술자가 세상에 또 있냐고 하면서 감탄했다. 그는 자신이 라이카로 찍은 필름과 황범송이 롤라이플렉스로 찍은 필름을 대조하면서 앞으로 신화사에서도 반드시 롤라이플렉스를 사용해야 한다고 말했다. 그가 북경에 돌아간 후 얼마 안 되어 신화사 책임자 석소화(石少華)가 전문인력을 황범송에게 보내 롤라이플렉스를 구매하려 하였다. 보아하니 김몽훈한테만 있는 이 사진기를 신화사에서 탐내는 눈치였다.

김몽훈은 자신이 일본에서 공부할 때 지하에 들어가 흙을 퍼 나르면서 번 돈으로 산 사진기를 절대 팔지 못하겠다고 고집했다. 나중에 북경에서 온 손님과 황범송의 거듭되는 설득 끝에 울며 겨자 먹기로 사진기를 내주었다. 그러자 북경에서 온 손님은 당시 연길에서 제일 좋다는 광복 전 간도은행 행장이 기거한 양철기와로 된 단독아파트를 구매해서 김몽훈한테 드렸다고 한다.

롤라이플렉스를 받은 석소화는 신화사 기자들더러 일 년 동안 사용하면서 우월성을 확인하도록 하였다. 석소화는 검증 결과에 따라 중앙정부에 보고를 올려 신화사 사진기자들이 그 사진기로 무장할 것을 건의하였다. 중앙정부 관계부문에서는 국가재정이 엄청 긴장했던 상황에서도 1956년에 국외로부터 롤라이플렉스를 구입하여 신화사 기자들을 무장하도록 하였다. 이에 힘입어 연변에서도 그해 롤라이플렉스를 3대나 구입하여 연변일보사에 내려 보냈다. 당시 연변의 사진기자재는 전 동북에서 으뜸이었고 연변사진가들의 창작열정과 작품의 질도 신화사와 어깨를 겨루는 수준이었다. 이렇게 되자 신화사는 물론 인민일보와 민족출판사, 중국도편사 등 많은 단위의 사진 관련 부서와 잡지사 사진작가들이 다투어 연변을 찾았다.

연변은 중국의 사진문화예술사에서 '코기러기' 역할을 감당했다고 해도 과언이 아니다. 그 중심에 김몽훈 스승과 그의 제자 황범송이 선두를 달렸다고 감히 평가할 수 있다.

1948년 연길현 첫 체육종합경기대회 풍경

① 1948년 연길에서 열린 체육운동경기 개막식에서 임춘추 당시 연변전원공서 전원이 연설을 하고 있다.
② 1948년 연길에서 열린 체육운동경기 때 임춘추(가운데) 연변전원공서 전원이 선수단 대표의 보고를 받고 있다.
③ 1948년 연변전원공서의 간부들이 체육경기에 참가한 선수단과 함께 기념촬영을 하고 있다.
④ 1948년 배구경기대회에서 우승한 선수단에게 우승기를 수영한 뒤 기념 촬영하는 연길현 간부들. 왼쪽부터 전인영 왕청현위 서기, 임춘추 연변전원공서 전원 겸 연길현장, 주덕해 동북행정위원회 민정부 민족사무처 처장.
임춘추는 동북항일연군 출신으로 해방 직후 조선으로 들어갔다가 주보중(周保中)의 요청으로 1947년 동북으로 파견되어 1년 동안 길림성 민족사무청장으로 활동했고, 1948년 3월부터 1949년 3월까지 연변전원공서 전원직을 맡았다. 그는 조선으로 돌아간 후 국가 부주석까지 승진했으며 1988년 사망했다.

1949년 38국제부녀절과 촌(村)정권건립대회 모습

❶

❷

① 1949년 3월 3일 연길시의 각계가 모여 진행한 촌정권건립대회를 마치고 기념촬영.
② 1949년 3월 8일 국제부녀절을 경축하는 연길시 부녀군중대회를 마치고 기념촬영. 앞줄 가운데가 문정일 현장(懸長).

두 발로 뛰는 사진기자

"이참에 신문사에 오지 않겠소?"

"따르릉… 따르릉…"

아침밥술을 내려놓기 바쁘게 사진관으로 출근했는데 어디선가 다급한 전화가 걸려왔다.

"황 동무요? 나 신문사 김우철이오."

"아, 네. 신문사에서 웬 일로 저를 찾으시는 겁니까?"

"내가 이 아침에 황 동무를 찾는 게 뻔한 일이잖소? 중앙에서 『동북조선인민보』 창간호를 보내달라고 하는 데 원본이 한 부뿐이어서…. 중앙에서 요구하니 여하를 불문하고 보내줘야 하는 데 무슨 방도가 없을까? 아무튼 급한 일이니 빨리 와서 사진이라도 찍어서 만들어내던지 대책을 강구해 보기요."

그 당시 신문사 후근부를 책임진 김우철 과장이 울상이 되여 황범송에게 청구했다.

"그 대문짝만한 신문을 사진 찍어서 원본 대용으로 만든다구요? 찍으라면 찍어는 드리겠습니다만…"

대답을 마친 황범송은 즉각 사진기를 챙겨가지고 신문사로 뛰어갔다.

당시 신문사에 사진 전문일군이 없었고 가끔 동판에 있는 김진호가 사진을 찍는 상황이었다. 단 한 장뿐인『동북조선인민보』창간호를 펼쳐놓고 전면으로 찍어도 보고 또 면을 나누어 찍어도 보았으나 신통치 않았다. 사진은 어디까지나 사진이지 신문으로서의 질감을 살려낼 수 없는 상황이었다. 곁에서 초조하게 지켜보고 있던 김 과장이 한숨만 풀풀 내쉬며 묻는다.

"이 일을 어찌하면 좋겠소? 다른 방도가 없을까?"

"신문사에서 신문 한 장 만들어 내는 게 뭐가 그리 어렵나요? 김 과장의 권한이면 가짜신문도 만들어 낼 수 있을 텐데 원본까지 있는 진짜 신문을 왜 만들어내지 못합니까? 나 같으면 한 장이 아니라 열 장이라도 만들어 낼 건데…"

황범송이 싱거운 소리를 하자 김 과장이 못마땅한 표정을 지으며 대꾸한다.

"이 사람아, 아무리 권한이 있은들 없는 신문을 어디 가서 무 뽑듯 뽑아오란 말이요? 싱거운 소리를 해도 유분수지 …"

東北朝鮮人民報

창간사

농업생산령

동북행정위원회발표

각지의농민들모두

춘경준비에총궐기

거름장만과거름

내기를적극진행

물앗이조짜기에분망

농구와종자를준비

본보통신공작에관하여

《동북조선인민보》 창간호(1949.4.1).

"어허? 싱거운 소리가 아닌데? 신문사가 신문을 만드는 곳인데 있는 신문을 그대로 본을 떠서 만들어내는 게 뭐가 그리 어려운 일인가요? 배판하는 사람이 다시 배판하면 문선공들이 모여들어 원본 그대로 본을 떠서 판을 짜고 그냥 동판에 넘겨 몇 부 인쇄하면 될게 아닙니까?"

"아하, 그렇지! 내가 왜 그 생각을 못했지?"

황범송의 '싱거운 소리' 한마디에 힌트를 얻은 김 과장은 그제야 찌푸린 얼굴을 펴고 곧장 문선공 몇 사람을 불러 창간호 본을 떠서 활자를 주어 다시 판을 짜게 하였다. 그제야 한시름 놓게 된 김 과장이 괜히 신이 나서 휘파람을 불며 한마디 했다.

"황 동무 덕에 우리 신문사에서 그 귀한 창간호를 복제하게 되였구먼. 이건 신문사를 위해 한몫 크게 한 거요. 보아하니 황 동무는 사진관 실무 보다는 우리 신문 업무가 더 적합한 듯한데 이참에 아예 우리 신문사에 오지 않겠소? 안 그래도 요즘 촬영기자 모집공시를 내려던 참인데……."

"네? 저야 그렇게만 된다면 영광이지요. 안 그래도 저의 스승께서 늘 기회가 주어진다면 사진관에서 '사진 쟁이'로 그냥 눌러 살 것이 아니라 전업으로 사진작가나 사진기자의 길을 걸아야 한다고 하셨습니다. 김 과장께서 많이 힘써 주십시오."

"그래요? 실은 그냥 해본 소리인데 황 동무 생각이 그러하다면 내가 한번 나서서 '중매'를 서 볼까?"

김 과장이 이번에는 황범송의 눈을 마주 보면서 정식으로 요청했다.

"잘 부탁합니다. 아마 저의 스승께서도 두 손 들어 찬성할 것입니다."

그 일이 있은 지 얼마 안 되여 황범송은 동북조선인민보사로 전근령을 받았다. 이렇게 되여 열군속사진관 주임 자리는 김세문에게 넘겨주고 곧장 동북조선인민보사에 입사하게 되었다. 그 때가 1952년 2월경이었다.

맨주먹으로 시작한 기자사업

1952년 음력설이 지난 어느 날, 동북조선인민보사의 출근통지를 받은 황범송이 부랴부랴 신문사로 달려가니 문교조 조장과 동료들이 반겨주었다. 그들은 김진호와 황범송에게 책상 하나와 걸상 두개를 내주면서 사무조건이 여의치 않으니 극복하면서 잘해보자고 했다.

신문사에서 큰마음 먹고 두 사람을 사진담당 기자로 발탁시켰지만 사진기 한 대도 없었고 암실은 고사하고 사진 현상약 한 봉지, 인화지 한 장도 없었다. 모든 걸 빈손으로 시작해야 하는 상황이었다.

황범송이 전근 가기 전인 1951년 동북조선인민보 기자와 직원들 모습

김진호와 황범송은 문교조에 더부살이하는 식으로 들어가 앉아 일단은 이마를 맞대고 마주 앉아 방법을 강구해 보면서 계략을 짜기 시작했다. 사에서 사진기를 사줄 때까지 대책 없이 앉아서 기다릴 수만은 없는 상황이라 특단의 조치가 필요했다. 그나마 김진호는 전에 중국 관내지역을 전전하면서 쓰던 구닥다리 중형 사진기가 한대 있어서 그런대로 최악의 상황에 대처할 수는 있었다. 문제는 맨주먹에 촬영기자라는 듣기 좋은 허울만 쓰고 나타난 황범송이었다.

그는 취재가 생기면 곧장 열군속사진관으로 달려갔다. 김몽훈의 사진기를 빌려다 쓰는 수밖에 없었다. 사진약이나 인화지도 염치 불구하고 열군속사진관의 것을 빌려 쓰는 수밖에 없었다. 후에 암실이랍시고 기숙사 한 모퉁이에 만들어 놓고 임시로 대치하기도 하였다. 그러다가 급한 용무가 생기면 체면이고 뭐고 없이 곧장 열군속사진관 암실로 뛰어갔다.

초급농업생산합작사에 가입하는 농민들. 가운데 여성이 김신숙이다.

촬영조가 따로 없었던 그 시절, 문교조 조장이 두 사람에게 사업범위와 임무를 배정해주었다. 김진호는 흑룡강성 북부, 길림성의 북부와 서부, 요령성, 북경, 내몽골 등 조선인 산재지역을 책임지기로 하고, 황범송은 사진제작과 편집을 전담하는 외에 연변지역과 길림성 남부, 흑룡강성 남부지역을 책임지기로 하였다. 둘은 편집부의 배치대로 책임지역의 시사성, 시간성과 취미성이 강한 보도사진들을 촬영하고자 낮에는 발바닥이 닳도록 뛰어다니고 밤이면 암실에 틀어박혀 사진 인화작업을 하느라 골몰했다. 시기성이 강한 사진을 제때에 편집부에 제공하는 한편 책임지역의 신문 발행, 통신원 연락사업도 겸했다.

분공이 명철해지자 김진호는 즉각 묵직한 사진기를 메고 취잿길에 올랐다. 그는 담당구역에서 찍은 사진건판과 문자설명을 당일 기차 편으로 연길역까지 보내왔다. 그러면 황범송이 부랴부랴 역에 나가서 사진건판을 받아 밤새 현상하고 제작하여 편집부에 넘겼다.

1952년 3월, 황범송은 전국 열군속대표 김신숙의 인솔 아래 있는 농민들이 주동적으로 초급농업생산합작사에 입사하는 장면을 촬영하였다. 그 사진이 톱기사로『동북조선인민보』에 게재되었다. 편집부에서는 시대적인 맥박이 느껴지는 이 사진을 신화사에 추천하였다.

신화사에서는 이 사진을 신화사 지정원고로 선정하여 국내외 여러 매체들에 추천하였다. 삽시간에 전국 수십 개 매체가 사진을 게재하였고, 황범송이라는 이름이 삽시간에 전국에 알려졌다. 이 사진의 신화사 설명문은 다음과 같다.

"1952년 3월, 전국 열군속대표 김신숙의 인솔하에 있는 빈하중농들이 자진하여 농업생산합작사에 가입하고 있다. 1952년의 통계에 따르면 연변농촌 중 20,000여개의 계절성적인 호조조를 제외하고 또 6,900여개의 상년(常年) 호조조가 있는 데 그 중에는 75개의 농업생산합작사가 포함된다."

한 단계 손발을 맞춰보니 문제는 신문사에 암실 설비가 없다보니 사업효율을 높일 수 없는 게 큰 고민거리였다. 그 난제를 어찌 풀어갈지를 두고 황범송은 고민하기 시작했다. 해방 전 만척회사 사무청사였던 2층 건물 아래층은 교육출판사와 인민출판사가 차지하고 있었고, 위층은 부서가 많은 신문사가 차지하다보니 칸칸이 비좁아 어떤 사무실은 발을 들여놓을 공간조차 없었다. 여기저기 끼웃거리며 관찰하던 어느 날, 2층 서쪽 구석에 자물쇠가 잠겨져있는 출입문 하나를 발견하였다. 후근을 책임진 김희철 처장을 찾아 가 자문을 청하고 나서 문을 따고 들어가보니 두 사람이 동시에 들어가기 불편한 창문도 없는 금고자리였다. 암실로 개조해 쓰기에는 창문이 없는 게 오히려 다행이어서 그곳에 암실을 꾸려보기로 했다.

김 처장은 "워낙에 비어있는 공간이여서 사용은 가능하겠지만 혹시나 무슨 사고라도 생기면 그 책임을 누가 지냐?"는 식으로 뒤를 달았다. 그는 후사책임은 자기가 전적으로 질 거라고 장담하면서 즉시 웃통을 벗어젖히고 먼지를 털어내고 잡동사니들을 정리하고 천정과 벽, 바닥을 물걸레로 깨끗이 닦아냈다. 이틀 동안 통풍시킨 후 자체로 작업대를 만들어 열군속사진관에서 빌려온 사진제작 기자재들과 그릇들을 진열해 놓고 쪽걸상 하나와 물통 2개를 얻어다 놓고 전기 가설도 끝냈다. 출입문에 암실용 커튼까지 쳐놓으니 숨 막히는 공간이기는 하지만 그런대로 사진제작을 할 수는 있었다.

아담하게 꾸며진 암실을 구경하러 온 김 처장과 동료들은 "황 동무는 정말 못하는 게 없는 사람이구먼"이라고 하면서 엄지손가락을 쳐들었다. 그런데 너무 비좁고 환기가 되지 않아 그곳에서 긴 시간 연속작업을 할 수는 없었다.

훗날 김희철 처장이 다른 공간을 제공해 주었는데 실은 전에 화장실로 쓰다가 방치해둔 곳이라 장시기 사용하지 않은 변기가 그대로 놓여있었다. 황범송은 그나마 고맙게 생각하고 혼자서 악취 풍기는 변기를 드러내고 바닥을 다시 콘크리트로 미장까지 해서 그럴싸한 암실을 꾸몄다. 황범송은 그 건물이 폐가가 될 때까지 사진제작실로 사용하였다.

"어디 한판 붙어보자!"

신문사에 입사한지 얼마 안 되어 하루는 신입사원 환영모임이 있다고 해서 꽤나 널찍한 강당에 모였다. 갑자기 세 신문사가 합병되다보니 그 무렵 비슷한 또래의 젊은이들이 꽤나 많이 들어왔다. 어떤 이는 사범학교를 졸업하면서 곧장 배치되어 왔고, 또 어떤 이는 다른 기관에서 근무하다가 전근되어 왔다. 일부는 군에서 총을 들고 싸우다 온 이들도 있었다. 요즘처럼 어느 대학을 졸업하고 배치되어 온 고급지식인은 거의 없었다.

신문사에서는 새 사원이 입사하게 되면 이례적으로 모아놓고 신문사의 역사와 전통에 대해 얘기해주면서 신문전선의 일원이 된 긍지와 자부심을 갖도록 말하는 신입사원교육을 진행했다. 이윽고 연배가 지긋해 보이는 중년 지식인 한 분이 연단에 나타났다.

"여러분, 신문사에 입사한 걸 환영합니다. 갑자기 많은 식구들이 붙게 되여 저

해방 직후 연길에서 설립된 연변일보의 기초가 된 조선민주서원 사옥과 직원들의 모습

도 기쁩니다"라며 두어 번 헛기침을 하더니 천천히 이야기 끈을 풀어갔다.

그는 "지금 우리 신문사의 이름은 『동북조선인민보』라고 하는 데 전에는……." 하면서 신문사의 지난 역사를 얘기하였다. 『동북조선인민보』의 전신은 남만의 『단결시보』, 북만의 『민주일보』, 연변의 『연변일보』이었다고 한다. 이 세 신문이 1949년 4월 시대의 수요에 부응하여 『동북조선인민보』라는 하나의 이름으로 태어나게 되었다고 한다.

『동북조선인민보』 초대사장은 원래 하얼빈 『민주일보』 사장이던 이욱성(李旭成)이었는데 당시 나이가 27살이었다. 하지만 그는 연안(延安)에서 나온 간부인지라 경력도 화려했지만 위엄도 대단했다고 한다. 1939년 열일곱 살 어린 나이에 고향 충청도에서 초등학교를 졸업하고 중국 화북지역에 들어가 조선의용군 전사로 성장하였다. 1945년 8월, 연안군정간부학교에서 북방지구에 파견되어 온 18명의 조선족 연안간부의 한 사람으로 25살 젊은 나이에 대대 교도원, 독립대대 대대장 등을 역임하면서 많은 공을 세웠던 훌륭한 청년지도자여서 다들 공손히 대한다고 했다.

이렇게 현임 사장에 대한 얘기를 쭉 하다가 광복직후 신문계의 지도자로 활약을 보인 최채, 임민호, 현남극 등 선배들에 한해서도 가담가담 언급하였다. 그러면서 그들이야말로 우리 신문의 창설과 민족 문화건설에 기여한 분들이라고 덧붙여 얘기했다.

초창기 신문사 사정은 몹시 어려웠다고 한다. 아무것도 없는 빈털터리, 일제가 망해서 도망친 폐허에 새로운 정권의 사회를 건설해야 하는데 국민당군대가 하발령을 사이에 두고 진공의 예봉을 연변에 돌려 공산당군의 최후거점을 소탕해버리려고 벼르고 있다 보니 사태는 상당히 위급했다고 한다. 그런 와중에도 주야로 분투하면서 신문사업에 정력을 쏟아 부은 분이 주덕해였다고 한다.

일제가 쓰다 버린 헌 인쇄기를 어림짐작으로 뜯어 맞추어 인쇄소라는 걸 꾸려놓고 신문이 뭔지도 모르는 '얼뜨기'들이 모여서 편집부라는 이름을 걸어놓고 원고를 쓰기 시작했다. 특히 1950년 조선전쟁이 발발하자 신문사는 상급의 지령에 따라 상발원(지금의 민주촌, 연길시 벽돌공장 부근의 술공장 옛터)으로 옮겨 가게 되었다. 며칠 내로 옮겨야 한다는 긴급명령이 떨어지자 신문사 안팎이 발칵 뒤집혔다고 한다. 사람들은 쓰다 만 원고를 안고 책상, 걸상을 둘러메고 그 곳으로 옮겼다고 한다.

그런대로 편집부를 옮기는 건 그다지 큰 문제가 아니었는데 골치 아픈 건 덩치 큰 작업 중인 인쇄설비를 옮기는 게 문제였다고 한다. 날마다 날아드는 전쟁뉴스를 한시도 어김없이 호외로 찍어내야 하는 와중에 1주일 내로 모든 인쇄설비들을 상발원으로 옮겨야 하는 비상령이 떨어졌으니 말이다. 그때 신문사에는 16면 기계 3대, 24면 기계 1대가 있었고 세워놓고 쓰지도 못하는 윤전기 1대가 있었다. 이런 낡은 설비를 가지고 매일 8,000여부의 신문, 후에는 무려 1만여 부씩 찍어냈고 그 외에도 많은 소책자와 선전재료도 찍어냈다고 한다.

그런데 노동자는 고작 열 명 정도로, 그 열 명이 교대근무 하며 강행군으로 임무를 완성했다고 한다. 그들에게는 휴일도 휴식도 없었다. 게다가 중요한 전쟁성

「동북조선인민보」로 통합되기 이전 단결시보사(위), 민주일보사, 연변일보사 직원들의 모습.

과 보도가 들어오면 다 짜놓은 판을 내리고 따끈한 최신뉴스나 특종기사로 교체해야 했다.

"모든 것은 전쟁의 승리를 위하여!" 이것이 그들이 호기롭게 내건 슬로건이었다고 한다.

맨날 교대작업을 하다 보니 때로는 졸음이 몰려 기대 옆에서 끄덕끄덕 조는 사람, 화장실에 가서 소변을 보다가도 벽에 이마를 찢는 사람, 밥술을 들었다가 떨어뜨린 채 잠꼬대를 하는 사람…….. 그래도 그들은 신문을 제때에 찍겠다고 냉수를 떠다 기대 옆에 놓고 졸음이 오면 찬물로 세수를 했고 그래도 안 되면 대나무꼬챙이로 아래 위 눈꺼풀을 받쳐놓고 계속 작업하기도 했다.

일은 소처럼 하지만 먹는 건 맨날 수수밥 한 공기에 멀건 시래깃국 한 그릇이 다였다. 이렇게 몇 해를 지탱하다보니 다들 얼굴이 누렇게 뜨고 부석부석한 게 병색이 여간 짙어 보이지 않았다. 하지만 누구 하나 강위에서 물러서지 않았다. 무시로 코피가 나고 과로로 기대 옆에 쓰러졌다가도 다시 일어나 작업을 계속했다. 또 어떤 이는 심한 위병에 복통이 도지면 벽돌을 난로에 달구었다가 위에 붙이고 작업을 계속 했다고 한다.

황범송은 보고를 듣는 내내 콧마루가 찡해났다. 이건 신문사가 아니라 총성 없는 '전투마당'이었다. 사업 열정하면 그도 누구한테 뒤지지 않았는데 여기서 정신을 차리지 않으면 뒤처지게 될 수밖에 없다는 걸 자각했다.

"그래, 어디 한판 붙어보자!"

황범송은 이렇게 혼자 말처럼 되 뇌이며 들메끈을 질끈 동였다. 다들 전문지식이 없이 입사하다보니 신문이 뭔지도 모르면서 겁 없이 신문전선에 뛰어들었다. 황범송의 경우도 마찬가지였다. 신문사 사진촬영이 뭔지도 모르고 그냥 사진관에서 영업사진이나 찍어 인화해주던 밑천으로, 게다가 카메라도 없이 열군속사진관의 카메라를 빌려 쓰면서 명색만 그럴 듯한 촬영기자가 된 것이다. 그러다보니 몇 줄 안 되는 사진설명을 어찌 써야 할 지 몰라 그냥 주어들은 얘기를 다 쓰다보니 소식인지, 통신인지 분간이 되지 않았다. 실은 당시 기자나 편집도 전문 교육이나 견습을 받지 않은 상황에서 실무에 임하다보니 부닥치면서 터득하고 문제의 실마리를 풀어나가기 일수였다. 그런 편집원들이었기에 형식주의적 사진설명을 군소리 한마디 없이 지적해주어 그 와중에 한수 배워가면서 실무에 임했다.

그나마 사진을 찍을 줄 알고 거기에다 자유자재로 사진을 현상하고 제작하는 기술까지 겸비하다보니 황범송의 존재는 신문사 내에서는 독보적이었다. 단짝 파

1952년 10월 5일 동북조선인민보 기자들.

트너였던 김진호 역시 프로였지만 황범송처럼 격이 있는 스승 문하에서 체계적으로 사진을 배운 프로는 아니었다. 단 사진을 접한 경력이나 연배는 김진호가 한 수 위인지라 황범송은 신문사에 입문해서부터는 시종일관 그를 인생의 멘토로 섬겼다.

당시 황범송은 밤낮을 가리지 않고 짬만 나면 '신문학'을 공부했고, 신문의 여러 장르에 대해 자습했다. 그때 공부는 거의 소련의 모식을 모방하는 공부였다. 당사를 배워도 소련공산당사가 우선이었고, 습작이나 문학공부도 소련문학을 모티브로 할 수 밖에 없었다.

신문촬영도 마찬가지였다. 촬영기자가 신문선색을 포착하려면 시대의 흐름을 제때에 파악하고 사계절의 변화에 민감하게 반응하면서 발 빠르게 움직여야 했다. 그러자면 우선은 자신의 활동반경에 대한 지정학적 파악을 잘 하고나서 이르는 곳마다 정보와 소새를 수시로 제공해 줄 수 있는 연계망을 만들어야 했다. 지금 말로 풀이하면 기층에 있는 노동대중들과의 인적인 네트워크를 구축해야 한다는 것이다. 이는 그냥 집안에 앉아서 될 일이 아니다. 지금처럼 온라인이 활성화 되어 있는 상황도 아니고 집집이 전화가 가설되어 있는 것도 아니고 교통수단 또한 열악한 시기였다. 어디를 가든 자전거가 제일 편한 교통수단이었지만 신문사에는 자전거가 두 대 밖에 없는 상황이었다. 당시 영도간부들은 얼마나 청렴했던지 두 대뿐인 자전거를 거의 편집실에 할애하여 기자나 편집원들이 활용하게 하였다. 그중 한대는 거의 사진기자 황범송과 김진호가 엇바꾸어 활용했다고 해도 과언이 아니다.

황범송은 시도 때도 없이 자전거를 타고 가까운 주변지역을 누볐다. 그러면서 광복을 맞이한 이래 천지개벽의 시대에 접어든 연변의 역사와 시대적인 맥박에 대해 목적의식적으로 자료를 찾아보면서 공부했고, 시간이 나면 두발로 뛰면서 필기를 곁들인 공부를 하였다. 그 와중에 연변이란 유서 깊은 고장의 어제와 오늘을 차츰 깊이 파악하게 되었고 누구보다 연변 땅의 역사와 문화를 사랑하게 되었다.

연변자치구 창립의 나날에

1952년 연변인민들은 마침내 연변조선민족자치구 창립이라는 전대미문의 특대 축제를 맞이하였다. 김진호와 황범송은 연변전원공서와 신문사의 배치대로 천추에 길이 남을 역사적인 순간을 기록할 수 있는 행운아가 되었다。

당 중앙과 모택동 주석의 배려를 전달하고 연변조선민족자치구 창립을 축하하며 당 중앙인민정부 민족사무위원회 부주임 팽택민(彭澤民)을 단장으로 한 중앙대표단 일행 50여 명이 8월초부터 9월초 사이에 연변에 왔다.

황범송은 중앙방문단 수행사진기자로 배치되어 방문단을 따라 다녔다. 8월의 어느 날, 중앙방문단이 용정을 방문한다는 소식을 접한 연길현 인민들은 만반의 준비를 하였다. 중앙방문단이 모아산을 넘어 용정으로 온단 소식을 접한 해란, 영성, 영동, 인화, 화전자 등지의 농민들은 자발적으로 모아산 길목까지 걸어가 춤과

연변조선민족자치구 제1차 인민대표대회 대회장

투표를 하는 대표들

노래로 방문단을 맞이하였다.

용정체육장에선 명절옷차림을 한 1만여 명 시민들이 춤을 추고 노래를 부르면서 중앙방문단 일행을 환영하였다. 환영행사에서 용정시 신안가의 한 부녀는 120여 년이나 간직하였던 놋사발과 수저 등 식기를 모 주석께 전해달라고 방문단에 드렸고, 영성촌의 이선녀 할머니는 자기가 간직해 온 '열세베'로 지었다는 적삼을 모 주석께 올린다고 중앙방문단에 전해드렸다. 모 주석과 당 중앙에 드리는 수십 폭의 금기가 방문단 일행이 탑승한 차에 넘쳐났다.

마침내 1952년 8월 29일부터 9월 2일, 연변조선민족자치구 제1차 각계 인민대표회의가 연길에서 장중히 열렸다. 중앙인민정부 민족사무위원회 싸쿵료 부단장은 민족사무위원회에서 보내 온 '민족단결을 한걸음 더 공고히 하여 위대한 조국을 보위하고 건설하기 위하여 분투하자!'라고 쓴 금기를 주덕해 주장에게 전달했다. 마지막 순서로 동옥곤(董玉坤) 부주장이 대회의 폐막과 자치구인민정부의 성립을 선포하였다.

9월 3일 오후 3시, 연변 각 민족, 각 계층 인민 3만여 명이 연길시 인민광장에서 연변조선민족자치구 인민정부 성립 경축대회를 성대히 거행하였다. 중앙인민

당중앙에 축기를 드리는 장면

1952년 9월 3일 연변조선민족자치구 성립 경축대회에서 연설하는 주덕해 초대 주장

경축대회 전경

경축대회 후 진행된 시위행진 모습

정부 민족사무위원회 싸쿵료 위원, 동북인민정부 왕일부(王一夫) 부부장, 중공 길림성위 이몽령 서기, 길림성 인민정부 율우문(栗又文) 주석과 연변조선민족자치구 주덕해 주장을 비롯한 위원들이 주석단에 오른 뒤 4시 반에 경축대회가 시작되었다.

국가의 주악에 이어 국기와 혁명영수들에게 경례를 드리고 혁명열사에게 묵상한 뒤 주덕해 주석이 연설하였다. 다음 연변 5개 현 및 중국인민해방군 연변전구무장부, 연변대학, 국영제2제지공장, 예수교회 회원 등 12개 단위에서 연변자치구 인민정부에 금기를 올렸고, 칠팔십 명 각 민족 학생과 간부, 부녀들이 주석단에 꽃다발을 올렸다. 이어 싸쿵료 위원, 율우문 주석이 각각 연설하였다.

대회는 오후 6시 10분에 우렁찬 구호로 끝맺고 이어 시위행진이 있었다. 환희에 끓는 연길시내의 밤거리는 오색 등불을 밝힌 시위 군중으로 북적였고 북소리, 징소리, 노랫소리 속에서 깊은 밤까지 계속 되었다.

황범송과 김진호는 이 역사적인 순간순간을 실수 없이 부지런히 렌즈에 담아냄으로써 후세에 귀한 자료들을 남길 수 있게 되었다. 입사한지 반년 밖에 안 되는 그에게 이런 천재일우의 학습과 단련의 기회가 차려졌다는 그 자체가 행운이었다. 당시 『동북조선인민보』에 실리는 사진들은 모두 김진호의 이름으로 발표되었다.

모직중산복

동북조선인민보사 초창기에 활용된 활자는 모두 만주국 시기부터 사용해 온 둥근 활자체로 글꼴이 예쁘지 않았다. 당시 조선의 『로동신문』 활자는 글꼴이 예쁘고 읽기에도 편했다. 신문의 활자를 바꾸고자 신문사 지도부에서는 이종암(李鍾岩)을 조선에 보내 신형의 활자를 얻어오게 하였다.

그런데 그에게는 군대에서 전업할 때 입고 온 낡은 군복 한 벌밖에는 없었다. 신문사를 대변해서 '외교사절'로 출국을 해야 하는데 다 해진 옷을 입고 국문을 나선다는 것이 신문사 이미지에 손상이 가는 일이어서 망설이지 않을 수 없었다. 하지만 경제적으로 매우 어려웠던 신문사에서 출국인원에게 근사한 양복 한 벌 해 입힐 그런 상황도 못되었다.

마침 당시 황범송의 누님 황정자가 서시장 부근에서 복장점을 운영하고 있었다. 황범송은 누나 덕에 '단별신사'이긴 하나 누구처럼 해진 옷을 입지는 않았다. 게다가 당시 월보로 모직 천을 구입해 들여 주머니가 밖에 달린 중산복을 한 벌 새로 지어 입고 다녔다. 거기에 외제 사진기까지 장착하고 나서면 그야말로 신사가 따로 없었다. 그런 값진 원단들은 장가 갈 때나 겨우 입어보는 게 상례였다. 당시 모직중산복은 직급이 아주 높은 고위간부들이나 걸칠 수 있는 고급원단이었다.

신문사 지도부에서는 대놓고 말은 안했지만 은근히 황범송더러 그 모직중산복을 이종암한테 빌려주었으면 하는 눈치였다. 당시 입사한지 한해가 넘어 사업열정이 하늘을 찌를 태세였던 황범송이지만 워낙에 눈치가 말단인지라 지도부의 의도를 전혀 눈치 채지 못했다. 하루 이틀, 출국일자가 다가올수록 급해난 건 이종암이었다. 괜히 황범송을 찾아 존댓말을 써가면서 '우회전술'을 쓰던 이종암이 어느 날 저녁 큰마음 먹고 황범송을 선술집으로 안내했다. 술이 한 순배 돌자 속심을 털어놓았다.

지승원 주임과 새로운 활자를 감상하는 황범송(뒤).

"황 동무, 실은 내가 딱한 사정이 있어서 불러낸 거요. 그런데 참아 내 입으로 말하기가…"

이종암은 말하다 말고 뒤통수만 긁적였다.

"무슨 말씀인데 저 같은 말단사원한테 뜸을 드리는 겁니까? 제가 표현은 서툴지만 이 과장님을 존경합니다."

"그 마음이 진심이지? 그렇다면 나도 황 동무한테 속내를 털어놓을 수 있을 것 갔네."

"주저하지 말고 얼른 터놓으십시오. 저의 손을 빌 일이라는 게 기껏해야 사진 찍어달라는 부탁이겠지요."

황범송이 먼저 건너짚었다.

"그런 부탁이면 진작 했을 거요. 실은 그게 아니라 내가 내일 모레 출국을 하게 되었는데…"

"아, 네. 알고 있습니다. 활자 구하러 간다는 얘기를 들었습니다. 그렇다면…?"

"보다시피 내 몰골이 뭐요? 국빈 방문은 아닐지라도 그래도 신문사를 대변해서 가는 데 이 모양 이 꼴로 간다는 게 말이 아니어서… "

"네, 그렇지요. 그렇다면 제가 뭘 어떻게 도와드리면 되는 지 말씀해주세요."

눈치가 도끼등인 황범송은 그 시점에도 상황 파악을 하지 못하고 있었다.

"보아하니 황 기자가 사내 젊은이들 중 옷차림이 변변해서 미안하지만 한 벌만 빌려주면 안 되겠소?"

용기 내여 말을 마친 이종암은 부하 직원한테 이런 낯 뜨거운 부탁을 한 자신이 부끄러워 쥐구멍이라도 있으면 들어가 숨어버릴 몰골이었다.

그제야 자초지종을 알게 된 황범송은 앞에 놓인 술 한 잔을 쭉 비우고 통쾌하게 한마디 했다.

"이과장님이 출국은 전적으로 신문사를 위한 일이잖습니까? 신문사의 당당한 일원인 제가 도울 수 있는 일이라면 기꺼이 도와 나서야지요. 그깟 입던 옷 빌려주는 게 뭐가 대수라서…"

황범송은 그 자리에서 입고 있던 모직중산복을 훌훌 벗어서 이 과장에게 주었다.

"어이쿠, 이 신세를 어떻게 갚지? 아무튼 정말 고맙네."

두 사람은 그 자리에서 상의를 바꿔 입고 통쾌하게 술 한 잔 기울였다.

그 때부터 달포가 지난 뒤, 조선에서 돌아 온 이종암한테 황범송은 모직중산복을 돌려받았다. 단벌신사로 출국해서 그냥 그 옷만 입고 평양 바닥을 누비고 다녔으니 소매 끝이나 목깃 부위 모가 다 닳아 떨어져 볼품없게 되어 있었다. 많이 서운했지만 황범송은 그런 내색을 내지 않았다.

"옷을 이렇게 그냥 돌려준다는 게 말이 안 되는 일이지만 일단은 받아주오. 내가 나중에 변상해 줘야지…"

이종암이 황범송의 손을 꼭 잡고 미안해하며 말한다.

"변상은 무슨, 저는 누님이 양복쟁이여서 또 한 벌 지어달라고 하면 됩니다. 걱정하지 마십시오."

황범송은 많이 난처해하는 이 과장을 위로해주며 말했다.

신문사에서는 이종암이 가져 온 활자체를 지승원(池升元)이 하나하나 글씨를 써서 목각으로 새긴 다음 연물을 부어서 활자체를 만들도록 하였다. 이종암은 새로운 활자체로 찍혀 나온 신문을 가지고 제일 먼저 황범송을 찾았다.

"황 동무, 이것 봐요. 신문이 기가 막히게 잘 나왔다니깐!"

"네, 그러게 말입니다. 이과장이 새로운 활자를 얻어 온 덕에 신문이 일신되었네요. 감축드립니다."

"아니, 이건 내 공로도 있지만 황 동무 헌신도 포함되어 있는 거지. 아무튼 고맙네."

두 사람은 새롭게 탈바꿈한 신문을 들여다보면서 흐뭇함을 감추지 못하고 있었다.

발로 뛰는 카메라맨

신문사 사업은 퍽 긴장했지만 활동적이면서도 생기발랄한 분위기여서 좋았다. 동북3성에 있던 세 신문이 합병되어 『동북조선인민보』가 되다보니 서로 간에 호흡을 맞추는 과정도 필요했고, 젊고 생기발랄한 청년들을 새로 받아들여 대오건설도 다그쳐야 했었다.

늘 보면 젊은이들이 있는 곳이면 노래 소리가 울려 퍼지고 춤판이 벌어지고 사랑과 낭만이 뒤따르게 되어있다. 그 당시 신문사의 이슈가 발랄한 젊은이들로 무어진 '총각동맹'이었다. 갑자기 들이 닥친 스무 살 안팎의 꿈 많은 젊은이들이 그룹을 무어 빙글빙글 돌아가는 데 훗날 그들이 연변의 신문, 방송, 출판을 포함한 문화예술분야에서 명성이 자자한 엘리트로 자리매김을 하였다. 이송영, 유옥철, 오태호, 박하림, 남인순, 박창식, 윤효식, 이자룡, 김철, 황범송 등 모두 하이칼라들이었다.

낮이면 긴장한 신문 업무에 바삐 돌아치고 밤이면 부르하통하 강둑을 거닐면서 '모스크바 교외의 밤', '다뉴브강의 물결', '볼가강의 뱃노래' 등을 부르고 그러다가 홍이 고조에 오르면 갓 배우기 시작한 왈츠나 탱고를 신나게 추면서 낭만의 밤을 즐겼다.

토요일 저녁이면 온 연길시 처녀들이 연지곤지 찍고 신문사의 초라한 구락부로 모여들었다. 그때면 어련히 '총각동맹' 성원들이 출동해서 신나는 춤판을 벌렸다. 그 속에 당연히 황범송도 끼였어야 했지만 눈을 씻고 찾아봐도 없었다. 머리에 참기름을 바르고 펜을 '무기'로 시나 소설, 통신, 오체르크(실화문학), 사설까지도 빵빵 써내는 그들과는 달리 황범송은 사진기만 만지는 카메라맨이라 그 시간이면 맨날 어두컴컴한 암실에서 낮에 찍은 사진제작을 하느라 여념이 없었다.

사실은 그때까지도 신문사에는 제대로 된 암실이 없었다. 황범송은 맨날 열군속사진관이 아니면 본인이 기거하는 기숙사 한 편에 엉터리로 꾸며놓은 간이암실에서 작업을 계속했다.

그 때나 지금이나 신문사는 분위기상 문자를 다루는 편집이나 기자가 1순위였고 그 다음으로는 배판이나 그림을 맡아하는 미술편집이 각광받는 존재였다. 촬영기자란 당시로 말하면 '말단직'에 불과했다. 하지만 황범송은 그런 것에는 신경을 쓰지 않았다. 어쩌면 '총각동맹' 엘리트들이 휘둘러봤자 젓가락 크기만도 안되는 볼펜에 취재수첩 뿐이었지만 자기는 아파트 한 채 가격에 맞먹는 외제카메라를 휴대하고 다녔으니 자아도취에 빠질 만도 했다. 솔직히 내로라하는 엘리트들이 은근히 시샘하고 군침을 흘리는 경우도 없지 않았다. 그러다보니 황범송은 당연히 '총각동맹'의 배제대상이었다.

1953년 5월 4일 신문사 직원들에게 사진강의를 하고 찍은 사진. 뒷줄 오른쪽에서 1번째가 황범송.

1953년 가을이었다. 그해 봄에 길림성에서 처음으로 설립된 연길현 동성용향 새벽집단농장이 집단의 우월성을 발휘하여 냉기의 침습을 이겨내고 농업생산 수입을 전 해보다 80%나 올렸다는 소문이 신문사에 전해졌다. 이희일 사장이 촬영기자가 소속된 문교조에 지시하여 촬영 보도임무를 시달하였다. 그때 촬영기자는 둘 뿐이었는데 김진호가 며칠 전에 남만으로 취재를 갔기에 촬영임무는 범송에게 맡겨졌다.

시계를 보니 오전 11시였다. 그는 서둘러 자전거를 타고 바삐 떠나갔다. 반시간 남짓 페달을 밟아서 명신촌에 이르렀다. 잎은 가파른 고갯길이있다. 자전거를 밀고 오르내리며 지체할 시간이 없었다. 그래서 자전거를 명신촌 어귀 밭머리에 세워놓고 지름길로 해서 늘찬 고개를 가뿐히 넘어갔다. 전국 노력모범이며 새벽 집단농장 주석인 김시룡이 농장원들과 함께 한창 탈곡하고 있었다. 그는 이 활기찬 장면을 얼른 찍어가지고 돌아섰다.

신문사에 이르러 부랴부랴 사진을 씻어가지고 편집실에 교부하기까지 그는 점심을 거르고 저녁밥도 한밤중이 돼서야 기숙사에 돌아와 대충 때웠다. 하지만 그렇게 고생해서 찍어 온 사진이 다음날 신문지상에 찍혀나 온 것을 보면 마음이 설레었고 바삐 돌아치면서 고생했던 일들이 가뭇없이 사라졌다. 그 후에도 긴급 취재임무를 수행하느라 하루가 멀다하게 끼니를 거르는 경우가 다반사였고 때로는 홀로 험산준령을 넘어 밤길을 걸어 다니기도 했다.

1954년 봄에는 촌에서 사원들이 봄갈이 차비를 다그치는 실태를 보도하기 위해 먼저 연길시 흥안향 송인준농업생산합작사에서 '선종'하는 장면을 찍고 도보로 왕청현 중안향으로 가게 되었다. 도중에 의란을 지나 류채촌에 이르러 농민들에게 물었다.

"여기서 중안으로 가는 지름길이 있다는 말을 들었는데 어디로 어떻게 가면 되는 거죠?"

농민들은 그를 아래위로 훑어보더니 머리를 설레설레 젓었다.

"어디서 오는 젊은이신지? 왜 그 험한 길로 가려는지? 혼자서는 못가는 길인데 … 웬만하면 길청령을 넘어가는 게 좋겠소만. 그러자면 중평에 가서 한밤 자고 아침에 떠나야 하는데 그다지 서두르지 않아도 저녁 전에 중안에 들어설 수 있소."

"여기서 중안까지 몇 리나 됩니까?"

"길청령을 넘어서 가면 90리요, 닭덕대산을 넘어가면 그 절반 거리요."

"저는 『동북조선인민보』에서 사업합니다. 중안으로 사진 찍으러 가는 길입니다. 어쨌든 빨리 갔다 돌아서야 합니다."

"그럼 기자 동무겠구만."

"예 그렇습니다."

한 농민이 팔을 쳐들고 손으로 닭덕대 뒷산을 가리키고 있을 때였다. 의란에서부터 황범송의 뒤를 따라 오던 쉰 살 정도 되어 보이는 한 여성과 어린애를 업은 한 젊은 각시가 와서 끼어들었다.

"기자 동무, 저희는 이화까지 갑니다. 저희와 함께 갑시다."

두 부녀는 시모녀사이였다. 이들은 범송을 따라 한길에 나섰다. 닭덕대란 류채촌에서 건너다보이는 서산 중턱에 다락처럼 턱진 곳을 말한다. 거기에 빈집 한 채가 있었다. 범송과 두 모녀는 집 북쪽 나무 밭 속으로 올려 뻗은 오솔길을 따라 걸음을 재촉했다. 산마루에 올라서니 해는 벌써 서산에 기울어졌다.

"걸음을 재우칩시다."

황범송이 앞서 가면서 한마디 했다. 산마루를 넘어서 높은 가둑나무 사이 길을 누비며 걸음을 재우치다가 눈앞에 보이는 참상에 세 사람 다 소스라치게 놀라 머리카락이 곤두섰다. 길가에 사람의 수족과 머리만 남은 시체가 너저분하게 늘어져 있고, 그 건너편에서 어헝어헝 하는 범의 울음소리가 났다.

순간 범송의 뒤에서 걸어오던 시모녀가 어헝 소리에 놀라서 제정신 없이 범송을 앞질러 달음박질 하듯이 내려간다. 이들은 이화촌 어구에 이르러서야 안도의 숨을 내쉬며 뒤를 돌아다보았다.

"젊은이는 정말 대장부요. 범도 무서워하지 않는구먼!"

"전에 저의 할아버지는 그럴 때일수록 마음을 느긋하게 먹고 서두르지 말라 했습니다."

두 모녀는 범송을 촌장 집까지 바라다 주었다. 촌장이 하숙집을 정해주었다. 하숙집 주인은 범송이 닭덕대산를 넘어왔다는 말을 듣고 몸을 뒤로 흠칫하며 놀라는 표정을 지었다.

"요즘 그 길로 안 다녀요. 며칠 전에 산에서 범이 내려와 송아지 한 마리를 물어가고 어제 의란구로 가던 사람이 고개 밑에서 범한테 물려 죽은 사람을 보고 되돌아 내려왔소, 민심이 흉흉해서 오늘 우리 마을에서 송아지를 잡아 가지고 가서 산신세를 시내고 왔소, 젊은이가 중안으로 산다지? 그럼 내일 아침 중평(언길 서쪽 교외)으로 해서 배초구 쪽으로 돌아가도록 하오."

1955년 9월 25일 연변일보사 원족(야유회) 기념사진. 앞줄 왼쪽 1번째가 김진호. 뒷줄 오른쪽에서 2번째가 황범송.

"…"

그는 고민에 싸였다. 이제부터는 혼자서 가야하는 데 중평으로 돌아가면 70리 길, 여기서 쿨룽산을 넘어가면 길게 쳐서 20리 길이다.

고민 끝에 다음날 아침 쿨룽산(일명 연통산) 쪽으로 가는 길에 들어섰다.

"이보게 젊은이, 기어이 그 길로 가겠거든 거기서 잠간 기다리오."

하숙집 주인이 부랴부랴 집에 들어가더니 부드럽게 썬 엽초와 성냥 한 갑을 비닐봉지에 싸들고 나왔다.

"보아하니 젊은이는 담배를 피우지 않더구먼. 그래도 이걸 가지고 가오. 쿨룽산을 넘을 때 무슨 소리가 나면 담배를 말아 피우면서 가오. 그러면 무사할거요."

"어르신, 정말 고맙습니다."

그는 담배와 성냥을 받아서 호주머니에 넣고 쿨룽산으로 가는 오솔길에 들어섰다.

산기슭에까지 가서 머리를 들어보니 거뭇거뭇한 바위가 앞을 막아섰다. 산등성 어디서인지 느닷없이 어헝 소리가 들려왔다. 갑자기 말초신경이 팽팽하게 죄여왔다.

그는 걸음을 멈추고 주춤거리다가 주인집 노인이 넘겨 준 엽초를 종이에다 툭하고 길게 말아서 불을 붙여 물었다. 한 모금씩 길게 빨아 연기를 뿜어 올리며 어헝 소리가 나는 바위중턱 아래 길로 넘어갔다. 온 몸이 땀범벅이 되었다. 아래 위 내복이 땀에 흠뻑 젖어서 걸음을 옮겨 디딜 때마다 살에 척척 감겨들었다.

목단천 서산 중턱까지 내려와서 아래를 굽어보니 목재를 실은 마차 한대가 산기슭 수레 길로 내려오고 있었다. 범송은 손등으로 이마의 땀을 씻으며 달려 내려갔다. 차부는 무슨 영문인지 몰라서 말고삐를 바싹 잡아당기며 차를 멈춰 세우면서 물었다.

“어디서 오는 젊은이요?”

“연길에서 오는 길입니다. 의란, 유채, 이화촌을 거쳐서 이렇게…”

“저 쿨룽산을 혼자서 넘어왔단 말이오?”

“네.”

“무슨 급한 용무가 있어서 그렇게 험한 걸음을 하는 거요? 저 산마루엔 호랑이가 있소. 그래서 여기선 중평으로 돌아다니오. 젊은이는 어디로 가오?”

“중안으로 갑니다.”

“같은 길이구만, 어서 여기 올라앉소.”

범송은 목재를 실은 마차에 성큼 뛰어 올랐다. 마차는 골짜기를 누비며 내려왔다. 그는 중안촌 농업사 간부들과 함께 온상 안에 들어가 푸르싱싱하게 자라나는 담배모를 찍어가지고 그날 오후에 인차 돌아섰다.

이러한 고생의 결과일까. 1954년 그는 연길청년호 식수장면을 찍은 사진과 연길우시장 사진이 신화사를 통해 전국 각시에 널리 전파되면서 황범송이라는 이름을 일약 전국에 알렸다.

점으로 면을 이끌다

연길시 신풍촌(新豊村)의 최죽송 농민은 '유지보온육모법'과 '냉상보온육모법'을 개발하여 벼 소출을 헥타르 당 18,000 여근 돌파하여 전국 농업부문으로부터 "전국 벼 고수확전문가-남방의 진영강, 북방의 최죽송"이라는 평을 받았다. 전국 노동모범이고 중국농업과학원 작물연구소 특약연구원인 최죽송은 1951년 '농업애국증산모범'으로, 그의 호조조는 '애국증산상'을 수여받았다.

황범송은 최죽송과 신풍촌을 자주 찾았다. 하루는 최죽송이 신문사 이희일 총편을 찾아와 황범송을 주일마다 신풍촌에 보내달라고 사정하였다. 당시 신문사에는 자전거 2대 밖에 없었는데 움직임이 제일 많은 통신원과 총편집에게 각각 배정되었다. 이희일은 황범송을 불러놓고 자신에게 차려진 자전거 열쇠를 아예 넘겨주면서 더 부지런히 기층에 들어가 훌륭한 보도사진을 촬영하라고 고무해주었다.

지도부의 관심과 배려에 힘을 얻은 황범송은 외지 출장을 나가는 일 외에는 낮에 거의 자전거를 타고 신풍촌 등 연길시 주변과 용정, 조양천, 연집 등지를 누비면서 취재에 임했다. 거의 모든 취재를 당일치기로 돌아와서는 저녁이면 암실에 틀어박혀 필름을 현상하고 사진설명을 써서 이튿날 아침이면 편집부에 교부하였다.

당시 전국노동모범이고 중국 북방의 벼재배왕 최죽송과 그의 농업생산합작사를 잘 홍보하는 것은 전국의 농업 발전방향과 양식증산에 관계되는 중요한 과업이라고 여긴 황범송은 최죽송과 그가 인솔하는 농업생산합작사를 점으로 정하고 그들의 움직임을 제때에 신문에 보도함으로써 점으로 면을 이끌고 전형을 내세워 과학영농

북방의 벼 고수확전문가 최죽송(1953.10).

최죽송농업합작사 기술인원들이 밀식재배법을 점검하고 있다.

미소를 짓고 있는 김시룡.

의 흐름을 이끌어가는 면에서 괄목할만한 성과를 이루어냈다.

애국증산운동을 벌리고 있는 신풍촌 관련 사진은『동북조선인민보』에 게재된 후 신화사 지정원고로 선정되어 중국 여러 매체에 널리 퍼져나갔다. 특히 1953년 10월에 촬영한 신풍촌 최죽송농업생산합작사의 기술위원 최경칠이 사원들과 함께 추수를 마친 논에서 벼 그루를 살피면서 밀식재배법을 점검하는 사진은『동북조선인민보』에 실렸을 뿐만 아니라 신화사 지정원고로 선정되었다.

사진을 자세히 들여다보면 주인공 최죽송의 모습이 안 보인다. 언젠가 황 선생한테 그 의문에 대해 물었더니 "역시 프로의 눈은 못 속이게 돼 있구먼"이라며 뒷이야기를 들려주었다.

그날 황범송은 논판에서 주인공 최죽송과 기술위원 최경칠 등이 풍산경험을 담론하고 있는 장면을 보았다. 그가 다가가 촬영의도를 보이자 최죽송은 "황 기자, 나는 신문에 많이 나가지 않았소? 오늘은 기술위원 최경칠이 주도하니까 나는 빠지겠소" 하면서 얼른 자리를 뜨더란다. 최죽송은 이와 같이 늘 간부와 골간들에게 영광의 기회를 주는 인싱을 겸비한 사람이었다고 한다.

최죽송을 전형으로 보도하여 단맛을 본 황범송은 그 뒤부터 어디에 전형이 나타났다하면 곧장 뛰어가서 카메라를 들이댔다. 1953년 12월에 촬영한 양식더미 옆에서 미소를 짓고 있는 김시룡 사진도 신화사 원고로 선정되었다. 신화사 원고 전문은 다음과 같다.

"길림성 연변조선민족자치구 70% 이상 농민들이 호조합작 조직에 들었다. 올해 봄에 성립된 연길현 새벽(黎明)집단농장의 벼 헥타르당 최고생산량은 18,200 근에 달하였다. 사진은 농장주석 김시룡과 양식더미이다. 1953년 12월."

황범송이 1953년 10월에 촬영한 "연길시 소영촌 김신숙농업생산합작사 사원들은 전기동력 탈곡기로 벼탈곡을 하고 있다"는 사진도 신화사 지정원고로 선정되었다. 조선족농민들이 전국적으로 맨 처음 수력발전소를 세웠다는 사진보도가 국내의 여러 매체에 게재되자 전국 농촌에서 소형수력발전소를 세우는 고조가 일어났다고 한다.

그 뿐만이 아니다. 평범한 하향지식청년 여근택이 지식청년 대표로 성장한 데도 황범송의 노고가 배여 있다. 1952년 가을, 당시 문교조 조장 김응준이 황범송한테 농민들이 가마니 짜기 등 부업생산을 하여 수입을 올렸다는 전형을 촬영해오라고 하였다.

취재임무를 맡고 연길현 평안구 해란촌에 내려 온 황범송은 촌지부 서기로부터 촌에 '이상한 청년'이 있다는 말을 들었다. 용정중학교를 졸업하고 고향에 내려온 여근택이란 청년인데 힘들고 어지러운 일은 살살 피하고 그냥 집에 틀어박혀 벼과학 실험을 한답시고 헛소리를 쳐댄다는 것이었다. 거기다가 짬만 있으면 해란강가에 나가 책을 보거나 시를 읊고 밤이면 청년들을 모아놓고 '작란'까지 친다는 것이다. 신기한 젊은이인지라 황범송은 즉시 본인을 만나 대화를 나누어 보았고 주변 젊은이들을 통해 알아보았는데 떠도는 소문과는 영 달랐다.

여근택은 1933년생이었고 1948년에 용정중학교를 졸업하였다. 그 뒤 고향에 내려와 농사를 짓기 시작했고 1949년 6월 13일에 입단까지 하였다. 그는 1952년 봄에 다섯 호로 호조조를 무었고 연말에 현모범으로 되었다. 1953년에 자칭 '벼연구소조'를 내오고 책 지식과 실천경험을 결부하면서 벼의 종자 대비, 밀식과 희식,

농민들과 이야기를 나누는 여근택(1955.5).

농가비료와 화학비료의 대비 등 실험을 하면서 청년들의 문화오락 활동도 활발히 조직하였다.

그 당시로 말하면 "농촌은 광활한 천지이고 거기에는 할 일이 많다"는 모택동 주석의 지시가 하달되어 하향 지식청년 전형을 내세워야 하는 시점이었다. 황범송은 이 이름 없는 보통청년이야말로 하향 지식청년의 전형이라고 생각 되어 즉시 이 정황을 편집부에 반영하였다. 편집부에서는 즉시 유능한 기자와 황범송을 파견하여 여근택을 취재하게 했고, 그 행적을 중공 연길현위와 청년단 주위원회에 반영하였다. 이로부터 여근택은 뜨기 시작하였다.

1953년 12월 25일, 『중국청년보』는 '여근택의 실례로 농촌 지식청년들을 교육하여 농업노동에 참가하도록 하자'는 제목의 사설을 발표하였다. 12월 31일, 청년단 주위원회에서도 '여근택 선진사상 사적에 관한 지시'를 발부하였다.

1954년 11월, 여근택은 중국 농촌 청년대표의 일원으로 비엔나에서 열린 세계농촌청년대표대회에 출석하였다. 1955년 5월 14일에는 중국공산당에 가입하였고 그해 전국청년사회주의열성분자로 선정되었다. 1958년 여근택은 또 전국청년사회주의열성분자로 선정되고 그해에 『벼성장문답집』이란 책을 출판하였다. 1965년 11월에 그는 농안현경독대학 부교장으로, 1969년 11월에는 농안현농업축목국 부국장으로, 1971년 3월에는 장춘시농업과학연구소 부소장으로, 1975년에는 장춘시 모범사업일군으로 되었다.

이와 같이 황범송은 카메라를 메고 동분서주하면서 시시각각 신경을 도사리고 전형인물을 찾아 제때에 보도함으로써 점으로 면을 이끌고 한 사람으로 여러 사람을 추동하여 한 지역의 전형성을 띤 사건으로 여러 지역에 불을 지피는 일에 사명감 높은 촬영기자로서의 일익을 과시하였다.

비운의 연대를 넘어

역사란 지나고 나서 다시 뒤돌아보면 참으로 아이러니하게 느껴질 때가 많다. 그 시점에는 판단이 흐려져 있어 뭐가 뭔지를 몰랐었는데 지나고 나면 그 진면모가 차츰 보여 지고 느껴져 그제사야 옳고 그름에 대한 판단을 내리게 된다.

황범송이 신문사에 입사하여 한창 신이 나서 뛰어다니던 1950년대 중엽, 더 구체적으로 말하면 1957년과 1958년 사이에 연변 땅에 전례 없는 비운의 그림자가 드리워지기 시작하였다. 이른바 '백화제방 백가쟁명(百花齊放 百家爭鳴)'이라는 허울 하에 연변문예계에서 '우파(右派)를 잡아내는 운동'이 시작된 것이었다. 연변문예계 인사 좌담회를 빌미로 작가협회가 '표적물'이 되면서 주당위원회 '공작조'가 내려오고 그 산하에 정풍지도소조가 서게 되면서 김학철, 김순기, 최정연, 채택용, 주선우, 서헌, 김동구, 이민창 등 작가들이 '잡귀신'이 되어 줄줄이 잡혀 나왔다.

'백화만발(百花滿發)'하던 문예계는 순식간에 된서리를 맞아 시들어버렸고 재간 많은 문예일군들이 시골로, 탄광으로 봇짐을 메고 '사상개조'를 하러 내려갔다. '우파분자'라는 감투를 쓴 문인들은 사회 최하층에서 온갖 멸시와 천대를 받으면서 일대 수난을 겪게 되었다.

먹구름이 짙게 드리웠던 그 시절 설상가상으로 이른바 '민족정풍'과 '반(反)우경', '백기 뽑기'운동이 이어지면서 '지방민족주의' 뿌리를 철저히 뽑아버린다는 미명 아래 이른바 '지방민족주의자'들이 줄줄이 잡혀 나왔다. 뒤이어 시작된 '백기 뽑기'나 '반우경'은 반우파투쟁의 계속으로 혁명대오 내에 잠입해 있는 '백기'를 죄다 뽑아내어 순결한 좌파혁명세력을 보강한다는 것이었다.

그래서 사람들은 누가 흰기를 들고 있나 두리번거리기 시작했다. 하지만 그런 사람은 별반 없었다. 그래서 찾아낸 것이 이른바 우파에 대해 동정하거나 당의 정책이나 사회현상에 대해 시답잖은 소리를 하는, 말하자면 당이 시키는 일에 태도가 견정불이하지 못한 사람을 잡아내기였다. 그러다보니 당기관이나 정부에 남아 있는 사람이 몇 명 없었고 기관들이 텅 비게 되었다. 혹시 남아있다면 사상이 '붉고 또 붉은' 좌파들뿐이었다.

황범송은 사진기를 메고 동분서주하면서 맨날 바삐 돌아쳤지만 정서적으로 뭐가 옳고 뭐가 그른지에 대한 판단이 서지 않았다. 하지만 신분이 촬영기자다보니 자주 그런 역사의 현장에 나타나 사진으로 그 순간들을 포착하곤 하였다.

1950년대는 실로 풍파도 많고 지금에 와서 돌이켜보면 한심하기 그지없는 우스꽝스러운 년대이기도 했다. 건국을 전후하여 밭가는 자에게 땅을 나누어 준 토지개혁은 조선인들에게 거대한 생산열기를 불러일으켰다. 그 후 얼마 안 되어 땅을 다시 걷어 들여 이른바 합작화, 즉 집단화농법을 실행하기에 이르렀고 또 얼마 안가서는 그보다 큰 범위로 향(鄕) 단위의 대집체화, 이른바 '큰가마밥 먹기'를 하라는 지령이 내려졌다. 시초에 농민들은 그걸 받아들일 수 없어 반대하는 이도 많았으나 '흰기 뽑기' 운동에서 그런 지도자들이 거의 제거되다보니 그냥 정책적으로 전국에 보급이 되였다.

수천 년 동안 개인영농에 익숙한 농민들이 하루아침에 공산주의적인 대집체라는 울타리 속에 갇혀 하나의 큰 덩어리가 되여 기계처럼 움직이지 않으면 안 되었다. 모든 것이 '공산화'라니 사람들은 공산주의가 금방 눈앞에 도래한 것으로 착각하고 배를 곯으면서도 노래는 우렁차게 불렀고 춤도 신나게 추었다. 밭에 나갈 때는 사원들이 삽이나 괭이 혹은 호미, 낫 같은 연장을 들고 나와 마을의 탈곡장이나 느티나무 밑에 모여 생산대장으로부터 그날그날의 노동임무를 배당받았다. 그리고 하루 일과가 끝나면 밭머리에 모여 앉아 당일 총화를 하면서 매 사람의 노동표현에 따라 점수를 매겨 기록원이 기입했다. 연말이 되면 기입된 공수 합계에 따라 수익금을 배당받는 데 촌에서는 그걸 부농을 타온다고 표현했다. 거의 마이너스장부가 되어버리는 경우가 다반사이다 보니 한 마을에서 한두 집이 몇 푼 안 되는 부농을 타가게 된다. 그러거나 말거나 밥은 모두 공동식당에서 공짜로 먹으니 다들 공산주의가 코앞에 도래한 거라는 착각에 빠져 흥분했던 모양이다.

이렇게 허파에 바람이 들어 공산주의가 당장 눈앞에 다가 온 것처럼 들떠 지냈지만 일을 많이 하나 적게 하나, 잘 하나 못 하나 거의 엇비슷한 보수요, 뼈 빠지게 일해 봤자 돈 한 푼 제 주머니에 더 들어오지 못하니 농민들은 진맥을 빼지 않고 건달농사를 지었다. 종이 울려 밭에 나가면 우선은 밭머리에서 긴 담배 쉼을 하고 또 형세에 뒤떨어지면 안 된다고 밭머리에서 신문을 읽기를 하고 거기에 잡담까지 하고 나면 해가 중천에 떠서 점심참이 오고 저녁이면 해도 지기 전에 귀가했다. 김을 매도 알뜰히 매지 않고 어슬렁어슬렁 밭고랑을 타고 '노루뜀'만 했으니 김매는 장사진이 지나가면 호미자루 놓기도 전에 잡초가 머리를 치켜들었다. 논이나 밭에는 곡식보다 풀이 더 기승을 부리는 판이었다. 이러니 소출이 어디서 나며 인민공사 '큰살림'이 어떻게 잘 되겠는가. 전국에는 식량기근이 들고 사람들은 풀뿌리나 멀건 죽사발에 여윈 얼굴을 비춰보지 않으면 안 되었다.

대약진이란 말 그대로 약진, 그때 내건 슬로건들이 기가 막힐 정도로 호기로왔다. 몇 해 사이에 영국을 뛰어 넘고 미국도, 옥황상제도 우리 앞에 머리 숙인다! 태산은 길을 내고 장강도 비켜서라! 우리의 가는 길 막을 자 없다! 그 기세대로만 간다면 불과 1~2년에 세계 선진대열에 성큼 들어서게 될 거고 공산주의 대문에 금방이라도 들어설 것만 같았다.

솔직히 당시 미국이나 소련에 비한다면 중국의 강철생산량은 말이 아니었다. 그럼에도 전민이 일어나 강철을 제련하라는 '전투적인 호소'가 내려지자 이르는 곳마다 용광로가 생겨나 그야말로 진풍경을 이루었다. 적수공권(赤手空拳)으로 어떻게 강철을 제련한단 말인가. 한번 마음만 먹으면 '하늘도 정복한다'는 '영웅호걸'들은 맨주먹을 불끈 쥐고도 기세만은 사나왔다.

황범송도 그때는 당연히 신문사 안의 '강철전사'가 되어 모든 일에 앞장섰다. 그게 옳고 그름을 떠나 당이 결심하면 우리는 한다는 식의 사상이 압도적이었기 때문에 피 끓는 열혈청년의 모습을 보일 수밖에 없었다.

대약진운동은 사람들을 '대포쟁이'가 되게 하였다. 누가 만들어낸 묘책인지는 몰라도 각 전선에서 '위성 날리기 운동'이 벌어졌다. '위성'이란 기적을 날렸다는 말이다. 농업생산량도 '위성'이요, 강철생산량도 '위성'이요, 심지어 작가들이 문학창작도 '위성' 날리기와 직결되어 있었다. 그런데 이상한 것은 그렇게 많은 '위성'이 오르고 농사도 대풍이 들었다고 떠들어대는데 그해 가을부터 식량이 모자라서 사람들은 허리띠를 졸라매야 했고 뒤이어 '3년 기근'의 보릿고개를 겪지 않으면 안 되었다.

항상 그 현장에 서 있었던 황범송은 부지런히 셔터를 누르면서도 차츰 현실에 회의를 느꼈고, 뭐가 잘 되고 뭐가 잘 못 되어 가고 있는 지에 대해 고민하지 않을 수 없었다. 하지만 생각이 깊어갈 수록 오리무중에 빠져 헤어 나올 수 없었다.

과연 내가 당원이 아니어서, 상상경지가 낮아서인가?

당 강령을 학습하면 할수록, 당 조직에 사상회보를 쓰면 쓸수록 머리가 어지러워지고 시비가 헛갈렸다. 그래도 당직에 부지런히 본인의 사상을 회보하면서 당표를 따내기 위해 열심히 노력했다.

'물쇠고기' 일화

황범송은 태어나 얼마 안 되어 어머니를 여윈데다 아버지마저 밖으로 나도는 '뜬구름' 인생을 살다보니 3살 연상인 누님 황정자가 '대리모'나 다름없었다. 가족적인 차원에서 황범송의 성장에 가장 큰 영향을 준 이가 누님이었다고 그는 늘 말했다. 이런 일화도 있었다.

범송이 신문사에 입사하여 사진기자로 동분서주하던 시절 누님이 시집을 가서 신혼을 도문에서 시작하게 되었다. 그러다보니 범송은 어쩔 수 없이 신문사 독신숙사에 들어가 먹고 자고 하면서 지낼 수밖에 없었다. 독신숙사라야 두 다리 쭉 뻗을 만한 공간이 다였다. 거기에 황범송은 간이암실까지 차려놓고 맨날 밤을 새가면서 낮에 찍은 사진을 인화하다보니 매캐한 사진 유약냄새에 절어 잠을 청했다. 늘 수면 질이 떨어져 잠을 제대로 자지 못하는 건 당연지사였고 거기에 눈물의 보릿고개를 금방 넘긴 시절이라 식사조건도 말이 아니었다.

몇 년간 독신숙사 생활을 하고나니 두 눈이 움푹하게 꺼져 들어갔고 체중이 기준치 이상으로 떨어져 바람이 휘 불어치면 넘어갈 지경이었다. '대약진운동'이 한창이던 시절 간만에 거리에서 남동생을 만난 누님은 하마터면 기절초풍할 뻔하였다. 목에 근사한 외제카메라를 메고 나타난 동생이 피골이 상접한 꼴이었기 때문이었다.

"어디 아픈 거 아니오? 몰골이 말이 아닌데?"

누나가 걱정스레 묻는다.

"아니요. 누나도 알지만 이래 뵈도 강골체질이잖아요. 근심하지 말아요."

범송이 주먹으로 가슴 위쪽을 툭툭 치며 시뚝한 목소리로 말했다.

"글쎄 말이오! 누나가 실없는 걱정을 하는지는 모르겠지만..."

누나는 그게 아닌데 하면서도 동생이 하도 당당한 척하기에 고개를 저어면서도 지켜보기로 했다. 그 뒤 며칠이 지난 어느 날, 범송이 독신숙사에서 갑자기 쇼크가 와 들것에 실려 병원으로 이송되었다. 소식을 듣고 부랴부랴 병동으로 뛰어

온 누님이 범송의 손을 잡고 넋두리를 했다.

"이것 봐요! 내가 뭐라 했소? 동생 몰골이 말이 아니라고 하지 않았소? 내 눈이 저울인데 큰소리로 뻐기더니 이게 무슨 꼴이요? 장가도 안간 덜먹총각이 …"

범송도 철 같은 사실 앞에서 어쩌지 못하고 뒷덜미만 긁적거렸다.

"이거 안 되겠구먼. 이러다 두 눈 편히 뜨고 무슨 봉변을 당할지 모르니 이 참에 아예 짐을 싸가지고 우리 집에 들어오게나."

범송도 누님의 제안이 싫지만은 않았다. 한때 연길에서 꽤나 잘 나가던 아버지가 또 사고를 쳐 이번에는 아예 가족을 거느리고 두메산골 낙타산 쪽으로 내려가 버린 뒤었지만 다행히 도문에 시집간 누님이 세 아들의 엄마가 되어 다시 연길로 돌아왔으니 말이다. 은근히 집 밥 생각이 간절했는데 이거야 말로 절호의 기회라는 생각이 들었다. 거기에 매형이 연길로 들어오지 못하고 그냥 가족을 떠나 장기 외근을 하는 상황이어서 어쩌면 집안에 범송 같은 가장이 필요한 상황이기도 하였다.

누님은 세 아이의 엄마 노릇 하랴 개체복장점을 운영하다가 다시 신흥가복장점의 재단사로 일하랴 눈코 뜰 사이가 없었다. 그런 와중에 비실비실하는 남동생을 집에 끌어들였으니 그것 또한 무척이나 신경이 쓰이는 일이었다.

하지만 독신숙사에 있다가 누님의 따스한 온돌방에 등을 붙이고 자니 잠도 잘 오고 아침저녁으로 끓여주는 된장국에 밥을 말아 먹으니 금세 화색이 돌기 시작하였다.

그러던 어느 날 누님이 어둑어둑한 부엌에서 뭔 고기붙이를 찬물에 깨끗하게 헹구더니 한 점 두 점 저미여 어미제비가 먹이를 물어다 새끼제비 입에 넣어주듯이 동생 입에 넣어주는 것이었다. 넙적넙적 받아먹던 범송이 몇 점 먹다가 의아한 생각이 들어 물었다.

"누나, 이게 대체 무슨 고긴데 날 것으로 먹이는 거요?"

"군소리 말고 받아�기나 하오. 하물며 내가 동생에게 해가 되는 걸 먹이겠소?"

범송은 찍소리도 못하고 매일 저녁 그맘때가 되면 어김없이 '날고기 추렴'을

황범송의 누님 황신애 부부와 장남 남용운의 모습(1955.5).

했었다. 당신이 배 아프면서 난 자식에게도 안 먹이는 고기를 외삼촌에게만 먹이는 그게 대체 뭘까? 보다 못해 은근히 샘이 난 둘째조카 용해가 넌지시 물었다.

"외삼촌, 그게 뭔 고긴데 맨날 혼자 드셔요? 맛이 어떤 데요?"

"왜? 너도 한 점 먹어보려고? 솔직히 무슨 맛인 지는 나도 모르겠다."

고기 맛에 은근히 관심을 보이는 둘째 보고 어머니가 한마디 한다.

"이거 애들이 먹으면 안 되는 고기란다. 너희들한테는 다른 익힌 고기를 사줄 테니 그리 알고 신경 쓰지 말거라."

워낙에 기가 센 엄마 말이라 용해는 그냥 쥐 죽은 듯이 잠자코 있었다.

그런데 호기심이 많은 나이였던 지라 어느 날 지켜보다가 은근 슬쩍 한 점 훔쳐 입에 넣어버렸다.

"왝~ 퉤… 퉤…"

용해는 그 자리에서 입안의 것을 죄다 뱉어버리며 구역질까지 했다.

"이게 대체 무슨 고긴데 이다지도 징그러운 맛인 거예요?"

"이곳 북방에는 거의 없는 물쇠고기이니 다시는 입대지 말거라. 외삼촌은 환자여서 여하를 불문하고 먹어야 하는 거고 애들이 먹으면 탈이 날 수도 있으니 다시는 넘보지 말거라."

"알겠어요. 그냥 돈 주며 먹으라 해도 안 먹을 거예요."

용해는 이렇게 말은 했지만 그 물쇠고기 정체가 궁금했다.

세월이 한참 지나 외삼촌 슬하에서 사진을 배우던 어느 날 또 그 생각이 나서 외삼촌에게 물었다고 한다.

"외삼촌, 그 때 그 물쇠고기 진짜 맞나요? 약체질에 물쇠고기 먹는다는 얘기는 못 들어 봤는데요?"

"나도 그 때는 진짜 물쇠고기인 줄로 알고 주는 대로 넙적넙적 받아먹었는데 후에 들으니 그게 태반이었다는구나."

"태반이라면?…"

"너의 엄마가 연변병원 산부인과에 아는 간호사가 있어서 거기서 태반을 얻어다 나한테 먹인 거란다."

"아니, 그럼 외삼촌이 인육을 드신 거네요?"

용해조카가 두 눈이 휘둥그레 물었다.

"쉿! 그런 말 함부로 하면 큰일 나는 거다. 나 또한 그런 상황 파악을 못하고 시키는 대로 한 것뿐이다. 아무튼 그 뒤로 나는 감기 한번 안하고 무탈하게 지내왔다. 아마도 그게 나한테는 명처방이었나 보다."

"대체 몇 판을 드신 건데요?"

"나도 딱히는 모르는 데 아마도 어림짐작으로 십여 판 먹은 거겠지."

맙소사, 얼마나 지극 정성이었으면 동생의 건강을 챙기려고 그런 무모한 '상황극'을 연출하다니!

하여간 남매간의 정이 유별났던 오누이는 계산이나 한 듯이 나란히 93세 인생을 살다가 거의 비슷한 시기에 하늘나라로 갔다. 이들 오누이의 자별난 우애를 소설로 쓸 경우 대하소설 몇 부는 실이 나올 분량일 것이다.

그 일이 있은 뒤로 범송은 늦장가 드는 날까지 누님 집에 얹혀 살면서 누님 그늘 밑에서 남 씨 가문의 일원이 되어 한 가마 밥을 먹게 되었다.

그 와중에 의령 남씨 가문에 '용(龍)'자 돌림의 네 조카가 세살 터울로 태어나 하루가 멀다하게 성장판이 열리다보니 맨날 조카들과 한 방에서 뒹굴며 지냈다.

"외삼촌, 나 그 카메라 만져보면 안돼요?"

큰 외종질 용운이 어느 날 퇴근해온 삼촌의 주변을 맴 돌면서 묻는다.

"안 되고 말구! 이거 망가뜨리면 삼촌이 밥통이 떨어진단 말이야."

"응, 만져보고 싶은데"

범송은 처음에 조카들이 카메라에 손도 대지 못하게 하다가 나중에 차츰 관용을 베풀었다. 누나 신세를 너무도 많이 지면서 지내는 자신이 미워 조카들에게 그런 관용이라도 베풀어 어느 정도 가품을 했다는 위안이라도 받으려고 말이다.

어느 날부터 조카들은 외제카메라를 메고 출근하는 외삼촌을 바래주고는 저녁이면 문 앞에 나서서 삼촌이 나타나기만을 기다렸다. 카메라를 멘 외삼촌을 우상으로 바라보며 동년의 꿈을 무르익혔다. 그 뒤로 조카들은 시도 때도 없이 삼촌의 귀한 사진기를 만지작거리면서 처음에는 서로 엇바꾸어 포즈를 취하고 빈 셔터를 눌러대면서 장난질하다가 나중에는 담이 커져 진짜로 필름을 장착하고 셔터를 눌러 사진을 찍었다. 당시 전 연변에 두세 대 있을까 말까 하는 귀한 카메라를 장난감처럼 만지면서 성장해 온 남 씨 형제들은 그것이 성장과 발전에 상당한 뒷심이 되었던 듯 나중에는 다들 내로라 하는 카메라맨이 되었다.

부친 황화순의 뒷이야기

아버지 황화순은 한때 국자가에서도 버럭이 좋아 한 때 돈도 꽤나 만졌다. 그렇게 되니 서시장 근처에다 영업집을 얻어 잡화점을 운영하면서 꽤나 폼 나는 삶을 살게 되었다. 그런데 돈주머니가 흔들거리니 또 옛 고질병이 도졌다. 하마허재에서 노름에 가산을 다 탕진하고 빈털터리가 된 가슴 아픈 기억을 잊었는지 이번에도 도박에 손을 됐다.

결국 하루아침에 알거지가 되어 거리에 나앉게 되었다. 그래도 먹고는 살아야 해서 공원가 부근에 자그마한 구멍가게를 하나 차려놓고 담배를 위주로 팔았다. 그런데 일이 안 되려니 무심중 타인의 물건을 받아 잠시 보관해 두었는데 그 속에서 마약이 검출되어 본의 아니게 공범으로 몰리게 되었다. 재수 없는 놈 뒤로 자빠져도 코를 깨진다더니 그 말이 딱 들어맞는 속담이었다.

구멍가게조차 운영할 수 없게 되자 전에도 그런 상황에서 송눈평원으로 탈출했듯이 이번에는 아예 현실 도피로 왕청 '버박골'이라 불린 낙타산 쪽으로 귀농을 택했다. 무시로 야생동물들이 출몰하는 외진 산간마을로 들어가 새롭게 땅을 일구어 다시 가세를 일으켜 세우러 한 것이었다. 하지만 당시 농촌정책이 합작화의 모식을 추구하던 때라 그런 무모한 사적 소유의 토지개간을 허용하지 않았다. 심심산골에 들어가 사래 긴 밭을 일구어 새 시대의 농장주가 되려던 꿈도 접을 수밖에 없었다.

워낙 기가 센 분이라 시골에 내려가서도 줄줄이 자식 여럿을 낳다보니 살림형편은 점점 말이 아니게 가난할 수밖에 없었다. 범송의 손아래로 1948년 생 여동생, 1951년 생 남동생, 1954년 생 여동생, 1957년 생 여동생, 1960년 생 남동생이 태어나니 동생들의 나이가 조카들 하고 엇비슷한 연령대여서 난처한 국면을 맞을 때도 종종 있었다. 그런 상황에서 다시 연길로 나올 수도 없고 해서 그곳에서 산에 의지해 여러 잔밥들을 먹이면서 가세를 이끌어오다가 1968년 봄에 명을 달리했다.

부친의 사망으로 황 씨 가문의 장자 범송이 가장이 되어야 했지만 신문기자로

해방 이후 부친 황화순과 새어머니의 모습

눈코 뜰 사이 없이 바삐 돌아쳤던 그가 줄줄이 태어난 이복동생들에게 관심을 보일 겨를이 없었다. 다행이 누님이 나서서 가장 노릇까지 대신 하다 보니 그나마 죽지 못해 입에 풀칠이라도 하는 식으로 황 씨 가문의 맥을 이어가게 되었다.

누님 집에 얹혀 살던 32살 노총각 황범송은 1962년 9월 일곱 살 아래인 윤송죽(尹松竹)과 약혼을 했다. 당시 윤송죽은 연변 개산툰 태생으로 흑룡강성에서 중등전문학교를 졸업하고 하얼빈 인근의 한 의료기기공장에 근무하고 있었다. 친척의 중매로 만나 사귀다가 약혼을 한 황범송은 다음해 1월 3일 결혼식을 올리고 새 가정을 꾸렸다. 두 사람은 슬하에 딸 넷을 두었다.

'문화대혁명'의 세례

'문화대혁명'은 1960년대, 좀 더 소상히 말해서 1966년 5월부터 10년에 걸쳐 중국을 휩쓴 전대미문의 대사변이자 대재난이었다. 10억 가량 되는 중국인이 10년 동안이나 서로 총부리를 맞대고 싸운 내란이었으니 얼마나 많은 사건들이 벌어졌겠는가. 처음에는 각급의 지도자, 위로는 국가주석으로부터 성장, 현장, 촌장, 교장 등 각 기관의 책임자에 이르기까지 코흘리개 학생들과 멋모르는 노동자, 농민들이 달려들어 고깔을 씌우고 '투쟁'했고 그 후에는 여러 파벌로 나뉘어 목에 핏대를 세워가면서 '대변론'(아귀다툼)을 했으며, 그 후에는 입싸움이 격화되어 돌싸움, 칼싸움으로 번졌다. 그것이 나중에는 총싸움, 대포싸움으로까지 번지면서 숱한 무고한 사람들이 무리죽음을 당했고, 수많은 간부와 지식인들이 옥에 갇혀 곤혹을 치르다가 자살을 택하거나 타살(他杀)을 당하였다.

1967년 1월 4일, 모택동 주석의 조카 모원신(毛遠新)이 연변에 와서 '연변 주재 하얼빈군사공정학원 홍색반란단 연락소'를 세우고 연변의 '문화대혁명'에 직접 관여하였다. 그는 1월 30일부터 5월 4일까지 연이어 '연변의 진정한 반란파들은 연합하라', '혁명적 대동란은 좋다', '우리들의 관점', '연변의 대동란을 환호한다', '결전의 전야', '루산관 험한 길 철 같다 하지 말라. 오늘은 대활보로 다시 넘노라', '모택동사상의 위대한 기치를 높이 들고 용감히 전진하자' 등 7편의 글을 써서 발표하였다.

모원신의 선동 아래 연변에서는 큰 소동이 일기 시작하였고, 각 '반란파'들이 재조직되어 이른바 세 개 파벌, 네 개 큰 조직으로 나뉘어졌다. 이에 따라 연변군사관제위원회 주임 고봉(皐峰)은 "연변에서는 다시 한 번 대동란과 대분화가 일어나야 한다!"고 떠들어댔다. 또 연변혁명위원회 주임이자 연변군분구 정위였던 최해룡(崔海龍)도 "연변에서 나라를 배반하는 폭력사건이 발생하였다"고 공공연히 떠벌여댔다.

『연변일보』 촬영조의 사광부(史廣富)는 '홍색반란파' 에 가담하여 이른바 신문사 반란조직 '두목'의 신분으로 권총을 차고 오토바이를 타고 사처로 쏘다니면서 '홍색반란'을 반대하는 군중조직에 대해 무자비한 탄압을 감행하였고 가짜 전단을 만

1962년 9월 약혼식을 한 후 촬영한 사진

들어 살포하였다. 8월 2일과 4일 사이, 주덕해를 철저히 타도할 목적으로 연변에서 "나라를 배반한 폭력사건이 발생하였다"는 소문이 파다하게 퍼져나갔다. 이 터

1963년 1월 3일 황범송과 윤송죽의 결혼식 사진

무니없는 사건에 연루 되어 53명이 목숨을 잃고 130여 명이 심한 구타로 불구가 되였으며 수만 명에 달하는 사람들이 무고하게 박해를 받았다.

8월 10일, 연변군사관제위원회의 직접적인 조종 아래 '전국인민들에게 고하는 글-조국의 동북변강 연길에서 사람을 놀래 우는 반혁명폭란사건이 발생'이란 전단과 「8.2 8.4 반혁명사건 실기- 불! 불! 불! 피! 피! 피!」라는 화판(畵板)을 15,000부 제작하여 전국 각 지에 발송하였다. 이 전단과 화판에 실린 글과 사진들은 죄다 터무니없는 날조로 조작되었다. 화판에는 19점의 '나라 배반 폭력' 죄행 사진들이 실렸는데 죄다 오려 맞춘 사진이거나 가짜로 꾸민 사진들이었다. 전단과 화판이 발송된 후 중국 내에서 민족 간의 갈등을 초래하여 민족단결을 파괴하였을 뿐더러 국외에까지도 영향을 미쳤다.

이 〈나라 배반 폭란 죄행〉 화판의 제작자가 바로 사광부였다. 이런 화판을 만들기 위해 사광부는 자기가 차고 다니는 권총을 사진 찍어서 중국을 배반하는 보수파들의 무기이라고 역설했고, 신문사의 전신장치를 사진 찍어서 외국과 내통하는 보수파들의 무선전시설이라고 그럴듯하게 꾸며댔다. 그리고 여러 곳에서 찍은 사진들 중에서 인물을 선택하여 머리도 바꾸고 몸도 바꾸면서 이른바 '나라 배반 폭력사건'의 죄증현장을 조작해낸 것이다. 이 전단과 화판의 발송은 순식간에 국내외에 극히 좌경적인 악영향을 일으켰다.

1967년 8월 16일, 연길에서 연변의학원과 연변병원입원부를 무장으로 함락한 사건이 발생하였다. 이른바 '백공관' 안에 있던 '공혁회'의 군중 3,000여 명이 '포로'가 되어 채찍과 몽둥이에 얻어맞고 총에 떠밀려 주공안처, 주당위 학교청사, 연변노동자문화궁으로 압송되었다.

1968년 1월, 연변군사관제위원회에서는 간부심사판공실을 설립하였다. 간부심사판공실에서는 '주덕해 사건 전문 조사조'를 결성하였다. 당시 『연변일보』 촬영조에는 사광부 외에 강찬혁, 황범송, 김홍국, 정삼영 등이 있었는데 사광부를 제외한 모두는 주덕해를 옹호 지지하는 군중조직 편에 서있는 좌파들이었다. 더욱이 이들은 자치주가 성립된 이래 주덕해의 사업행정에 대해 끈질기게 추적하면서 사진촬영을 직접 해왔고, 각자 나름대로 그 사진들을 소장하고 있었다. '문화대혁명'이 시작되자 이들은 모두 당교에 갇혀 일곱 달 동안 심사를 받아야만 했다.

심사기간에 연변일보사 '홍색반란파' 두목인 사광부는 황범송에 대한 심사를 먼저 하였다. 어느 날 사광부는 범송을 홀로 단칸방에 불러놓고 허리에 찬 권총을 뽑아 책상 위에 올려놓으며 "만약 오늘 내 말대로 하지 않으면 이 총으로 너를 쏴 죽여 버릴 수도 있다"고 호통 쳤다. 사광부는 주덕해를 "자본주의 길로 나가는 집권파"이자 "특무"라고 하면서 주덕해를 촬영한 모든 사진과 건판을 내놓으라고 을러댔다.

'문화대혁명' 발발 초기에 정세가 좋지 못함을 예감한 범송은 당교로 가기 전에 이미 쥐도 새도 모르게 두 마대나 되는 촬영조의 사진건판을 신문사 도서실 천정에 감춰놓았다. 사광부가 범송의 사무실과 자택을 수색하면서 주덕해 관련 사진들을 찾았지만 아무런 단서도 찾아내지 못하였다. 그러자 이번에는 권총으로 위협까지 하면서 사진건판을 내놓으라고 협박하자 마음이 든든해진 범송은 끝까지 아무 것도 모른다고 딱 잡아뗐다. 아무런 성과도 얻지 못한 사광부는 범송한테 줄욕을 퍼부은 후 돌려보내는 수밖에 없었다.

그때 사진조에는 정삼영(鄭三榮)이란 촬영기자가 있었다. 1957년에 인사부문에서는 중국 내 해방전쟁과 조선전쟁에서 용감하게 싸우다 1급 상이군인으로 된 대대급 간부 정삼영을 연변일보사에 배치하면서 휴양삼아 촬영조에 출근하도록 하였다. 하지만 정삼영은 몸이 불편하여 촬영사업에 무척 힘들어 했지만 군인의 본색을 잃지 않고 만난을 극복하면서 점차 본업에 적응해나갔다. 한 단계 지나 그는 직접 사진도 찍었고 나름대로 보도기사도 썼다.

그런데 1968년 계급대오 청산이 시작하자 일부 직분이 높은 사람들이 겁에 질려 자살하는 사건이 일어났다. 몸이 몹시 쇠약한데다가 신경이 매우 예민했던 정삼영은 결국 회의를 느끼고 집에서 조용히 자결하였다. 정삼영은 연변일보시 촬영소에서 '문화대혁명'에 회의를 느끼고 자결한 아까운 첫 동료였다.

범송은 누구보다 마음이 울적했다. 자주 그를 모시고 나가 보도사진 촬영에 대

1962년 연변일보사 기자들과 강변에 나온 황범송(가운데).

해 일깨워주고 촬영이 끝나면 돌아와 함께 암실에서 사진 인화작업을 하면서 끈끈한 정을 나누었던 선배를 갑자기 잃었으니 그럴 만도 했다. 하지만 한치 앞도 예측하기 어려운 시국인지라 내 코가 석자인데 누구의 억울함을 두고 코물눈물 쥐여 짤 경황이 아니었다. 자칫 혓바닥 한번 잘못 놀렸다간 무슨 날벼락이 떨어질지 모를 상황이었다.

'문화대혁명' 초기 연변일보사 촬영조의 강찬혁, 황범송, 김홍국, 전광운 등은 당교에 7개월간 갇혀있는 사이에 조사조에 의해 '특무', '반혁명분자' 협의에 몰려 심한 고문과 억울한 조사를 받았다. 각각 따로 가둬 놓고 서로 대면하지 못하게 하면서 이른바 '특무' 죄행을 자술하게 하였다. 살아남으려면 거짓진술이라도 해서 시간을 지연시키는 방법으로 억울함에서 벗어나는 수 외에 별다른 방도가 없다고 생각한 그들은 수 없이 많은 가짜진술을 하여 당면 '위기를 모면'하는 식으로 대처

1963년 연변일보 기자 시절의 황범송(오른쪽)과 사광부

했다. 하지만 풀려나온 그날 저녁 다시 군중조사조에 끌려가 혹독한 심문을 받은 김홍국은 끝내 자살이라는 극단적인 길을 택하고야 말았다.

바로 몇 시간 전에 '집중영'에서 풀려나오면서 "이제 모든 걸 잊어버리고 앞만 바라보면서 잘해보자"고 하던 친구가 자살을 택하다니 범송은 도저히 믿겨지지 않았다. 어느 누구한테도 그런 울적한 마음을 터놓을 수도 없었다. 범송은 혼자 속으로 눈물을 삼키면서 약속을 어긴 친구 홍국을 가슴에 묻어두는 수밖에 없었다. 그와 때를 같이 하여 전창식이 사진조에 전근되어 왔다. 황범송이 신문사에 복귀하자 사광부가 우쭐거리면서 대자보를 크게 써서 신문사 대문 옆에 붙였다.

"주덕해란 큰 호랑이는 잡았는데 늙은 여우를 못 잡았구나! 그 늙은 여우까지 잡아내자!"

황범송을 '늙은 여우'로 빙자해 잡아내자는 말이었다. 사광부는 앞으로 자기가 사진조 조장을 맡아하게 되겠는데 저런 아무것도 모르는 창식을 데리고 어떻게 일하겠는가고 하면서 방공굴을 파는데 보내겠다고 말하였다.

범송은 8.1영화촬영소에서 왔다는 전창식이 사진을 모른다는 게 말이 되냐며 그를 찾아 알아보았다. 전창식은 영화촬영만 하다 보니 사진은 모른다고 했다. 아마도 시국이 시국이니만큼 그냥 모른다고 하면서 배우는 자세로 임하다보면 웬만한 실수가 생기더라도 용서받을 수 있지 않을까 해서 일부러 부족한 사람인척 하는 모양이었다. 그가 입사하자마자 사광부가 나서서 사진 찍는 걸 가르쳐준다면서 햇살이 쨍쨍한 바깥에서 속도 1초에 놓게 하고, 또 집안에서는 속도 200분의 1

초에 놓고 조리개는 그저 F/8에 놓고 찍으라고 했다. 나중에 필름을 현상하니 '까막 나라'가 되어 아무 것도 안보였다.

그러자 사광부는 전창식더러 "너는 사진도 모르니까 아예 방공굴이나 가서 파라"고 하였다. 사광부에 대해 알고도 남음이 있는 황범송은 전창식에게 촬영 요령, 필름현상과 사진제작 등을 알기 쉽게 가르쳐주고 함께 실습하고 현상과 제작도 하였다. 워낙에 영화촬영을 했던 베테랑 전창식은 금방 사진촬영에 적응하였다. 점차 보도사진촬영에서도 끼를 보여 나중엔 훌륭한 사진기자로 되었고, 후에 사진조 조장을 맡았으며 연변사진가협회 주석까지 담임하였다.

5.7간부학교에 몇 달 갇혀있던 강찬혁이 신문사 사진조로 돌아왔다. 그러자 강찬혁을 눈에든 가시처럼 보던 사광부가 또 강찬혁에 대한 공갈을 멈추지 않았다. 사광부는 범송 보고 "네가 5.7간부학교에서 강찬혁과 하루 밤을 같이 잤다고 하니 너나 강찬혁은 모두 '특무"라고 하면서 죄행을 고백하라는 대자보를 또 써서 붙였다.

이렇게 되자 범송은 찬혁과 짜고 사광부 밑에서 일을 할 수 없으니 이 참에 연변일보사를 떠나자고 비밀리에 약속하였다. 이렇게 되어 두 사람은 1972년에 신문사를 떠났다. 1972년에 범송은 연변박물관에 전직사진사로 전근되어 가고 강찬혁은 연변문련으로 전근하여 후에는 연변촬영가협회 주석으로 근무하게 되었다.

'보물 자료'를 찾아 떠난 9만리 행보

역사자료와 유적 촬영에 대한 진지한 탐구

요즘 언론매체와 출판물들에서 심심찮게 중국 조선족의 이민사와 문화, 특히는 연변조선족자치주를 구심점으로 한 우리 민족의 정착과 개척의 역사를 반영한 옛 사진들을 심심찮게 찾아볼 수 있다. 더욱이 최근 들어 최첨단 과학기술의 거족적인 발달과 무방비로 뻗어져나간 인터넷 기술의 활용으로 이런 귀한 사진들이 뉴미디어의 '전파'를 타고 지구촌 상공을 배회하고 있다. 그 귀한 자료를 누구를 막론하고 언제든 찾아볼 수 있게 되여 행복해하고 있다.

우리 민족 이주민의 역사가 백년을 훌쩍 넘긴 지금에 와서 이런 사료들 자체가 더없이 귀중한 존재이지만 너무도 편하게 찾아 볼 수 있게 되니 마치 임자 없는 물건처럼 느껴질 때도 있다. 그렇다고 그 사진의 역사적인 가치나 신빙성이 떨어진다는 얘기는 아니다. 그 귀중한 사진자료들이 '동네북'처럼 여겨져 누구를 막론하고 꽃구경하듯이 심심찮게 접하다보니 요즘 세대들까지도 우리 민족이 어떻게 두만강, 압록강을 건너 와 이 땅에 정착해서 살아왔는지에 대해 나름대로 얘기하

1982년 연변박물관 확장 재개관 행사 모습

는 것 같지만 거의 비슷하게 맞아 떨어진다. 이는 요즘 중화민족공동체라는 구호를 내건 국정운영에서 민족의 정체성을 어떻게 지켜가야 하는 지에 대한 고민해결에 가장 직관적이면서도 실리적인 대안을 제시해주고 있어 그나마 다행이라는 생각이 든다.

그런데 사진을 매개로 한 거창한 우리 민족 역사문화 정리사업은 하루아침에 손쉽게 이루어진 게 아니다. 한 두 사람의 열정만으로 이루어진 건 더구나 아니다. 세기를 넘어오면서 문화예술계의 많은 원로들이 대를 이어 민족의 발자취를 포착하고 발굴하고 기록하고 정리하는 일에 드팀없는 신조와 열정을 쏟아 부은 결과라고 할 수 있다.

그 중에서도 우리 민족의 옛 사진자료들을 수집, 정리하고 보존하고 공유할 수 있게 하고자 평생을 몸부림쳐 온 제1대 원로촬영가가 바로 '살아 숨 쉬는 옥편'이라 불린 황범송이다. 그는 광복 이듬해에 금강사진관 학도로 들어가면서부터 2022년 운명하는 순간까지 장장 76년간 카메라와 더불어 사진촬영, 수집과 정리, 보존사업에 정열을 불태웠다.

연변에서 문물(유물)을 수집, 정리하고 소장해 온 역사는 그다지 길지 못하다. 민속 문물에 대해 처음 중시를 돌리기 시작한 시기는 1949년 중화인민공화국이 창건된 뒤였다. 그 시기부터 문물사업은 당과 정부에서 내놓은 각종 문화보호 관련 법규와 세칙에 따라 문물에 대한 역사연구와 수집 및 발굴사업이 의사일정에 올라 동시다발적으로 진행되었다.

연변에서 최초에 수집한 민속 문물들은 대개 연변대학에 소장되었고, 그런 문물의 등기, 카드 정리 및 관리도 초기에는 연변대학에서 하였다.

1960년 4월에 연변에서 처음으로 문물소장기능과 선전교양 및 연구 기능을 겸비한 연변역사박물관이 건립되었다. 연변역사박물관은 2년 남짓한 적응기를 거친 뒤 1963년에 연변대학으로부터 모든 민속 문물을 인수받았다. 그때부터 연변역사박물관에서 자체로 민속 문물 수집, 정리, 소장사업을 본격적으로 해나가기 시작하였다. 유감스러운 건 좋은 분위기가 오래 지속되지 못하고 그 뒤에 불어 닥친 문화대혁명의의 여파에 한 시기 역사의 뒤안길로 사라져버리고 말았다.

1969년 10월에 접어들어 연변역사박물관은 아예 문을 닫아버렸다. 이런 상황에서 연변지역 문물사업은 마비상태에 들어가게 되였다. 게다가 이른바 "낡은 것은 버리고 새 것을 수립"한다는 극좌경적 사조의 영향으로 말미암아 민속 문물사업은 아예 거론조차 할 수 없는 찬밥신세가 되었다.

1972년 3월에 연변박물관이 다시 복구되면서 황범송은 신문기자 생활을 접고 이곳 박물관으로 자리를 옮겼다. 하지만 박물관 주요사업의 일환인 조선민족 민속 문물 1980년에 이르러서야 비로소 정규화 된 궤도에 들어섰다. 1982년 4월에 용정조선족민속박물관이 설립되고 뒤이어 연변조선족민속박물관이 설립되었다.

그 뒤 '중화인민공화국문물보호법'과 '중화인민공화국문물보호법 실시세칙'이 채택되면서 잇따라 민속 문물사업을 전문으로 하는 기구가 나왔다.

돌이켜 보면 이 시기가 바로 연변조선족자치주에서 조선족 민속 문물 사업대오가 가장 정규적이고 활동적이었던 시기였다. 황범송은 전종윤 등과 함께 그 전업대오 속에 끼여 민속 문물 촬영임무를 도맡아 하였다. 특히 11기 3중전원회의 이후 당의 사업 중점이 계급투쟁으로부터 경제건설에로 전이됨에 따라 연변박물관에서도 한시기 뒤처져있던 문물발굴사업이 의사일정에 오르게 되면서 문물조사 및 발굴의 황금기를 맞이하게 되었다.

중국 조선민족의 문물은 조선족민속학의 유기적인 구성부분으로서 조선민족역사의 견증일 뿐만 아니라 조선족의 역사를 연구함에 있어서도 홀시할 수 없는 중요한 물증임을 황범송은 누구보다 일찍 터득하였다. 그는 선후로 연변박물관에 3만여 점, 연변당안관에 3만여 점, 중국공산당 연변주위 당안실에 4만여 점의 진귀한 사진자료를 남겼고, 자신의 자택에도 3만여 점의 사진자료를 보존하였다. 그리고 거의 무상으로 사회에 제공하여 활용케 하는 '나눔 인생'을 실천하였다.

특히 그는 연변박물관 전직사진사로 근무하면서부터 새로운 일터에서 옛 사진과 문헌자료 수집정리, 역사문물 촬영 등 사업에 전념하면서 촬영가로서 본인의 이름 석 자 남기는 일보다는 지나온 민족의 발자취를 추적하는 일에 묵묵히 소신을 다했다. 당시 연변박물관에는 35명 관원에 정치사업조, 문물조, 전람조, 군중사업조가 있었는데 황범송은 전람조 소속으로 근무하였다.

박물관 사업의 핵심 포인트는 진열과 전람이다. 진열은 실물이 위주이고 전람은 당시에는 당연히 사진이 위주였다. 그런데 모진 세월의 풍상을 겪으면서 박물관에는 이름에 걸맞게 진열할만한 물건도 별반 없었거니와 내걸만한 사진도 몇 장 없었다. 문화대혁명이라는 광란의 연대를 거치면서 이른바 "낡은 것을 버리고 새것을 수립해야 한다"는 극좌노선의 여독으로 많은 문물들이 '쓰레기'로 취급받아 소실되었고, 많은 사진들이 붉은 완장을 두른 '홍위병'들에 의해 불타버렸다.

가슴 아픈 일이지만 세월을 통탄해서 될 일은 아니었다. 황범송은 서두르지 않고 느긋하게 마음을 먹고 그 다사다난했던 지나 온 역사의 조각들을 하나하나 주어다 퍼즐을 맞추듯이 구슬에 꿰는 작업을 시작했다.

그는 직접 문물연구원들을 따라 다니며 문물수집 과정과 수집된 문물들을 촬영하여 검판과 함께 본인만의 '하드디스크'에 내장하기 시작하였다. 김몽훈 스승한테서 전수받은 사진자료 보존방법에 따라 관련 자료들을 처음부터 내용에 따라 연대에 따라 세분화하여 본인만의 '사진갤러리'를 만들기 시작했다. 그 '갤러리'에 어느 정도 분량의 사진이 내장되면 박물관 서류보존실에 넘겨 영구보존하도록 하였다. 그러면서 혹시 또 어떤 정치운동이 일어나면 '십년공부 도루아미타불'이 될 수도 있음을 염려하여 일부 사진들은 복제하여 검판과 함께 본인이 손수 보관하였다.

못 말리는 직업의식

황범송이 연변박물관으로 자리를 옮긴 이듬해 여름, 계급교양전람에 전시할 사진을 찍으려고 송하평탄광으로 가게 되었다. 전에도 황범송은 여러 탄광에 내려가 석탄을 캐는 탄부들의 생활을 반영한 사진을 수십 장 찍어 신문에 발표하였다. 그러나 여태까지 이 분야의 대표성을 띨만한 사진을 내놓지 못한 것이 못내 아쉬워 언젠가는 기회가 되면 천길 막장에 내려가 도전해보려고 마음을 다졌다. 그러던 차에 천길 지심에 내려가 석탄을 캐는 탄부들의 실생활을 찍을 수 있는 기회가 생겨 흥분한 심정으로 탄광당위 서기에게 촬영의도를 밝혔다.

"전에 와서 찍은 사진들은 사무공간이나 갱 입구를 배경으로 한 사진들이어서 광부들의 생활모습을 여실히 반영하지 못했지요. 설사 갱 안의 생활을 찍었다 하더라도 입구에서 설명하는 장면들이여서 진실성이 결여된 사진이라고 할 수 있습니다. 나 또한 마지못해 갱 속으로 내려가 셔터를 누르긴 했어도 천정이 너무 낮은 데다가 갱 속 공간이 너무 좁아 탄부들의 땀 흘리는 모습을 제대로 반영할 수 없었습니다. 이번에는 마음먹고 갱 속에 깊이 들어가 찍어보려고 하는데 어디 천정이 높고 작업공간이 넓은 작업현장을 좀 추천해주십시오."

"그런 공간이 있긴 한데 너무 깊어서 위험합니다."

서기가 도리질 했다.

"노동자들이 작업하는 곳이라면 여하를 불문하고 저도 내려갈 수 있습니다. 아니 내려가렵니다. 위험한 곳일수록 다채로운 노동 장면이 포착될 수 있지 않겠습니까?"

"아무튼 위험천만한 곳에서 작업하는 우리 탄부들의 마음을 헤아려주어 감사합니다. 그럼 일단은 송하평 갱 안으로 내려가 보십시오."

서기는 그를 친히 갱장사무실까지 데리고 가서 왕갱장에게 취재 편리를 도모해 주라는 지시를 주고는 돌아섰다.

그는 사진기를 챙겨가지고 왕갱장을 따라 갱 속 깊은 곳으로 내려가기로 했다. 지하 700미터를 내려가야 하는 데 밀차가 다 들어가고 아직은 나와 있는 것이 없었다. 왕갱장이 권선기 기사를 불러 취재의도를 전달했다. 잠시 후 반 톤짜리 밀차 한대가 올라왔다.

젊은 노동자와 함께 구루마에 올라앉았다. 그런데 지하 600미터 쯤 내려가서 밀차가 갑자기 탈선하면서 넘어지는 바람에 그와 젊은 노동자는 옆으로 튕겨나갔다. 어두컴컴한 갱 속에서 겨우 사진기가방을 더듬어 쥐고 일어나 보았다. 다행히 크게 상한 것 같지는 않았다. 하지만 발목뼈와 엉덩이 부위가 시큼시큼 아파왔다.

두 사람은 일단은 밀차를 팽개치고 걷기 시작하였다. 소식을 접한 왕갱장이 얼굴이 새파랗게 질려서 노동자들을 데리고 사고가 난 갱 입구로 헐레벌떡 뛰어왔다. 그는 범송을 보자 덥석 끌어안으며 다급히 물었다.

"황 선생, 어디 다친데 없습니까?"

"네. 괜찮습니다. 보십시오, 끄떡없이 걸어 나오지 않았습니까."

범송은 얼굴이 질려있는 왕갱장에게 낙천적인 척하면서 너털웃음까지 지어보였다.

"다행입니다! 천만 다행입니다! 우리는 속이 한줌만해서…"

이윽고 숱한 사람들이 모여 와서 웅성웅성하고 떠들고 있었다. 알고 보니 3일 전에 이 갱 속에서 밀차 전복사고가 났기에 다들 간이 콩알만 해서 급히 뛰어 온 모양이었다.

그는 그런 줄도 모르고 휴식실에 들어가 따스한 물 한 컵 마시면서 마음을 진정시켰다.

"보아하니 이번에는 아쉽지만 돌아가셔야겠습니다. 후에 안전점검이 다 되면 다시 연락드릴 터이니 그 때 다시 와주십시오."

왕갱장이 진심으로 권유했다. 그러나 범송은 이대로 물러설 잡도리가 아니었다.

"탄광이 아무리 위험한 곳이라 해도 전쟁터하고는 비길 바가 못 되지 않습니까? 저 이래 뵈도 사진기를 메고 전쟁터에 다녀온 사람이고 야밤삼경에 호랑이가 무시로 출몰하는 닭덕대산을 넘나들며 사진을 찍은 사람입니다. 이따위 밀차 전복사고에 물러 설 졸장부가 아니니 근심 걱정일랑 붙들어 매세요."

무슨 일이든 한번 하자고 마음먹으면 끝을 보고야 마는 성미인 범송은 아무 일도 없었던 사람처럼 너털웃음을 지어보이며 말했다.

"글쎄 오늘은 안 됩니다. 갱 속에 당도하기도 전에 밀차 전복사고가 났다는 건 불길하다는 징조입니다. 제가 구태어 미신을 믿는 건 아니지만 제발 다음날 다시 연락드리겠으니 따라 주십시오."

왕갱장이 사정하듯이 애원하자 곁에 모인 사람들도 그러는 게 좋겠다고 그를 두둔해 나선다. 하지만 범송은 단호했다. 그대로 물러서지 않았다. 한참 후에 그는 주변을 둘러보면서 말했다.

"저의 세대는 해방전쟁을 경험한 사람들입니다. 탄우가 빗발치는 전장에서 두려움이 뭔지 모르고 사진을 찍었습니다. 까짓 밀차 전복사고 정도는 위험도 아닙니다. 이런 난관 앞에 물러설 거면 이곳으로 아예 찾아오지도 않았을 겁니다. 제가 바로 전에 갱 속으로 내려가는 길을 다 익혀두었으니 혼자서도 능히 다녀올 수 있으니 다들 안심하십시오."

석탄을 캐는 송하평탄광 노동자들의 모습(1973.6).

말을 마친 그는 아무 일도 없었던 듯이 홀로 내려가려고 했다. 왕갱장이 안되겠다 싶었던지 더 이상 말리지 않고 부랴부랴 손전등과 지팡이를 찾아주면서 행운을 빈다는 뜻으로 두 손을 합장한 채 기도하는 모습을 보였다.

그는 넉살 좋게 웃어 보이면서 홀로 갱 속으로 씩씩하게 걸어서 내려갔다. 밀차 전복사고가 난 지역을 지나 50여 미터 더 내려가니 채탄작업을 하는 요란한 동음이 울려왔다.

"그러면 그렇지! 내가 저 소리 들으러 내려온 건데 이번에는 일이 될라나 보지…"

그는 혼자서 휘파람을 불면서 내려갔다. 잰걸음으로 소리 나는 쪽을 향해 걸음을 재촉했다.

기계동음소리가 점점 더 요란하게 들리더니 나중에는 아예 귀청을 째는 소리로 들려왔다. 바로 앞에 두 눈만 반들거리는 채탄공이 중기관수가 적진을 행해 두

레박을 갈겨대듯이 채탄기를 벽에 박고 드르륵 드르륵 채탄작업이 한창이었다. 두터운 석탄층이 뚫고 들어가는 채탄진들에 의해 무너져 내리는 순간 두 눈알만 반들거리는 채탄공의 얼굴에는 느긋한 웃음꽃이 피어났다. 700미터 깊이에서 석탄먼지를 뒤집어 쓴 채탄노동자의 모습을 보는 순간 그는 가슴이 뭉클해졌다. 아무리 어려워도 하늘이 보이고 산이 보이고 물이 흐르는 곳에서의 곤란은 곤란도 아니라는 생각이 들었다. 예닐곱 명 노동자들이 각자 맡은 바 자리에서 채단기를 조종하는 작업 속도에 맞추어 일산분란하게 움직이는 데 다들 석탄먼지를 뒤집어 쓴 몰골이라 누가 누구인지 전혀 알아 볼 수 없는 그냥 다 '깜둥이'들이었다.

이 때라고 범송은 얼른 사진기를 꺼내들고 초점을 맞춰가면서 연속해서 셔터를 눌러댔다. 이윽고 작업반장이 까만 나라에서 용케 물병을 찾아 한 모금 마시고는 잠간 휴식을 취하는 사이에 이것저것 궁금한 사항들을 물었다. 채탄노동자들의 다채로운 작업현장을 담은 사진들이 사활을 건 범송의 도발적인 모험에 의해 "찰칵, 찰칵" 포착되는 순간이었다. 한장 한장의 진귀한 장면들이 찍혀질 때마다 그와 채탄공들의 얼굴에는 함께 느긋한 웃음꽃이 피어난다.

결실은 노력을 배신하지 않는 법이다. 당시 찍은 많은 사진들이 우선 계급교양전람에 전시되었다가 그 후 동북3성 예술사진전에 출시되어 우수상을 받아 안았다. 『길림일보』 등 여러 간행물에도 게재되었다. 황범송, 그는 사진기만 메고 나서면 늘 못 말리는 프로였다.

항일투사 여영준과 함께 한 항일유적지 답사

중단되었던 연변촬영가협회 활동도 1978년부터 서서히 회복되기 시작하였다. 당시 황범송의 나이 48세였다. 촬영가로 말하면 한창 물이 오른 황금기라고 할 수 있다. 문화대혁명을 주도한 '4인방'이 나가떨어지고, 조선족의 사회정치생활, 물질문명생활이 발전됨에 따라 촬영예술도 따라서 발전되었다. 특히 1978년 당

노 항일전사 여영준(오른쪽 첫번째), 박춘일(오른쪽 두번째) 등과 함께 항일유적지답사에 나선 황범송(왼쪽 두 번째).

중앙 11기 3차전원회의가 열린 뒤부터 연변 촬영사업은 미증유의 발전을 가져왔다. 촬영가들은 사상을 해방하고 국내외의 자양분을 섭취하면서 개혁개방으로 부글부글 끓어오르는 사회 현실과 새롭게 용솟음쳐 나오는 선진 인물들을 형상화하기 위하여 현실에 몸을 푹 담고 창작에 모든 심혈을 쏟아 부었다.

연변박물관에서는 1978년부터 연변조선족자치주 창립 30주년 기념사업의 일환으로 '연변혁명투쟁사'라는 주제의 대형전시를 계획하였다. 사진전시를 하려면 어련히 사진이 준비되어야 했고, 그 임무가 전람조에 떨어질 수밖에 없었다.

전람조에서는 수중에 있는 사진자료에 대한 분석과 점검을 거쳐 여러 역사시기를 여실히 반영하기에는 사진자료의 공백이 너무 크다는 것을 깨닫게 되였다. 그 때부터 인력과 재력, 시간을 허비하면서 가능한 한계 내에서 조치를 강구하여 부족한 사진자료들을 수집, 보완하는 것을 급선무로 내세웠다.

연변박물관 전직사진사 시절 여영준과 함께 항일유적 촬영에 나선 황범송(오른쪽에서 1번째)

이 중요하면서도 박진감 넘치는 임무를 황범송이 자진해서 도맡아 하였다. 그는 연변자치주 내는 물론 동북3성과 중국 관내 여러 지역을 돌아다니면서 관련 자료를 수집하고 정리하는 일에 거의 모든 정열을 쏟아 부었다. 특히 '4인방'이 타도되고 당의 11기 3중전회의 정신에 따라 주위원회에서는 연변혁명투쟁사에 대한 조사, 항일유적지 답사와 자료 발굴 및 정리 사업을 다그쳐 할 수 있는 여건이 조성되었다.

항일투사 여영준과 함께 한 항일유적지 답사와 조사활동

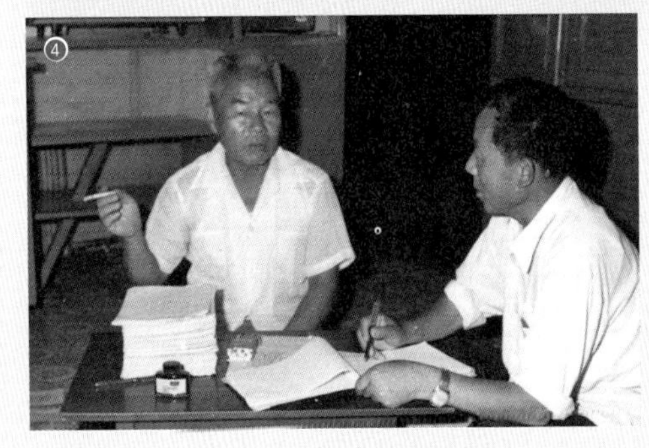

① 여영준과 박춘일
② 항일근거지가 있던 동굴을 둘러보는 여영준
③ 답사단 전체 기념촬영(앞줄 오른쪽 1번째가 황범송)
④ 여영준의 항일경험담을 기록하는 한태악.

① 1931년 항일무장투쟁을 결의한 옹성라자구회의가 열린 곳
② 초기 항일유격대의 근거지였던 팔도구항일유근거지 표석
③ 첫 반일인민유격대가 결성된 안도현의 유격근거지 표석
④ 왕청유격대의 근거지였던 소왕청에서 치러진 반토벌전적지 보족산전투 표석
⑤ 새세대 청년들에게 항일무장투쟁의 경험에 대해 이야기하고 있는 여영준.

황범송은 이런 형세에 힘입어 사진작가라는 특수직종의 장점을 살려 동북항일연군에서 활약한 노전사 여영준, 박춘일 등을 따라 다니면서 사진자료 기록사업을 맡아 하였다.

답사과정에 여영준, 박춘일 등 노전사들은 자기들이 친히 겪은 역사사건과 보고 듣고 한 일들을 많이 들려주었다. 그러는 과정에서 그는 지난날의 항일투쟁과 혁명투쟁의 흔적들이 점차 소실되고 잊히는 현실을 감안해 이런 것에 대한 기록을 하루 빨리, 하나라도 더 다그쳐 찾아내야겠다는 사명감을 갖게 되었다. 독불장군으로 여러 곳을 누비고 다니면서 지난 역사와 문화에 대한 사진자료들을 더 많이 수집할 욕심으로 밤낮없이 뛰었다.

당안관과 도서관에서의 조사활동

그는 장춘도서관과 장춘당안관, 위만황궁박물관 등 여러 곳에 찾아가서 연변과 조선족에 관한 자료들을 수집하였다. 아득하게만 느껴지던 수집사업에 파란불이 켜지면서 신심과 용기를 얻게 되었고, 열심히 하면 어느 정도 승산이 있을 거라는 확신도 서게 되었다.

장춘을 돌고 난 다음 황범송은 답사노정을 심양당안관으로 정하였다. 심양당안관에 일주일간 머물러 있으면서 자료를 찾아보았으나 조선족과 관련되는 사진자료나 연변 관련 문헌자료는 거의 없었다. 아침에 당안관 종업원들이 출근하기를 기다려서 열람실에 들어가면 미리 준비해 간 전병과 수돗물로 점심을 때우고 쉴 틈도 없이 다시 몰입했다. 그러다가 사무일군들이 퇴근하게 되면 어쩔 수 없이 함께 퇴근하는 수밖에 없었다. 하루는 그가 계속 자료를 찾느라고 여념이 없는데 한 여직원이 하도 감동을 먹었는지 찾아와서 한마디 건넸다.

"어데서 오신 분인데… 무슨 자료를 그렇게 애타게 찾는 건가요?"

"저는 연변박물관에서 왔습니다. 연변과 중국 조선족에 관계되는 글이나 사진

1941년 연해주의 동북항일연군 남야영에서 촬영한 유격대원들. 앞줄 왼쪽부터 김옥순, 황순희, 김정숙, 리영숙.

자료를 찾으러 왔습니다!"

"이곳에는 연변과 조선족에 관계되는 자료는 별반 없을 겁니다. 전에 이미 연변과 조선족에 관계되는 자료들을 연변대학에 보내주었습니다. 그러니 이곳에는 없습니다."

"그러면 어디에 가면 그런 자료들을 찾아볼 수 있는 지 알려주면 감사하겠습니다. 연변조선족자치주 창립 30주년을 맞으면서 대형 사진전람회를 꾸려야 하는데 자료가 턱 부족이어서…"

"아마도 무순탄광 당안실에 가면 꽤나 있을 건데요? 일본인들이 쫓겨 가면서 몰래 가져가려던 자료들을 몰수해 거기에 보존하고 있다고 들었습니다. 거의 다 일본어로 된 자료들인데 일어를 알면 좋은 자료를 손에 넣을 수 있을 겁니다."

범송이 하도 지극정성으로 일하니 도와주려는 귀인이 나타난 모양이었다. 너무 좋은 정보를 얻은 그는 허리 굽혀 고맙다는 인사를 남기고는 즉시 무순(撫順)으로 달리는 열차에 몸을 실었다.

무순에 도착한 그는 우선 무순탄광 당위원회 서기를 찾아갔다. 그는 연변박물관의 소개장을 내보이면서 협조를 부탁드린다고 했다. 그러면서 장춘당안관에 들린 얘기도 했고 이곳에 일본어로 된 자료가 꽤 있다는 정보를 얻어 듣고 찾아왔다는 얘기도 했다.

당위 서기는 그런 자료가 있기는 한데 아직 정리되지 못한 상태로 있기에 외지인이 들어가 열람하는 것을 허용하지 않는다고 했다. 그리고 모든 자료들이 일본어이기 때문에 일본어를 알지 못하면 자료를 찾을 수도 없을 것이라고 설명하였다. 그러자 범송은 자료를 찾으러 온 이상 정리되지 못한 책 더미를 다 뒤져서라도 꼭 찾아보겠으니 열람만 허락해달라고 통사정하였다. 그러면서 자기는 해방 전에 일제 학교를 다녀서 능히 일본어로 된 자료들을 찾아 볼 수 있다고 하였다.

처음에 곤란하다고 머리를 갸우뚱하던 당위 서기는 더 할 말이 없었던지 들어가 보되 안전에 유의하고 책 한권이라도 자료실 밖으로 나가는 일은 없어야 한다고 하였다.

당위 서기가 배정한 사업일군의 안내로 그는 전에 일본인들이 사용했다는 보일러실로 들어갔다. 폐기된 보일러실에 일본군한테서 압수한 각종 신문과 책자며 서류들이 여기저기 무질서하게 쌓여져 있었다. 아마도 압수한 자료를 이곳에다 처 박아 두고 정리하지 못한 채 방치해 둔 것이 분명했다. 이곳에 그런 자료가 쌓여있는 줄 모르기에 찾아오는 사람이 있을 리 없었다. 어두컴컴하고 퀴퀴한 냄새가 진동하는 곳에서 그는 '보물찾기'를 시작하였다.

책과 신문들을 한 장 한 장 넘겨가면서 행여나 어디서 뭐가 튀어나올지 모른다는 각오로 눈여겨 자료들을 찾기 시작하였다. 아침에 들어가면 저녁에 종업원들이 퇴근할 때까지 어둑한 보일러실에서 지루한 하루를 보냈다. 그러다 쓸 만한 자료를 발견하면 즉각 핫셀 카메라로 명심하여 찍었다. 책을 옮기고 자료를 열독하고 사진을 찍자니 노동 강도가 모내기를 할 때 보다 더 힘겨웠다. 땀에 옷이 흠

1940년대 초반 동북항일연군에서 활동한 강건(왼쪽), 김일성(가운데), 최용건(오른쪽)이 함께 찍은 사진.

일본군이 압수해 소장하고 있던 동북항일연군 여대원 사진. 1930년대 후반 동북항일연군 제2군 여성대원들의 모습으로 뒷줄 왼쪽에서 2번째가 김확실, 3번째가 김정숙, 5번째가 김선이다.

뻑 젖어 있는데다가 허리가 쑤시고 다리가 풀리고 눈이 잘 보이지 않아 당장이라도 그만 두고 싶었지만 이를 악물고 견뎠다. 그러기를 반복하다가 우연찮게 귀한 자료를 찾게 되면 그 기쁨은 이루 형언할 수 없었다. 사흘째 되는 날 희한하게도 이런 자료를 찾게 되었다.

"…1939년 6월 30일, 항일연군 제1로군 제2군 4, 5사와 제2방면군 9단은 연합하여 천보산지역 일본인 기숙사와 광산수비대를 습격하여 15명을 살상하고 위만자위단의 무장을 노획하였으며 선광직장 설비와 광산사무소를 부시고 많은 군용물자를 노획하였다. 항일연군의 기습을 당한 지방 일본군지휘부에서는 장춘에 있는 관동군 총사령부에 급전을 보내어 지원을 요청했다."

급전 전보문 내용은 대략 이러했다.

"갑자기 공산군 토비들이 천보산을 쳐들어오는 바람에 포위되었다. 토비 두목은 최현이다. 돈화로부터 천교령을 넘어왔다. 아주 강한 부대여서 지방의 힘으로는 대적할 수 없으니 총사령부에서 지원군을 보내 달라."

그는 전문을 사진기로 찍었다. 그리고 일본군들이 압수한 항일유격대 활동사진들도 여러 점 복제했다. 그 중에는 일본인들이 찍은 사진도 있고, 항일유격대에서 귀순한 자들이 제공한 사진도 있었다. 그는 그런 사진들을 한 장도 빠짐없이 촬영하였다.

그는 열람환경이 극히 열악한 보일러실에서 추호의 게으름 없이 20여개 흑백필름에 귀한 역사사진과 문헌자료들을 옮겨 담았다. 그가 임무를 원만히 수행하고 돌아가려고 하자 사업일군들은 이렇게 부지런을 떠는 사람을 처음 본다면서 앞으로도 기회가 되면 언제든 찾아오라고 하였다.

그러면서 다음 노정이 어디냐고 물었다. 그는 이제 북경으로 가서 주보중 장군의 부인 왕일지(王一知) 여사를 찾아갈 거라고 하였다. 그러면서 그 사이 많은 도움을 받았는데 자기가 도울 일이 있으면 서슴지 말고 얘기하라고 하였다. 그러자 그중 한 분이 조금은 난처한 기색을 짓더니 겨우 입을 열었다.

"장백산 아래에서 왔다고 하니 부탁 하나 해도 될까요? 그곳에 목이버섯이 많

『국경사진대관(國境寫眞大觀)』에 실려 있는 국내성 성곽의 모습

『국경사진대관(國境寫眞大觀)』에 실려 있는 광개토대왕비 전경.

이 난다는 얘기를 들었는데 그걸 한 냥만 부쳐 보내줄 수 있겠는지?"

"그건 어렵지 않은 부탁인데… 한 근도 아니고 한 냥을 어느 코에 바르려고 그럽니까?"

범송이 의아해서 물었다.

"광산노동자들이 목이버섯을 먹어야 몸속의 석탄먼지를 제거할 수 있다고 해서… 공급으로는 고작 한 냥 정도 나오니. 그것마저도 제 때에 받아가지 않으면 구입할 수 없습니다."

그 말을 들은 범송은 가슴이 뭉클했다. 그는 사업일군의 손을 잡아주면서 돌아가면 한 냥이 아니라 한 근을 보내줄 터이니 주소만 적어달라고 했다. 연길에 돌아 온 그는 바로 이튿날 주소대로 목이버섯 두 근을 사서 우편으로 보내주었다. 그 사업일군은 그에게 감사하다는 인사편지를 전해오면서 더 귀한 자료를 얻으려 거든 대련(大連)에 가보라고 알려주었다. 대련의 당안관이나 박물관에 일본군이 투항하면서 극비자료들을 배로 실어가려다가 몰수당했는데 그런 자료들이 그곳에 있을 거라고 했다.

편지를 받자마자 그는 북경 행 기획을 잠시 뒤로 미루고 곧장 대련으로 떠났다. 대련당안국 사업일군의 안내로 역시 정리되지 않은 일제강점기 당안자료실로 들어갔다. 해방 전 일제 치하의 우급학교(소학교)를 4년간 다니면서 일본어를 배운 밑천이 있고 또 천자문을 배운 덕에 한자를 뜯어 볼 수 있어 관련 사진과 문자자료를 찾아보는 데 큰 어려움은 없었다.

책 더미를 뒤적이던 중 일본인들이 출판한 『국경사진대관(國境寫眞大觀(1929~1934)』이라는 사진집을 발견하였다. 이 책에는 백두산(장백산)과 고구려유적, 중조변경 등의 상황을 반영한 사진들이 수록되어 있었다. 백두산 전경, 백두산정계비, 광개토왕비, 장군무덤군 등의 사진이 눈에 들어왔다. 그는 자료들을 조심스럽게 사진으로 기록하였다.

후에 이런 사진자료들을 본 연변박물관 김만석 관장은 "역시 황 동무는 정말 못 말리는 프로요. 문물학자들도 모르는 원시재료들을 얻어왔으니 그 끈기와 용기, 집착에 탄복하오"라며 칭찬을 아끼지 않았다.

며칠 뒤 범송은 다시 대련도서관으로 갔다. 도서관 사업일군에게 소개장을 보여드리고 이것저것 물의하면서 도움을 청하였다. 그러자 평소에 대외에 열람을 허락하지 않는 지하자료실이 있는데 그곳에 혹시 찾는 자료가 있을지도 모른다고 소개했다.

지하실로 들어가니 역시 책들이 무질서하게 무더기로 방치되어 어수선한 분위기였다. 게다가 지하실이어서 어두컴컴하고 침침했다. 그래도 찾아 온 목적을 달성해야 했던 범송은 아무 내색도 내지 않고 집중해 책 더미를 넘기며 자료를 찾았다. 그러다가 눈앞에 펼쳐진 사진을 보고 그만 눈이 휘둥그레졌다. 하마터면 함성을 지를 뻔 했다. 16절지 크기 잡지 표지에 조선복장을 입고 상투를 올린 두 농군이 들판에서 밭을 돌아보는 전경사진이 눈앞에 안겨왔다. 사진 하단에 "만주벌판에서 밭을 돌아보는 조선인"이라고 적혀있었다.

이 사진은 19세기 말 경에 중국 동북에 이주하여 온 조선인들이 밭을 일구기 위하여 황량한 들판을 찾아다니면서 지형을 살피는 전형성을 띤 귀한 사진이었다. 비록 인쇄 질이 엉망이어서 화질은 신통치 않았지만 사진 속 주인공이 조선복

『국경사진대관(國境寫眞大觀)』에 실려 있는 백두산정계비 사진.

장을 입고 머리에 상투를 올리고 미소가 담긴 얼굴에 뒷짐을 지고 팔소매 깃을 걷어 올리고 벌판을 바라보는 그 모습이 거친 황야와 서로 어울리면서 우리 선조들의 진지한 삶의 모습을 형상적으로 보여주는 사진이었다. 이주 초기 조선개척민들의 모습을 보여주는 귀한 '보물 사진'이었다. 순간 얼마나 기뻤으면 즉시 당안관 사업일군의 허락을 받고 광선이 밝은 방에서 사진기로 조심스럽게 촬영하였다.

이처럼 훌륭한 사진자료를 발견하고 복제하게 되자 그는 사진자료를 찾을 더 강렬한 욕구가 부풀어 올랐다. 뒤이어 여순감옥을 참관하면서 그곳에서 안중근과 여순감옥에 관한 역사자료도 복제하였다.

황범송은 내친 김에 아예 북경도서관으로 찾아갔다. 자료실이 얼마나 큰지 과연 며칠이 돼야 이 많은 자료를 다 둘러볼지 근심부터 앞섰다. 그는 서두르지 않고 차분하게 자료를 뒤졌다. 한번 자료실에 들어가면 몇 시간이고 나오지 않았다.

도서관에서 자료 관리를 하는 단발머리 여직원이 못내 감동을 먹었던지 은근히 지켜보면서 간혹 말을 걸어왔다. 이틀간이나 찾았는데도 마음에 드는 자료를 찾지 못하자 조금은 실망한 표정을 짓고 고민하기 시작했다. 그런데 여직원이 넌지시 한마디 했다.

"뭔 자료를 그렇게 애타게 찾는지는 모르겠지만…"

"아니, 동무가 조선족이었어요?"

깜짝 놀라 되물었다. 북경에서 조선말을 하는 사람을 만나다니 정말 뜻밖이었다.

"선생님께서 너무나 열심히 재료를 찾고 계시기에 혹시 도움이 될까 싶어서요."

여직원은 뒷말을 하다 말고 자기는 왕청 태생인데 민족학원을 졸업하고 이곳 도서관에 배치 받아 일하고 있다고 하였다. 그러면서 조선족과 관련된 자료가 이 도서관에는 없으니 자기가 알려주는 곳에 가서 찾아보라는 것이었다. 한 곳은 천안문 뒷문 맞은편에 있는 청나라 때 지었다는 고택인데 그곳이 청나라 때 신문사 자리로써 많은 역사자료들을 보존하고 있다고 하였다. 일반인 열람을 허락하지 않으니 소개장 같은 걸 가지고 가야 열람이 가능할 거라고 했다. 다른 한 곳은 화평리(和平里) 토성 안에 명나라 때 궁전이 있는데 거기에 혹시 찾는 자료들이 있을 수도 있다고 했다.

그는 이미 연길로 돌아갈 기차표를 끊어 놓은 지라 다음에 와서 꼭 들려보기로 하고 두 곳을 들려보지 못하는 아쉬움을 남긴 채 돌아왔다. 달포가 지나 다시 북경에 들어 갈 계획을 세워놓고 소개장도 일찌감치 챙겼다. 그는 출발을 앞두고 고민에 쌓였다.

당시 연변에서는 식량을 배급제로 주었는데 입쌀은 1인당 매일 반근씩 주고 콩은 1년에 한 가구에 15근씩 주었다. 범송은 차려진 콩 15근을 받아가지고 곧장 북경행 열차에 몸을 실었다. 달리는 열차 소리가 자장가 되어 두 눈을 지그시 감았는데 자꾸 지난 번 만난 북경도서관 여직원의 얼굴이 떠올랐다.

장춘에서 갈아 탄 열차가 밤새 달리더니 이튿날 정오가 넘어서야 북경에 도착하였다. 이튿날 아침 그는 일어나자 바람으로 그 북경도서관으로 찾아갔다. 마침 기다렸다는 듯이 그 여직원 얼굴이 보였다.

"그간 잘 지내셨습니까? 제가 누군지 알아보시죠?"

넌지시 다가가 인사를 건넸다.

"호호호, 선생님께서 또 오셨네요. 이번 걸음에 두 곳에 가보실 거지요?"

늘 생글생글 웃기를 좋아하는 그 직원이 한발 앞서 나간다.

"그럼요. 당연히 들려 봐야지요. 그런데 가능하겠어요? 소개장은 두 장 들고 왔는데…. 그게 맥(脈)을 출지 걱정되네요."

그가 난감해하는 표정을 지어보였다.

"글쎄요? 제가 전화라도 한번 넣어 드릴가요?"

피는 못 속인다더니 여직원이 더 적극적으로 나왔다.

바로 이때라고 생각한 그는 등 뒤에 숨겼던 콩 주머니를 슬쩍 여직원 책상 밑에 밀어 넣으며 한마디 했다.

"이건 뇌물이 아니라 선물입니다. 지난번 일도 고맙고 또 앞으로 부탁할 일도 많고 해서…"

아니나 다를까 여직원이 이건 절대 받을 수 없다고 하면서 누가 보면 큰일 난다고 했다.

그러건 말건 숙기가 없는 범송은 그냥 그게 자기하고는 상관없는 일이라는 듯 시치미를 떼고 아예 도서관을 나와 버렸다. 이튿날 다시 도서관에 찾아가니 여직원이 어제와는 다른 눈웃음으로 반겨주면서 자기가 상경한지 12년이 되는 데 콩 한 알도 먹어보지 못했단다. 그런데 예기치 못한 선물을 받고 보니 고마운 데 어찌 보답해야 할지가 고민이라고 했다.

"보답은 뭐, 같은 민족인데 까짓 콩 몇 알 가지고…"

그는 대범한 사람인척하면서 한마디 했다.

이렇게 되자 여직원은 그가 찾아 갈 곳에 주동적으로 전화를 하여 편리를 도모해달라고 부탁을 했다. 아마 북경도서관에 있으니 다른 도서관이나 자료실하고 자주 업무연락이 있는 모양이었다. 홀로 천안문 뒷골목에 있는 도서관에 찾아가니 문지기 노인이 소개장을 보는 둥 마는 둥 하더니 그냥 들어가라고 했다.

그 도서관에는 명나라부터 중화민국에 이르는 여러 왕조의 각종 기록문서와 서간들이 소장되어 있었다. 그는 거기서 5.4운동, 천도철도와 길돈철도 부설과 관련된 글과 사진, 연변인민들의 철도부설을 반대하는 시위에 관련 사진, 목재로 만들어진 용문교 모습 등을 찾을 수 있었다. 그는 그런 글과 사진들을 사진기로 복제하여 필름에 담았다. 어느 누구의 도움이 없이 혼자서 북 치고 장고 치고 하려니 많이 고달팠지만 고생한 보람이 있어서 마음은 흡족했다.

이튿날에는 화평리 토성 안에 있는 도서관으로 가보라고 하면서 여직원이 북경도서관 명의로 소개장까지 써주었다. 그곳 역시 일반인 출입이 통제되어 있었다. 경비원한테 소개장을 보여주니 고개를 끄덕이면서 들어가라고 했다. 도서관은 연배가 지긋해 보이는 스님들이 관리하고 있었다. 부탁하는 자료목록을 보여주면 대충 어느 곳에서 찾아보라고 안내해주었다. 거기에는 영어, 러시아어, 프랑스어, 일본어, 중국어로 된 세계 각국의 신문과 서적이 진열되어 있었다. 그야말로 어마어마한 규모였다.

그는 일본어신문과 중국어신문·잡지를 넘기면서 장작림(張作霖, 장쭤린)사건, 일본인 철도부설, 천보산광산과 노투구탄광, 중화민국 지방정부, 연길현공서 관련 자료 등과 일본침략자들의 활동에 관한 사진자료들을 적지 않게 복제하였다.

발해 정효공주묘 발굴사업

1977년 9월, 연변박물관에서 고고학연구를 주로 맡은 박용연과 이동구는 연길현 덕신공사에 갔다가 한 농촌공작대원한테서 금곡저수지 공사장에서 옛 돌무덤이 출토되었다는 소식을 접했다. 그들은 즉시 도보로 저수지공사장에 달려가서 조사하였다.

무덤이 드러난 곳은 저수지 서쪽 나지막한 남북으로 뻗은 산등성이었다. 트랙터로 흙을 파는 과정에 나타났다고 했다. 그들은 즉시 거의 바닥이 드러난 2기의 무덤을 접수하였는데 돌도끼, 화살촉 등과 함께 단추, 팔지 조각 등 청동제품들이 발굴되었다. 이것은 원시사회 유적과 관련된 중요한 발견이었다. 박물관에서는 문물사업 전문일군을 조직하여 1978년과 1979년 가을에 남아있는 11기의 무덤을

금곡저수지 부근 옛무덤 원경(1978.5).

발굴하였다. 출토된 유물로는 각종 석기, 도기, 골기 등 도합 540여 점에 달하였다. 어림짐작으로 3천여 년 전 원시사회의 무덤으로서 청동기시대에 속하는 유물들이었다.

그 뒤 1980년 6~9월 사이에 연변박물관에서는 금곡저수지 부근에서 신석기시대의 집 자리 한곳과 무덤 7기를 또 발굴하였다. 박민호 부관장의 인솔 아래 정영진, 이강, 박윤무, 노연성, 호국주, 최순자, 박용연 등 고고학 사업 관련 부서의 일군과 몇 명 해설원들이 동참하였다. 신석기시대 유적에서 도합 6곳의 집터가 발굴되었는데 출토된 유물만 350여 점에 달하였다.

금곡저수지 부근 신석기시대 유적발굴에 참가한 황범송은 우선 발굴현지에서 함께 있는 고고학 관련 사업일군들의 사업과정을 사진으로 기록하면서 새로운 발굴이 있을 때마다 어김없이 발굴과정, 수집과정, 연구과정 등을 상세히 기록하였다. 그리고 현장에서 발굴된 출토유물들을 여러 각도로 잘 촬영하여 유물의 현장감을 살리기에 노력했다. 유물수집이 다 되어 박물관에 소장된 다음 황범송과 전종윤은 고고학자들의 지도 아래 박물관 문물촬영실에서 문물촬영규정에 따라 유물 표본을 촬영하였다. 그때는 잡지나 신문에 흑백사진을 썼기에 흑백필름을 주로 사용하였고, 천연색필름도 가끔 사용했다.

문물촬영은 보도사진촬영이나 예술사진촬영과는 전혀 다른 학문이기에 촬영 요구가 지극히 높았다. 범송은 실제 경험과 다른 문물촬영사들과 교류를 통해 차츰 문물촬영의 기본을 배워나갔다.

이렇게 촬영된 문물사진들은 우선은 연변박물관에 당안자료로 영구 보존되어 역사기록으로 남았고, 일부는 신문이나 잡지에 발표되어 알려졌다. 또 일부는 성급, 혹은 국가급 박물관에 제공되기도 하였다. 1980년 6월 9일, 연변박물관에서 길림성박물관에 보고한「금곡무덤발굴 보고자료」에는 문물촬영에 황범송, 전종윤이라고 밝혀져 있다.

또한 1980년도에 화룡현 용두산에서 발굴된 발해 정효공주무덤도 발해고고학연구에서 매우 중요한 발견이었다. 정효공주무덤은 1979년 말에 연변박물관에서 현지조사를 진행하였는데 발해시기의 집터로 인정되었다. 1980년 10월에 길림성 문물국의 허가를 거쳐 연변박물관과 연변문관 연합으로 발해유적 발굴에 착수하게 되었다. 특히 지하 무덤 안에 12명 인물이 그려진 천연색 벽화와 정효공주묘비가 발견되었다. 이는 발해사연구에서 기념비적인 발견이자 엄청난 수확이었다.

정효공주 무덤벽화와 묘비가 발견된 뒤 성에서는 아주 큰 관심을 돌렸다. 성 문물국 왕승래(王承來) 부국장과 성 고고연구실 왕건군(王健群) 주임이 친히 발굴현장에 와서 발굴사업을 지도하였다. 무덤벽화 보호관리 경험이 있는 집안현 문관소의 기술원들을 초청하여 강문무(姜文武)와 함께 무덤벽화를 보호하기 위한 화학처리를 하게 하였다. 그리고 국가문물국 임질빈(任资斌) 국장과 손일청(孫鎰青) 국장도 연변에 와서 정효공주무덤 현장을 시찰한 뒤 보호사업을 잘 할 것을 지시하였다. 정효공주무덤은 1981년에 두 번째로 성급중점문물보호단위에 등록되었다.

정효공주 무덤벽화에는 12명의 인물이 그려져 있었다. 벽화에 그려진 인물화

금곡저수지 부근 무덤에서 나온 돌창날(1979.9).

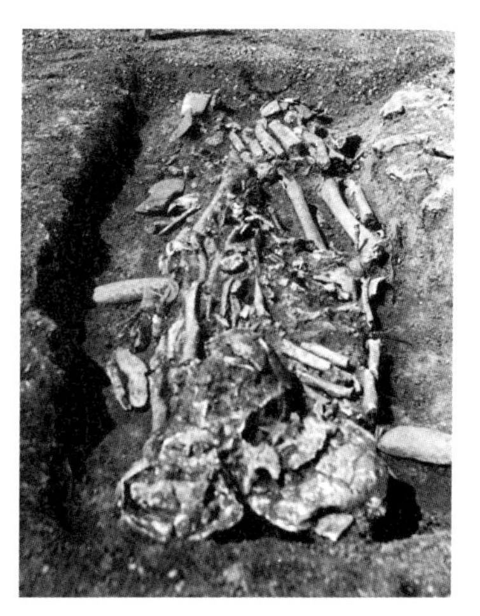

제12호 무덤에서 나온 문물들(1979.9).

를 통해 처음으로 발해인들의 체격과 용모, 복식과 각종 소지품 및 동작들을 섬세하게 관찰할 수 있게 되었다. 인물들의 형상이 아주 건장하고 위엄이 있어 사람들에게 일종의 숭엄함을 부여해준다. 사실주의기법으로 창작한 벽화는 무덤 주인공의 생전 출행, 음식, 연회, 주거 등의 상황을 보여주었고 권세와 호화로운 기백, 부귀 영화로운 기방생활상을 보여주었다.

정효공주묘비는 높이 1.05미터, 너비 0.58미터, 두께 0.26미터였고 정면에 지문(志文)이 새겨져 있었다. 지문은 모두 18행, 728개 글자로 새겨졌는데 모두 한자(漢文)였다. 이 묘비는 발해국의 문학, 사상, 문자, 서예, 석각을 연구하는 데 중요한 문자와 실물자료를 제공하였다. 정효공주 무덤벽화나 묘비는 모두 중국 당나라 시대의 풍격이 강하게 체현 되어 있었다. 이로부터 당나라와 발해국, 당대 중원지구와 동북지구의 관계가 극히 밀접하였음을 말해준다.

정효공주무덤 발굴에 황범송은 모든 일을 제쳐놓고 시종 발굴현장에서 고고학자들과 함께 먹고 자고 하면서 고락을 함께 하였다. 정효공주무덤에 대한 인식을 높이고 발굴과정에 대한 사진기록을 역사에 거짓 없이 남겨야 하는 중요성을 가슴 깊이 느낀 그는 단 한순간도 발굴현장을 떠나지 않고 부지런히 셔터를 눌렀다. 전반 발굴과정과 고고학자들의 몰입장면, 정효공주무덤의 지리적 위치와 환

① 발해 정효공주묘 출입구 외경.
② 정효공주묘비.
③ 정효공주묘 벽화.
④ 연변박물관 성립 50주년 기념문집에 실린 황범송이 촬영한 정효공주무덤 벽화 사진.
⑤ 벽화를 꼼꼼히 살피고 있는 황범송(오른쪽)과 김정수 사진사.

경, 무덤 안의 모습과 벽화, 정효공주묘비도 현장에서 촬영하였다. 더욱이 연변박물관에서 벽화와 묘비의 색상, 질감 등 세밀한 부분까지 가장 원시적인 형태로 남기기에 최선을 다했다.

황범송은 최첨단 고화질 사진기 핫셀에 천연색 반전편 필름을 장착하고 삼각대에 단단히 고정시켰다. 그리고 벽화나 묘비에 입체적인 주광과 보조광 및 윤곽 등을 설치하고 렌즈 초점과 조리개를 정밀하게 조절한 다음 숨을 죽여가면서 촬영하였다. 그리고 흑백필름과 네거티브필름 촬영도 진행하였다.

훗날 출토된 문물들을 박물관에 소장한 다음 그는 박물관 문물촬영실에서 문물촬영 요구사항에 따라 엄준하게 문물 표본사진을 촬영하였다. 거기에 사진설명까지 달아서 당안실에 교부하여 영구보존토록 하였다.

연변박물관에서는 국가박물관이나 길림성박물관, 문물관리국에 정해공주무덤 벽화와 묘비 발굴 관련 자료를 여러 번 올려 보냈다. 매번 보고서는 엄장록이 집필하고 황범송이 사진을 맡았다. 관계부문에서는 천연색 반전편으로 촬영한 벽화와 묘비사진들을 보고 화질이 으뜸이라고 높이 평가하였다.

신화사 길림분사에서는 그가 촬영한 정효공주무덤 벽화와 묘비사진 일부를 대외에 공개하였다. 1982년 8월, 연변조선족자치주 성립 30주년을 경축하여 연변인민출판사에서 출판한 대형화보집『연변』에도 황범송이 촬영하고 제공한 정효공주무덤 묘비와 벽화사진 외 일부 외경사진이 실렸다.

황범송은 1984년에 중공연변주위 산하 전직촬영사로 전근되어 가기 전까지 연변박물관에서 진행한 수차에 달하는 문물발굴사업과 혁명유적지 답사과정 촬영에 직접 참여하였고, 박물관에 소장된 문물들에 대한 촬영을 도맡아 하였다. 그는 연변박물관에서 문물촬영을 주도한 첫 촬영가이자 박물관 산하에 문물촬영실을 손수 개설하고 문물촬영 시범을 보인 사진작가이기도 하였다. 그는 자체로 문물촬영학을 자습하고 문물발굴 실천 속에서 점차 문물 촬영 분야를 개척한 사람이기도 하다.

농업박람회에 내놓은 22미터 거폭의 사진

1977년 황범송은 전국농업전시관의 요청으로 세 번이나 북경에 상경하여 전시사진 제작과 진열임무를 훌륭히 완수하였다. 그때는 '문화대혁명'이 막 결속되고 화국봉(華國鋒)이 당과 국가의 주석으로 선정된 이듬해였다. 당시 중국공산당 중앙의 지시에 따라 북경농업전시관에서는 "농업에서 대채를 따라 배우는 성과전람"을 꾸리기로 하고 전국 각지로부터 4, 50명이나 되는 전문가들을 불러들여 전시 준비를 다그치고 있었다.

황범송과 지승원은 전시관 설계를 맡은 총설계사의 초청으로 길림성을 대표하여 전시 준비사업에 가담하게 되었다. 각 지역에서 온 사람들은 대부분이 전람을 꾸려 본 경험이 있는 전문가들이 아니고 신문사 기자들이나 행정사무를 봐오던 간부 출신들이었다. 그들이 전시를 빌미로 앞 다투어 북경에 온건 그들만의 딴 이유나 목적이 있었다. 그래서 달포가 다 지나도 농업 전시준비는 거의 진척이 없었다. 각 성에서 보내 온 사진자료들을 다시 복제하라고 임무를 주었는데 그런 기술을 소지한 전문가가 없었다. 말짱 아무 것도 모르는 얼뜨기들이었다.

그러던 어느 날 저녁 농업부 고위간부가 나타나 모든 임원들을 불러놓고 회의를 열었다. 회의에서 이제 시간이 얼마 남지 않았는데 이런 속도로 어떻게 전시임무를 끝낼 수 있겠냐고 야단을 치면서 속히 대안을 내놓으라고 호통 쳤다. 그 당시 전람관 총설계를 맡은 분이 흑룡강성에서 온 조선족이었다. 그가 이번 전시준비에 황범송의 이름을 찍어서 초청하였던 것이다. 총설계사는 황범송더러 회의에서 아무 말을 하지 말고 듣고만 있다가 지도자한테 찾아가 새로운 제안을 하자고 하였다. 대회가 끝나자 총설계사는 범송을 데리고 지도자를 찾아갔다.

"이대로라면 올해가 다 가도 전시가 불가능합니다. 지역사회가 동원되어 움직여야 살아 숨 쉬는 생동한 사진들이 올라올 수 있습니다. 그냥 행정일군들만 모여 놓고 회의를 하고 강조해봤자 시간낭비만 되고 말겁니다."

총설계사가 먼저 입을 열었다.

1977년 6월 북경 농업전람관 사업일꾼과 함께 농업전람관을 배경으로 기념사진을 찍은 황범송(왼쪽).

"불가능하다는 얘기만 하지 말고 어찌 하면 가능할 지에 대해 얘기해 보시오."

농업부 간부가 하도 답답해 되물었다.

"일단은 북경에는 황범송과 지승원만 남겨서 이미 선택된 자료에 한해서 재제작을 추진하고 그 필름을 다시 내려 보내 기층에서 농업에서 대채를 따라 배워 온 성과전람을 하고 다시 그 자료를 집중시키면 점과 면을 다 발동시킬 수 있어 효과적일 거라 생각합니다."

그러자 그 지도자는 그제야 답안을 찾았다는 식으로 벌떡 일어서며 무릎을 탁 내리쳤다. 그 기회에 총설계사가 한수 더 뜬다.

"이곳에는 사진제작 담당자로 황범송과 미술설계 담당자로 지승원만 남기면 됩니다. 이 두 분은 기층에서 이미 여러 번 손발을 맞춰 온 프로들이여서 막힘이 없습니다."

"알겠소. 진즉에 그렇게 해야 하는데 괜히 소리만 요란하고 결과가 안 나올 뻔했네. 부족한 인력은 우리 전람관 관원들을 동원해도 되니 일단은 그렇게 합시다."

이렇게 되어 각 지에서 모였던 사람들이 이튿날 모두 돌아가고 황범송과 지승원만 남게 되였다.

황범송은 총설계사가 제공하는 각 성의 자료들을 사진기로 복제하기 시작하였다. 조수가 필요해서 농업전람관 사업일군 몇 분을 보조로 채용했다. 그들은 범송의 지령대로 암실설비를 조정하고 복제 관련 실무를 거들어주었다. 이렇게 되자 범송은 제공받은 자료 한 가지를 30번씩 사진기로 찍어 필름을 현상하였다. 정말로 고되고 간고한 '전투'였다.

그는 밤낮을 가리지 않고 낮에는 사진기로 복제를 하고 밤이면 암실에서 필름을 현상하여 건조시키고, 필름마다 특제봉투에 넣고 자료목록을 작성하였다. 며칠간의 간고분투로 수천 장 필름을 복제하였다. 전람관 사업일군들이 그 필름들을 각 성과 시에 우편으로 부쳐 보냈다.

길림성정부에서는 황범송이 북경에서 작업하고 있는 만큼 길림성의 전시사진을 그가 직접 북경에서 확대, 제작해달라고 부탁하였다. 총설계사는 그의 작업효율과 기술에 탄복하면서 이런 사진복제 전문가는 난생 처음 보았다고 칭찬을 아끼지 않았다. 그 당시 농업전람관 지도부에서도 황범송을 산신령 모시듯 했다.

지승원은 총설계사의 거시적인 설계도면에 따라 사진작품 전시설계를 맡아하고, 범송한테는 그 도면에 따른 사진작품을 표구해서 배정하도록 하였다. 범송은 총설계와 미술설계의 요구에 따라 조수들을 데리고 농업전람사진제작과 전시품 진열작업을 내밀었다.

미술설계의 요구에 따르면 전람관 입문 정면에 모택동 주석이 진영귀와 악수를 하는 장면의 사진을 22미터 크기로 만들어 붙여야 했다. 그런데 이렇게 큰 사진은 누구도 만들어 본 경험이 없었다. 모두들 골머리를 앓기 시작하였다. 북경 시내에서 이렇게 큰 사진을 만들어 본 경험이 있는 사람을 찾을 수가 없었다. 범송은

1950년대부터 황범송과 지승원(좌)은 늘 합작을 하였다. 뢰봉 전람관 앞에서 지승원과 함께.(황범송 자동촬영)

북경의 민족문화궁 앞에서 동료들과 기념사진을 찍은 황범송(좌1)(황범송 자동촬영)

아무 내색을 내지 않고 잠자코 있었다. 다들 골머리를 쥐어짜다 말고 마냥 황범송만 쳐다보는 눈치였다.

그러자 범송이 자신만만하게 말하였다.

"저한테 방법은 있습니다만 이렇게 큰 사진을 직접 만들어 본 경험은 없습니다!"

"아무튼 방법이 있다면 시도해 봅시다. 그런 거폭의 사진을 누군들 만들어봤겠습니까? 우린 그저 황 선생만 믿습니다."

관장이 한발 나서며 힘을 실어주었다. 그러면서 방법이 대체 뭔지 일단은 들어나 보자고 졸라댄다.

"저의 생각인데 분할확대법으로 만들어낼 수 있을 듯 합니다. 말하자면 원판 사진을 20개 등분으로 쪼개서 복제할 타산입니다. 그 다음 그 필름 조각을 환등기에 넣어 고정시킨 뒤 사진 종이에 빛을 주어 확대된 사진을 만들어내면 되지 않겠습니까? 그 다음 그 조각사진들을 전시 패널 위치에 따라 이어 붙이면 22미터 거폭의 사진이 완성된다고 봅니다. 이런 방법으로 연변에서 22미터까지는 아니더라도 꽤 큰 사진을 제작해낸 경험이 있습니다."

그의 말을 들은 관장은 뭔 말인 지 파악이 서지 않아 반신반의하면서도 지금으로선 다른 방법이 없는지라 한번 시도해보라고 했다.

범송은 먼저 확대된 사진을 현상해내기 위한 너비 2.35미터, 길이 2미터인 그릇 두개를 만들어 각각 현상액과 고정액을 담도록 하였다. 한 필름으로 그렇게 큰 사진으로 확대하면 화질이 떨어지기 때문에 구역분할법을 썼던 것이다. 즉 확대한 원판 사진에 줄을 쳐서 20개 조각으로 분할한 다음 그 조각들을 핫셀 사진기로 정밀하게 찍어 조각필름을 제작하였다. 그런 다음 그 조각필름으로 너비가 2.27되는 사진들을 재생시켰다.

문제는 '그렇게 큰 사진을 어디에서 어떻게 확대 제작하느냐'였다 범송은 영화관을 빌어 거폭의 사진을 진열해보기로 하였다. 대낮에 영화관 영사막 부근에 현상약과 고정액 두 그릇을 놓고 거기에 현상약과 고정액을 각각 담아놓고 기다렸다. 그리고 사진 종이를 고정시킬 자리를 다 잡아놓고 고정시키는 연습도 해보았다. 그런 다음 환등기에 구역필름을 넣고 벽에 고정시킨 사진 종이에 비추어 노출시키는 재현도 해보고 사진현상 재현도 하여 모든 작업절차와 방법을 숙달하였다.

저녁에 영화가 끝나자 모든 출입통로를 엄밀히 봉쇄하고 이미 모의실험을 해본 방법대로 다들 자기 자리에서 맡은 바 일들을 일사분란하게 진행하였다. 모든 준비가 되자 영화관 안의 모든 조명을 끄고 붉은색 전등만 약하게 비치게 하였다.

그리고 먼저 사진 종이를 벽에 고정시키고 환등기로 구역필름을 비추어 사진 종이에 노출을 시켰다. 구역필름이 20조각이기에 20번을 노출시켜야 했다. 다음으로 집중하여 이미 노출된 구역 사진 종이를 현상약에 넣어 사진이 나타나게 하고 그런 다음 고정액에 넣어 사진영상을 고정시키고 그 사진을 걸어서 자연건조시켰다. 이렇게 하여 거폭의 구역사진 제작을 마무했다. 분할된 구역사진이 제작되자 안도의 숨을 내쉬었다. 다들 황범송의 사진제작술에 감탄하면서 처음으로 이런 희한한 경험을 하게 되였다며 흥분했다.

그 다음은 미술설계의 요구에 따라 이미 만들어진 20장의 구역사진을 원판사진에 따라 한 점씩 정밀하게 붙였다. 아주 섬세하고도 과학적인 작업이었다. 더구나 모택동 주석이 진영귀와 악수를 하는 정치성이 강한 사진이기에 조금의 오차라도 생기면 정치적 책임을 져야 했다. 범송의 정확한 제작과 지도, 농업전람관 사업일군들의 책임적이고 희생적인 노력과 분투로 22미터 되는 거폭사진이 만들어졌다.

이런 초대형 거폭사진까지 제작하였으니 일반적인 몇 미터 되거나 그보다 작은 사진 제작들은 더 말할 여지가 없는 식은 죽 먹기였다. 북경의 농업전람관의 사진전람에는 길림성의 농업성과를 반영하는 내용으로 연변의 최죽송의 과학적으로 벼농사를 지어 높은 소출을 낸 선진 사적을 보여주는 사진이 전시되었다. 이 사진들은 범송이 직접 촬영한 사진들이었다. 북경 농업전람관에서 성 차원의 사진전람관을 꾸린 경우 범송이 복제하여 보낸 사진필름으로 각 성·시 농업성과전람관을 꾸렸던 것이다. 길림성 농업전람관의 사진들은 범송이 북경에서 만들어 보낸 사진이었다.

북경 농업전람관에서는 황범송의 공로와 뛰어난 사진 제작기술에 탄복하여 그를 농업전람관에 전근시키려고 하였다. 그러나 황범송은 나서 자란 고향 연변에서 사업하겠다면서 북경으로의 전근을 거부하였다. 그 후부터 범송은 북경 농업전람관을 마음대로 드나들 수 있었고 여러모로 도움을 받기도 하였다. 범송은 북경 민족문화궁에도 초청되어 두 번이나 전국 성 차원 전람관의 사진제작을 맡았다. 그리고 신화사와 중국도편사에도 자주 다니면서 교류도 하고 사진 필름현상과 작품제작도 하였다.

총구멍 앞에서 지켜 낸 사진

2011년 중국 조선족의 걸출한 항일투사이자 대표였던 주덕해 동지 탄신 100돌을 기념하여『민족화보』는『충성스러운 전사, 민족의 본보기』란 제목으로 주덕해의 일생을 반영한 61점의 사진을 실었다. 이 사진 중에서 3점을 제외하고는 모두『주덕해동지 기념화집』에서 선정한 것이었다. 2008년 9월 연변조선족자치주위원회에서 수집, 편찬한 이 기념화집에는 도합 124점의 사진이 수록되었는데 그 중 황범송 개인이 제공한 사진이 113점이나 되었다.

이 사진들은 주덕해 동지가 1949년 3월에 연변지구위원회 서기로 임명되면서부터 1967년 4월 연변을 떠날 때까지 18년 동안 연변의 경제, 문화, 사회 발전과 여러 민족의 대단결을 위해 마멸할 수 없는 기여를 한 이모저모를 반영한 우리 민족의 귀중한 문화재이다. 문화대혁명 시기 '반란파'들이 주덕해 동지의 흔적을 지워버리려고 날뛰던 동란의 연대에 황범송은 이런 재부를 어떻게 보존해 온 것일까?

1967년 4월의 어느 날, 범송은 취재차 시내로 나갔다가 사무실로 돌아와 보니 사무실은 온통 난장판이 되어있었고 궤짝에 넣어두었던 몇 만 장의 사진이 몽땅 사라져버렸다. 당시 사무실에는 한 사무실에서 근무하고 있는 신문사 촬영조의 한 '반란파'가 다리를 포개고 걸상에 앉아 거들먹거리고 있었다. 바로 사광부였다. 범송이 '반란파'에게 왜 사진들이 보이지 않느냐고 물으니 '반란파'가 기고만장해서 말했다.

"사진들을 몽땅 치워버렸소. 궤짝에 들어있는 사진들은 모두 '잡귀신'들을 찍은 것이고 '문화대혁명' 전의 사진들은 한 장도 쓸 수 없다는 상급의 지시가 내려왔소. 방금 사진들을 마대에 넣어 보일러실에 맡겨 태워버리라는 임무를 주었으니 그리 아시오."

순간 범송은 머리를 몽둥이에 맞은 듯 했고 억장이 무너졌다. 얼마나 애지중지하던 귀중한 사진들이었던가? 범송은 1952년부터 15년간 신문사 촬영기자로 사업해오는 동안 연변의 산과 들을 메주 밟듯 누비면서 수만 장의 귀중한 사진들을

주덕해 동지 명예회복대회 전경(위, 전창식 촬영)과 '주덕해동지생평사진전'을 관람하는 사람들.

찍고 소장했다. 그러한 사진들에는 새 중국이 성립된 후 나라의 주인이 된 기쁨을 안고 생활하고 일하는 연변인민들의 행복한 모습, 날마다 변모해가는 변강의 모습, 그리고 번영 부강한 연변을 건설하기 위해 노심초사하시는 연변 지도일군들의 모습들이 진실하게 담겨있었다. 이러한 사진들을 역사에 남기기 위해 황범송은 사활을 걸었다. 파노라마처럼 펼쳐지는 이왕지사들을 생각하노라니 가슴은 더구나 부글부글 끓어올랐다.

"황 선생은 이번에 사진을 몽땅 압수하고 태워버리는데 대해 어찌 생각하오?"

범송은 아무 말도 하지 않았다. 그는 사진들이 이미 잿더미가 되었을까봐 가슴을 졸이고 있었다. 생각 같아서는 당장 보일러실에 달려가 사진들의 운명이 어떻게 되였는지 두 눈으로 확인하고 싶었다.

"황 선생이 찍은 사진에는 주덕해 사진이 특히 많지요. 주덕해를 철저히 타도하려면 그의 영혼까지 말끔히 없애야 한단 말이요."

일장 연설에 득의양양한 '반란파'가 이번에는 괴춤을 더듬거리더니 윤기가 흐르는 새 권총을 꺼냈다.

'반란파'는 그 권총을 황범송의 코앞에 꺼내놓으며 말했다.

"이 총을 누가 주었는지 아시우?"

범송이 아무 대답도 하지 않자 '반란파'가 어깨를 으쓱하며 말했다.

'이 권총은 바로 모원신이 준 거요. 황 선생은 입장을 똑똑히 해야 할 거요. 조만간에 황 선생 집에 가서 '잡귀신'들이 더 있는 지 뒤져볼 거요. 사진을 감추거나 조직을 속이면 가차 없이 징벌할거니 명심하란 말이오."

말을 마친 '반란파'는 야릇한 미소를 지었다. 자기 말을 안 들으면 총에 맞아 죽어도 억울함을 하소연할 데가 없다는 섬직한 위협이었다. 점심시간이 되자 '반란파'는 밥을 먹으러 집으로 돌아갔다. 범송은 그가 사무실을 나가자마자 부리나케 보일러실로 뛰어갔다. 점심시간인지라 보일러공들은 한쪽 편에 딸린 휴게실에서 밥을 먹고 있는지 보이지 않았고 사진을 넣은 마대 몇 개가 아궁이 옆에 버려져있었다. 천만다행이었다. 범송은 잰걸음으로 사진을 넣은 마대 곁으로 다가가 두리번거릴 사이도 없이 무작정 그걸 둘러메고 나왔다. 당금 심장이 튀어나올 듯 박동이 빨라졌다.

그는 잽싸게 보일러실에서 나와 신문사 2층 옥상으로 올라갔다. 빙 둘러보니 옥상 난간 이음새에 사진을 감출만한 은밀한 곳이 있었다. 범송은 쥐도 새도 모르게 사진을 그곳에 감추어두었다. 며칠 뒤 '반란파'들의 눈을 피해 옥상에 감춰둔 사진을 집에 가져왔다. 그는 도배를 한 천정을 뜯고 거기에 사진을 감춘 뒤 다시 새롭게 도배했다. 얼마 후 '반란파'들이 집에 찾아와 집안을 발칵 뒤집었다. 집안을 샅샅이 뒤졌지만 다행히 천정에 있는 사진들은 발견하지 못했다.

어느덧 십여 년이라는 속절없는 세월이 흘러지나갔다. 그 사이 주덕해 동지는 역사의 '죄인'이 되어 비판투쟁을 받다가 외딴 곳에 쫓겨 가서 병마와 싸우다가 억울하면서도 고독한 생을 마감했다.

1978년 6월, 연변조선족자치주 당위원회에서는 주덕해 동지 명예회복대회를 성대히 개최하고 그가 눌러 썼던 억울한 누명을 말끔히 벗겨주기로 하였다. 당시 연변조선족자치주 당위 조남기 서기가 사업일군들에게 대회장 입구에 걸어놓을 주덕해 동지의 사진을 구해오라고 당부했다. 사업일군들이 주덕해 동지의 가족을 찾아갔지만 한 장의 사진도 구하지 못했다. 성 당위 서류관, 주 당위 서류관에서도 주덕해 동지의 사진을 찾을 수 없었다. 사업일군들이 신문사, 출판사, 연변대학 등 단위들을 참빗질하듯 훑었지만 역시 헛물만 켰다. 사업일군들이 마지막 걸음으로 연변박물관 김만석 관장을 찾아서 상황을 설명하고 사진을 구할 수 없겠는가 물었다. 마침 그 자리에 황범송도 있었다. 범송이 그 사업일군에게 넌지시 물었다.

"대회장 입구에 사진 한 장만 건다는 말씀입니까?"

"네, 지금은 거기에 걸 사진 한 장마저 없어서…"

"저한테 방법이 없는 건 아닙니다. 하지만 사진 한 장만 건다면 저는 있는 사진을 내놓지 않을 겁니다."

"무슨 뜻입니까? 사진이 여러 장 있다는 말씀입니까?"

"저에게 주덕해 동지의 사진 100여 장이 있습니다. 주덕해 동지 명예회복대회

1948년 3월 주덕해가 하얼빈에서 조선의용군 제3지대 정치위원으로 활동할 때 전우들과 찍은 사진. 두 번째 줄 왼쪽에서 4번째가 주덕해.

를 계기로 '주덕해생평사진전람'을 개최한다면 사진을 몽땅 내놓겠습니다."

사업일군은 십년 가물에 단비를 만난 듯 얼굴에 화색이 돌았다.

"제가 인차 지도부에 상황을 보고 드리고 곧장 연락드리겠습니다."

이튿날, 주 당위 비서장 김동기 동지가 부랴부랴 범송을 찾아왔다.

"주덕해 동지 사진 100여 장이 있다고 들었는데 사실입니까?"

"제가 어찌 실없이 거짓말을 하겠습니까?"

김동기는 범송의 확답을 듣고 너무 격동되어 두 손을 덥석 잡고 물었다.

"그 험악한 세월에 그 귀중한 사진들을 어떻게 보관하였습니까?"

범송은 사진을 보관하게 된 자초지종을 말씀드리고 나서 목숨으로 사진을 지켜낸 이유까지 밝혔다.

"저는 주덕해 동지와 접촉하면서 그의 고상한 품성에 많은 감동을 받았고 목

황범송이 촬영해 보관한 주덕해 사진

① 1949년 3월 중국공산당 연변지위 서기 겸 연변전원공서 전원 시절의 주덕해
② 1950년 9월 당 중앙과 모택동 주석에게 보내는 연변인민의 축하편지에 서명하는 주덕해(오른쪽 첫 번째).
③ 1952년 9월 연변조선민족자치구 초대 수석 주덕해(가운데)와 부주석 동옥곤(董玉昆, 왼쪽), 최채(崔采, 오른쪽)의 기념촬영.

④ 1960년 5월 농업전문가들과 함께 벼 성장 상태를 살펴보는 주덕해(왼쪽).
⑤ 1966년 9월 연변군분구 정치위원 시절의 주덕해(왼쪽)가 연변군분구 사령권 송국화(宋國華), 제2정치위원 조남기(趙南起)와 담소하고 있다.
⑥ 1967년 4월 주덕해가 연변을 떠나며 찍은 마지막 사진.

숨으로 사진을 지켜 내리라 맘먹었습니다."

"황 선생은 정말 대단한 일을 해냈습니다. 조남기 동지는 사업일군의 회보를 듣고 주덕해 동지 명예회복대회를 개최하는 노동자문화궁에서 '주덕해생평사진전람'도 함께 하라고 지시하였습니다. 그런데 이제 3일 밖에 남지 않았는데 가능하겠습니까?"

"박물관 사업일군들이 하나 같이 힘을 합친다면 기한 내에 임무를 완수할 수 있습니다."

그날부터 연변박물관의 사업일군 40여 명은 '주덕해생평사진전람' 준비에 박차를 가했다. 범송이 사진을 현상하면 김만석 관장이 조수가 되어 사진을 말리고 다른 관원들은 사진액자 제작에 일손을 모았다. 그들은 밤에도 일손을 놓지 않았고 숙박을 박물관 안에서 해결했다. 모든 관원들이 일심협력한 보람으로 전람준비를 하루 앞당겨 완수할 수 있었다.

'주덕해생평사진전람'이 마무리되었다는 소식을 접한 조남기 동지가 대회를 하루 앞두고 주덕해 부인 김영숙과 전인영, 조용호 등 주급 당·정 지도일군 100여 명을 거느리고 전시장에 나타났다. 조남기 동지는 전시장을 꼼꼼히 둘러보고 나서 범송의 두 손을 꼭 잡고 "황 선생은 연변의 보배입니다"라고 치하해 주었다.

이튿날 주덕해 동지 명예회복대회가 노동자문화궁에서 개최되었고, 3천명에 달하는 대회참가자들은 '주덕해생평사진전람'을 둘러보고 감회를 금치 못했다.

대회 이튿날부터 자치주 전역에서 사진전을 보러 사람들이 구름처럼 노동자문화궁에 몰려들었다. 전시회를 보려는 사람들이 점점 늘어나자 수요를 만족시키기 위해 연길시 인민극장과 연변박물관에서도 별도로 '주덕해생평사진전람'을 꾸렸다. 몇 년간 연변박물관에서만 전국 각지에서 찾아 온 관람객 80만 명을 접대했다. '주덕해생평사진전람'은 그 후에도 주덕해 동지 탄생 기념일 등을 계기로 지금까지 주기적으로 개최되고 있는데 추모의 열기는 식을 줄을 모르고 있다.

왕일지(王一知) 여사를 찾아서

1982년 연변박물관에서는 연변조선족자치주 창립 30주년 기념행사의 일환으로 '연변혁명투쟁사' 대형 사진전람회를 계획하고 몇 년 전부터 사업일군들을 조직하여 전시관 준비사업을 하였다. 지도부에서 작성한 「연변인민혁면투쟁사전시대강」이 나왔고 전시공작인원 배치란에는 "촬영, 도편제작에 황범송, 전종윤, 김정수, 이영철"이라고 명시되어 있었다. 이는 연변박물관이 개관한 이래 첫 대형전시였다.

이 전시는 구민주주의혁명과 신민주주의혁명시기 연변의 여러 민족인민들이 진행한 혁명투쟁사, 특히 공산당의 영도 아래 진행한 반제반봉건 투쟁과 새 중국을 건설을 위하여 진행한 투쟁 역사를 보여줌으로써 애국주의와 혁명전통 교양을 진행함에 있어서 중요한 교재로 만들려는 데 목적이 있었다.

이러한 역사적인 임무를 맡은 황범송은 깊은 사색에 잠겼다. 지금까지 연변박물관에 소장된 사진자료로는 이 거창하면서도 엄중한 임무를 완성하기에 부족함이 너무 컸다. 어떻게 하면 부족한 역사자료들을 수집하여 대형전시회의 성공을 보장할 것인가? 그는 항일투쟁 관련 사진자료를 수집할 생각을 하던 중 문득 왕일지(王一知)여사가 금강사진관을 찾아와 자신한테 항일투쟁사진 30여 점을 인화하여 가던 일이 떠올랐다. 1946년부터 1947년까지 주보중 장군과 부인 왕일지가 연길에 거주하면서 전 동북의 혁명사업을 지도하던 때의 일이었다. 금강사진관 사진학도였던 범송은 당시 연변지방 당위원회와 정부의 촬영요청에 응하여 주보중, 왕일지를 비롯한 당정 지도자들의 사업시찰 장면과 사회활동 장면을 자주 촬영하여 당시 당안 관리를 책임진 왕 여사한테 바쳤다.

비록 30여년 세월이 흘렀지만 왕일지를 찾아가면 그 때 그 사진들을 수집할 수 있지 않을까? 당시 왕일지는 늘 범송을 "쇼황(小黄)"이라고 정답게 부르면서 자기가 직접 걸음하거나 통신원을 보내 많은 사진들을 인화해갔다. 그 일부 사진은 그가 직접 찍은 거였고, 대부분 사진은 왕일지가 소장한 귀한 것이었다.

해방 직후 왕일지의 모습

(그래, 맞아! 왕일지를 찾아가면 의외의 소득이 있을 거야! 암, 있고말고…)

생각이 굳어지자 그는 곧바로 그 생각을 지도부에 반영하였다. 지도부에서는 아주 긍정적인 반응을 보이면서 하루 빨리 움직이라고 고무해주었다. 허락이 떨어지기 바쁘게 그는 무작정 기차를 타고 북경으로 향했다. 왕일지의 연락처조차 모르는 상황에서 일단 북경에 가서 인맥이란 인맥을 다 동원해 접촉해보리라 마음먹었다.

우선은 전에 친해두었던 군사박물관 관장을 찾아갔다. 관장은 몹시 반가워하면서도 눈이 휘둥그레 되물었다.

"당신이 어찌하여 왕일지를 안단 말이요?"

관장은 수소문하면 연락처는 알아낼 수 있겠지만 만나는 일은 쉽지 않을 거라고 했다. 범송은 연락처만 따주면 만나냐 못 만나냐는 자기 몫이라고 하면서 전에 왕일지와의 특별한 인연을 강조해서 말했다. 그러면서 자치주 30주년 기념행사의 일환으로 대형사진전 임무를 맡고 왔으니 모쪼록 왕 여사를 만나야 한다고 얘기했다.

그러자 관장님은 왕일지는 현재 중앙민항국 국장이기에 그런 위치에 있는 고

1946년 12월 주보중이 길림민주학원 교직원들과 찍은 사진.

위영도를 만나는 게 쉬운 일이 아닐 거라고 했다. 그러면서 요행 얻은 왕 여사 자택 전화번호를 건네주었다.

범송은 일단은 군사박물관초대소에 숙박을 정하고 조심스럽게 전화를 걸었다.

"안녕하십니까? 왕 여사님."

"누구신데요?"

귀에 익은 목소리였다.

"저는 연변에서 온 황범송입니다. 전에 저의 금강사진관에 오셔서 자주 사진을 인화해가셨잖습니까? 제가 그 사진관의 '쇼황'입니다."

"아, 그 사진관의 '쇼황?' 기억하구말구. 무슨 일로 이렇게 전화까지?"

"제가 지금은 연변박물관에서 전직사진사로 일합니다. 연변조선족자치주가 성립 30주년을 맞아 연변혁명투쟁사 관련 대형사진전시를 하게 됩니다. 제가 그 전시임무를 맡았는데 그때 주보중 장군께서 사업하시던 사진자료들이 필요하여 찾아뵙고자 합니다. 우리 연변인민들은 주보중 장군을 잊지 않고 있습니다."

"자치주가 벌써 30주년이 되였나요? 축하드릴 일이네요! 저의 부부도 연변인민들을 한시도 잊은 적이 없습니다. 아무튼 먼 길을 오셨는데 일단은 만나서 자세한 얘기를 나누도록 합시다."

왕일지는 황범송과 통화하면서 몹시 흥분한 목소리로 말했다. 그러면서 자기는 지금 천안문광장 동쪽 동단 장군아파트구역에 살고 있으니 내일 아침 8시경에 찾아오라고 하였다.

왕일지를 만날 생각에 잠을 설친 범송은 아침 5시에 초대소를 나섰다. 여기저기 묻고 또 물어서 요행히 장군아파트구역에 도착하였다. 그런데 아파트대문에 군인들이 보초를 서면서 찾아 온 사연을 이야기하자 그런 사람이 없다고 딱 잡아떼였다. 전화로 연락하려해도 안 된다고 했다. 아무리 사정하고 실랑이를 해봤자 먹혀들지 않았다. 배고프고 지치고 어지간히 화가 난 범송은 대문 옆에 엉거주춤 앉아 요행이라도 생기길 바라는 수밖에 없었다.

시간이 얼마나 흘렀을까? 문득 까만 자동차 한대가 대문 어구에 이르더니 안으로 들어가고 있었다. 범송이 눈여겨보니 운전기사 옆자리에 앉은 분이 바로 왕일지였다. 동그스름한 얼굴에 가는 테 안경을 걸었는데 30년 전에 봐왔던 바로 그 모습이었다. 그는 막무가내로 그 자동차를 향해 "왕 국장님…"하고 큰소리로 불렀다.

하지만 못 들었는지 차가 그냥 들어갔다. 그는 급히 문지기에게 호통 쳤다.

"저분이 바로 왕일지인데 당신들은 왜 그런 사람이 없다고 핑계 대는 거요? 왕 여사께서 이 시간에 찾아오라고 해서 찾아 온 건데 문전박대해도 된다는 말이요? 당신들이 이 후과를 책임질 건가요?"

그가 흥분해서 항의하자 문지기의 태도가 좀 누그러졌다. 이 참에 그는 초소의 전화를 빼앗다시피 하여 왕일지한테 전화를 걸었다. 수화기를 든 왕 여사는 안 그래도 기다리던 중이라고 하면서 전화를 문지기에게 바꿔달라고 한다. 수화기를 넘겨받은 문지기는 인차 문을 열어주면서 "죄송합니다. 수장의 안전을 위하여 그랬으니 양해하여 주십시오!"라고 하였다.

제88국제여단(동북항일연군 교도려)에서 찍은 사진. 앞줄 좌로부터 3번째가 왕일지, 4번째가 주보중이고, 5번째가 김일성 주석이다.

황범송이 초인종을 누르자 문이 열리면서 반가워하는 목소리가 들려왔다.

"어이구, 어디 봐요. 쇼황, 자네가 우리 집에까지 오다니?"

"왕 국장님, 안녕하십니까?"

"그럼, 그럼. 어서 들어오게!"

말을 마친 왕일지는 우리말로 민요 "아리 아리랑…"을 부르면서 덩실덩실 춤까지 추었다. 그의 눈에는 어느새 눈물이 홍건히 고여 있었다. 순간 코마루가 찡해진 그도 함께 "아리 아리랑…"을 부르면서 춤을 추었다.

"내가 북경에 온 다음 처음으로 우리 집에 찾아 온 조선 사람이구만! 연변인민들 잘 지내고 있지요? 우리 부부는 연변에 특별한 감정을 가지고 있습니다. 쇼황은 그 이유를 알려나 모르겠네?"

왕 여사는 과일을 내오고, 녹차를 따라 준다하면서 분주했다. 30여 년 전 연변을 주 무대로 조선족 노래를 함께 부르고 조선족 춤도 함께 추던 왕일지는 그를 만나자 다시 그 노랫말이 떠오른 모양이었다. 너무나 감동적인 순간이었다.

그는 몸 둘 바를 몰라 하다가 왕일지의 손에 끌려 접대실의 푹신한 소파에 몸을 맡겼다.

"쇼황, 이렇게 찾아줘서 정말 반갑네. 그리고 연변인민들이 지금도 주보중 장군을 기억하고 있다니 너무 고맙네!"

"연변인민들이 누구를 잊어도 주보중 장군을 잊으면 안 되지요. 그 마음은 아마도 강산이 열 번 변한다 해도 끄떡없을 겁니다!"

황범송은 부풀어 오르는 감정을 억누르고 나서 정중하게 찾아 온 연유를 얘기했다.

연변조선족자치주 성립 30주년 기념일이 1982년 9월 3일이어서 대형전시를 해야 하는 데 손에 있는 자료가 너무 취약해서 이렇게 염치 불문하고 용기를 내서 찾아왔다는 얘기를 또 드렸다. 그러면서 과거 왕 여사께서 의뢰했던 사진자료들이 이번 사진전에 십분 필요하다는 얘기도 드렸다.

왕일지도 정색하며 그의 이야기를 듣더니 자기도 극력 도울 수 있는 일이면 도와드리겠다고 하였다. 그러면서 당 중앙의 지시로 자기가 주보중 장군의 자료를 비롯하여 여러 항일투쟁 관련 자료들을 소장하고 있긴 하나 이는 극비자료로 아무한테도 보여 줄 수 없고 더구나 한 점의 사진도 문밖으로 나가지 못하도록 규정되어 있다고 하였다. 특히 '문화대혁명'시기에 반란파들에 의해 일부 자료들이 분실되었기에 지금은 더구나 엄하게 관리하는 중이라고 했다. 중앙박물관이나 군사박물관에서도 자료공유를 요청해왔지만 잠시 보류하기로 했다고 덧붙여 말했다.

당시 운남출판사에서 주보중에 관한 50만자 분량의 책을 내게 되면서 책에 넣을 사진을 요구하는 데도 아직 주지 못했다고 했다. 하지만 연변인민한테만은 규례를 타파하면서라도 제공해 드려야 하는데 이 숙제를 어떻게 풀어야 할지가 우려된다고 하였다.

북경에 들어오기 전부터 이런 규정에 대처할 방법들을 생각해둔 범송은 조금

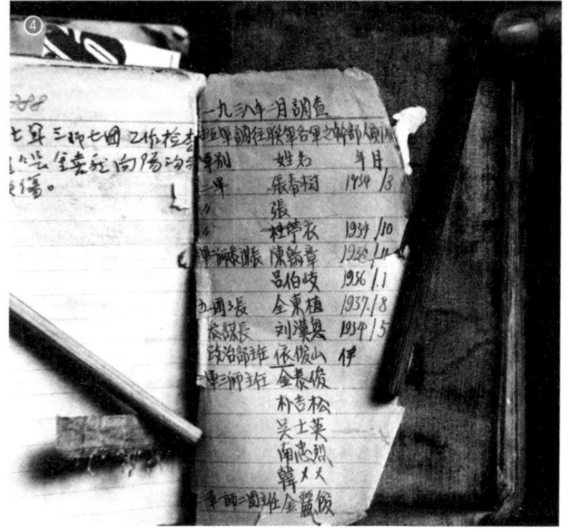

① 1944년 소련 하바로프스크에서 찍은 주보중과 왕일지 부부사진.
② 동북항일연군 시절 산속에서 주보중이 사업하였던 밀영.
③ 1947년 가을, 용정에 있는 동북군정대학 길림분교에 다녀와 딸 주위(가운데)와 기념사진을 찍은 주보중.
④ 70여 권에 달하는 주보중의 일기책에는 조선족 항일투사들의 이름이 적지 않게 적혀있다.

도 당황해하지 않고 왕 여사한테 자신만의 생각을 터놓았다.

“중앙의 규정대로 사진 한 점도 유출하지 못한다면 원시 당안에 아무런 손상이 없이 필요한 사진자료만 복제해가는 방법이 있습니다. 바로 이 집안에서 제가 사진기로 필요한 사진들을 찍은 다음 그 필름만 가져가는 방법입니다.”

“우리 집이 사진관이면 몰라도 그게 가능하단 말이오?”

왕일지는 반신반의하는 얼굴로 되물었다.

“그럼요, 제가 미연에 그럴 거라 여겨서 장비를 챙겨가지고 왔습니다. 왕 국장께서 사진을 볼 수 있게만 해준다면 당장에서 찍어서 지정해놓은 사진관에 필름을 의뢰해 인화하면 됩니다. 이참에 인화해서 증거로 왕 국장님께 드리고 저는 그냥 필름만 가져가면 됩니다."

"요즘은 사진관에 가서 사진 찍어도 달포가 지나야 찾아가라 하던 데 그게 순식간에 가능하단 말이요?"

왕 여사는 그 때까지도 반신반의하는 태도였다. 그러면서 사진 몇 점을 내놓을 테니 오후 세시까지 사진을 만들어 보라고 하였다.

왕일지는 1946년 주보중이 개털 모자를 쓰고 찍은 단체사진 한 점을 내놓았다. 1946년 12월, 길림성 민주학원 원장인 주보중이 교직원들과 함께 찍은 기념사진으로, 당시 왕일지의 지시에 따라 그가 큰 사진기로 촬영한 것이었다.

그는 즉시 핫셀 사진기를 꺼내들고 창문 가까이 광선이 좋은 곳을 택해 감광도, 조리개를 조절하고는 조심스레 셔터를 눌렀다. 촬영이 끝나자 그는 부랴부랴 사진기 가방을 메고 왕일지 댁을 나섰다. 그는 전에 농업전람관 전시작업을 할 때 제집처럼 활용한 중국도편사를 찾아갔다. 부사장이 그를 반가워하면서 점심약속부터 잡았다. 그는 밥은 나중에 먹기로 하고 작업공간부터 내놓으라고 들이밀었다. 그러면서 이건 중요한 사진인 만큼 본인이 직접 필름현상을 할 거라고 하면서 협조를 부탁했다.

부사장은 보아하니 급한 걸음을 한 모양인지라 더 실랑이질 할 사이도 없이 암실을 내주었다. 그는 곧장 암실에 들어가 자체로 현상약을 풀고 필름을 현상하였다. 그가 현상한 필름은 다른 필름보다 맑고도 입자가 부드럽고 명암도가 적당하였다. 부사장도 감탄을 금치 못하였다. 그는 이어서 인차 확대기로 6촌 규격 사진 3점을 확대하였다. 다들 그의 암실기술이 대단하다고 칭찬했다. 시간이 허락되면 도편사 분들한테 강의를 해달라고 부탁까지 하였다.

순식간에 일을 마치고 왕일지 집에 다시 돌아 온 그는 왕일지한테 새로 확대해 온 사진 3장을 보여드렸다. 사진을 받아 쥔 왕일지는 너무도 감동되어 "쇼황은 옛날이나 지금이나 일하는 본새가 여전하구먼. 나는 이렇게 신용을 지키는 사람을 좋아하오. 번갯불에 콩 구워 먹는다는 얘기는 이런 때를 두고 하는 말이 아니

1982년 9월 1일 연길기차역에서 악수를 나누는 왕일지(오른쪽 1번째)와 교수귀.

오."라며 칭찬을 아끼지 않았다.

이렇게 되자 왕일지는 운남출판사에도 사진을 제공할 수 있게 됐고, 연변인민들에게도 미안하지 않게 사진을 제공할 수 있게 됐다면서 이거야말로 일거양득이라고 기뻐하였다. 만면에 미소를 머금은 왕일지는 한시름 놓고 내일부터 아예 자기 집에 와서 사진자료를 선택하고 복제해가라고 하였다. 너무 격동된 그는 왕일지한테 허리 굽혀 인사 올리고 이튿날부터 작업을 시작하였다.

왕일지는 사범대학을 졸업하고 밀산(密山)에 들어가 교원사업을 하였는데 공산당원이란 신분이 탈로나자 조직의 지시대로 밤중에 도주하여 산 속에 있는 사령부의 주보중을 찾아갔다. 처음에 그는 주보중의 비서, 후에 당안비서를 맡으면서 대량의 자료들을 보관하고 있었다. 후에 그는 주보중과 결혼하고 남편을 따라 소련으로 이동해 제88국제여단 중위로 있었다. 소련홍군이 동북에 진출할 때 주보중등과 함께 돌아와 동북근거지 창설과 중국 내 해방전쟁에 헌신했다.

중공중앙 노항일연군참관단과 연변 항일연군 참가자 동지들이 참가한 특별좌담회 모습. 오른쪽 3번째가 왕일지이고, 4번째가 교수귀, 5번째가 여영준, 7번째가 조남기 서기다.

다음날 아침, 그가 집에 이르자 왕일지가 의상을 바꿔 입으면서 병원에 다녀올 거라고 하였다. 그러면 돌아가겠다고 하자 왕일지는 그냥 혼자서 조용히 작업해도 되니 부담 갖지 말고 알아서 방에 있는 서류들을 보면서 촬영하라고 배려해줬다. 배고프면 식탁에 갖춰놓은 음식을 맘껏 드시면서 일하라는 분부도 잊지 않았다. 이건 그에 대한 최대의 신임이고 사랑이었다. 순간 코마루가 찡해나면서 눈물이 핑 돌았다. 아무도 없는 집에서 그는 부지런히 서류들을 뒤지면서 첫날엔 촬영할 페이지마다 딱지를 끼워놓았다.

다음날도 왕일지는 병원으로 갔다. 그는 계속해서 문서를 찾은 다음 오후부터는 집중해서 촬영했다. 이틀 동안 촬영하였는데 120형 필름 10개를 다 찍었다. 촬영을 마치자 그는 즉각 중국도편사에 가서 직접 필름을 현상하고 사진 확대도 하

였다. 그리고 제작한 사진 수십 점을 왕일지에게 차질 없이 전달했다.

1939년 여름, 동북항일연군 제1로군 경위려의 일부 지휘원과 전투원들. 이들은 모두 얼마 후 전사했다.

앉은 자리에서 사진을 받아 쥔 왕일지는 몹시 기뻐하였다. 그러면서 언제든 사진이 필요하면 찾아오라고 하였다. 그는 작별인사를 하여야 하는데 그 사이에 받은 은총이 너무 커 어떻게 감사를 드려야 할지 망설였다. 고민하던 끝에 왕일지한테 이런 말을 건넸다.

"이번에 국장님의 도움으로 저는 임무를 훌륭히 완성하였습니다. 부디 자치주 성립 30주년 기념행사에 오셔서 대형사진전시를 관람하시고 연변인민들과 함께 명절의 즐거움을 만끽하시면 좋을 터인데…"

1982년 9월 조남기(가운데) 등 연변의 지도자들이 '연변혁명투쟁사' 전시회를 관람하고 있다. 왼쪽의 여성해설강사가 황범송의 딸 황명옥이다.

그러자 고운 얼굴에 해맑은 미소를 머금은 왕 여사는 이렇게 답하였다.

"어쨌든 감사하오. 연변인민들이 주보중 장군을 잊지 않으시니 말이요. 그리고 이번에 쇼황이 직접 찾아와줘서 나도 큰 숙제를 풀었소. 아쉽지만 자치주 30주년 축제에는 신분상 갈 수 없을 것 같소."

"그게 무슨 말씀입니까? 어떻게 하면 오실 수 있는지요?"

"조남기 서기가 나를 초청하면 갈 수 있을지, 다른 사람이 초청해서는 신분상 갈 수 없을 거요."

"그렇다면 제가 이번에 돌아가면 조남기 서기한테 이 모든 걸 보고 드리겠습니다."

"감사하오. 그러면 다음 기회에 다시 만날 수 있으려나? 아, 한 가지 깜빡 할 뻔했네. 연길로 돌아가거들랑 나의 이름으로 사탕 두어 봉지 사서 교수귀 동지한테 드리오. 오래 동안 뵙지 못해 문안을 전하더라고 말이오."

'연변혁명투쟁사' 전시회를 관람하고 있는 시민들.

왕 여사는 이렇게 말하면서 눈물이 글썽해 서 있는 그의 호주머니에 십 원짜리 몇 장을 넣어주었다. 연길로 돌아온 그는 연변박물관 김만석 관장한테 모든 걸 상세히 회보하였을 뿐만 아니라 직접 중공 연변주위 김동기 비서장을 찾아 보고하면서 조남기 서기더러 꼭 왕일지한테 초청서한을 보내주기를 바란다고 하였다.

김 비서장은 몹시 기뻐하면서 "황 동무는 어떻게 왕일지를 찾아 갈 생각을 했소? 귀한 역사사진을 복제해 온 것도 대단한 일이지만 이 기회에 왕일지를 초청할 수 있게 되여 우리로는 더 기쁘단 말이오. 아무튼 황 동무는 못 말리는 프로라니깐!"라며 칭찬을 아끼지 않았다.

그가 전시준비에 밤과 낮이 따로 없이 분전하고 있던 어느 날, 조남기 서기가 직접 불렀다.

"황 동무가 왕일지를 찾아 가 행사에 초청까지 했다면서요. 참 잘했소."

"제가 감히 월권해서 그런 일을 저질렀습니다. 왕 여사도 연변이 몹시 그립다면서 의향을 밝혔습니다."

"좋소. 나는 이미 비서장더러 왕일지한테 초청장을 보내라고 하였소. 그리고 그때 연변 일대에서 항일투쟁을 하던 나이든 동지들도 함께 초청하여 왕일지를 만나보게 하겠소."

사건은 이렇게 예상 외로 커져갔다. 김동기 비서장은 왕일지한테만 초청장을 보냈을 뿐만 아니라 전국 각지에 생존해 있는 연변 항일투쟁 노 동지들 30여 명도 청하여 북경에 모이게 한 다음 왕일지와 함께 같은 기차를 타고 연변에 오도록 배려하였다.

1982년 9월 1일, 왕일지를 비롯한 전국 각지의 연변 항일투쟁 참가자 동지 30여 명이 북경에 모여 왕일지를 단장으로 한 '중공중앙 노항일연군참관단'이라는 이름으로 북경에서 출발하였다. 소식을 접한 김동기는 전화로 그를 찾았다.

기차가 연길역에 도착하자 왕 여사께서 벌써 차창 문으로 밖을 내다보다가 그를 발견하고 손을 흔들었다. 차가 완전히 멈추자 비서가 먼저 내리고 바로 뒤에 왕일지가 내렸다. 그를 본 왕일지가 무작정 포옹하였다. 그가 김동기 비서장을 소개하자 서로 뜨거운 악수를 나눴다. 마중을 나온 교수귀를 보자 왕 여사는 더 열렬한 악수를 나누며 서로의 안부를 물었다.

왕일지는 김 비서장의 안내로 조남기 서기를 만나러 출발하였다. 다른 참관단 성원들도 고급승용차에 올라 연변여관으로 갔다.

9월 2일, 연변조선족자치주성립 30주년경축대회가 열렸는데 내빈 소개 첫 순서로 '중공중앙 노항일연군참관단' 단장 왕일지를 소개하였다. 왕일지는 조남기 서기한테 대회에 드리는 축기를 직접 드렸다. 경축대회가 끝나자 조 서기는 친히 노항일연군참관단과 연변 항일연군 참가 동지들이 참가한 특별좌담회를 조직하고 친히 왕일지 동지와 함께 옛일들을 추억하였다.

조남기 서기는 발언에서 주보중 동지가 자기를 입대시키고 또 군정대학에 보내 공부를 하세 한 이야기를 하였다. 일제 패망 후 강밀봉에서 조남기는 민주대동맹 청년동맹을 조직하였다. 그때 강밀봉은 국민당점령구이어서 주보중 부대는 산에 들어가 있었다. 산에서 양식이 떨어지자 주보중이 친히 비밀리에 내려와 식량을 구하던 중 조남기가 책임진 청년동맹을 만났다. 그때 조남기는 주보중을 모를 때였다. 조남기가 물었다.

"식량이 얼마나 수요 됩니까?"

"두 마대쯤은 있어야 될 듯합니다!"

그러자 조남기가 주보중을 보고 3일 뒤 몇 시쯤 어느 곳으로 오라고 알려주었다. 주보중이 사람들을 데리고 약속된 장소에 가니 조남기가 마대에 넣은 20톤의 입쌀을 가리키면서 가져가라고 했다. 그 간고한 백색 테러 하에서 이렇게 짧은 시간에 이렇게 많은 입쌀을 장만하다니 주보중은 몹시 감동되었다. 세상에 이렇게 유능한 청년이 있구나!

이것이 바로 주보중과 조남기의 첫 만남이었다. 헤어질 때 주보중은 조남기한테 말하였다.

"나한테 무슨 요구가 없소?"

그때 조남기는 그를 그저 팔로군 수장이라고만 알고 있었다.

"저를 팔로군에 입대시켜 주십시오. 저는 참군하는 것이 소원입니다!"

그때 주보중은 동북군구 총사령원이였던지라 당장 조남기의 입대를 비준하였다.

"또 다른 요구가 없소?"

"없습니다!"

"내가 당신한테 요구를 하나 해야겠소. 당신은 입대한 다음 먼저 군관학교에 가서 공부부터 하는 게 좋을 듯한데 어찌 생각하오?"

"그렇게 된다면야 얼마나 좋겠습니까? 수장 동지!"

조남기는 너무 격동되어 눈물까지 흘렸다.

그러자 주보중은 자기가 타고 왔던 말고삐를 조남기에게 넘겨주면서 다른 군관에게 명령하여 조남기를 반석(磐石)에 있는 항일군정대학에 보내주라고 지시하였다. 그렇게 조남기는 뜻하지 않게 군정대학에 가서 공부하게 되었다.

진귀한 사진에 깃든 이야기

중국역사박물관 대청에 들어서면 모택동 주석이 우리 민족 두루마기를 입으신 사진이 보란 듯이 걸려 있다. 이 사진은 중화인민공화국 창립 첫돌을 맞이하여 당과 정부에서 전국의 소수민족 대표와 소수민족 문학예술공연단 배우들을 초청하여 명절을 함께 쇠면서 찍은 것이다. 그날 연변문공단 김동구(金東九) 단장이 두루마기를 걸친 모 주석에게 선물을 드리는 순간 신화사의 한 기자가 그 찰나를 포착하였던 것이다.

이 역사적인 사진이 1950년 10월 5일자 『인민일보』 1면에 실렸다. 하지만 이 귀중한 사진은 역사의 베일에 가려져 근 40여 연간 볕을 보지 못하였다. 이 사진 역시 황범송의 끈질긴 집착과 노력에 의해 끝내 세상에 알려졌다. 이 귀중한 사진을 누가 찍었으며 어떻게 다시 빛을 보게 되었는지 그 사연에 대해 황범송은 이렇게 말했다.

"이 사진 원판을 찾게 된 이야기를 하자면 좀 길어질 것 같습니다. 70여 연간 카메라하고 씨름해 온 나는 좋은 일, 궂은일을 많이 찍어오면서 마음 한 구석에 언제나 내려가지 않은 일이 있었습니다. 이 귀한 사진을 수집한 지도 40여 년이란 세월이 흘렀지만 모 주석께 두루마기를 입혀드린 김동구의 이름을 여태 공개간행물이나 어느 사진 전시회에서도 밝히지 못한 것입니다. 정말 가슴이 아픈 일이었습니다."

그는 이 사진을 고이 간직해 두고 있다가 연변조선족자치주 창립 30돌에 즈음하여 여러 간행물에 공개하면서 모 주석께 선물을 드리고 있는 조선족 대표의 이름을 알릴 수 없었다. 그 대표가 역사적으로 '우파분자'로 몰렸기 때문이었다. 어느 날 황범송은 이 사진 원판을 찾게 된 이야기부터 상세히 들려주었다.

1972년 연변박물관의 촬영기자로 전근하여 연변 항일투쟁사와 항일투사들의 사진사료를 수집하던 황범송은 그 시기 북경에 있는 왕일지의 자택을 찾아 가 많은 항일투사들의 사진자료를 수집하였다. 그 과정에서 중국촬영가협회 전임 초대

1950년 10월 모택동 주석에게 선물을 드리는 김동구(정경강 촬영).

주석이며 신화사 전임 부사장인 석소화를 알게 되었다. 그때 석소화는 모 주석께서 두루마기를 입은 사진은 신화사에 있는 정경강(鄭景康) 기자가 찍은 것이라고 알려주었다.

석 사장은 "정경강 기자는 일찍이 주은래, 동필무의 소개로 연안에서 팔로군 총정치부 선전부 촬영기자로 있으면서 모택동 등 지도자들의 군사, 정치, 생활 장면을 주로 촬영하였고, 후에는 신화사 기자로 활약했다"고 밝혔다. 정경강은 1944년에 모택동의 첫 표준상을 찍었으며 지금 천안문 성루에 걸려 있는 모 주석의 표준상도 그가 1964년에 찍은 것이라고 했다.

이야기를 들은 황범송은 북경 신화사 문헌보관관, 중앙선전부 신문처 등에 여러 번 찾아갔지만 그 사진을 구하지 못했다. 1977년 어느 날 신화사 기자로부터 정 기자가 요즘 심장병으로 치료를 받고 있다는 소식을 접했다. 그는 병문안도 할 겸 사진에 대해 알아볼 겸 정 기자의 자택을 찾아갔다.

"정말 딱한 사정이구만. 나에게 필름은 없고 사진 한 장이 있기는 한데 금방 찾

① "모 주석께 드리는 예물을 둘러싸고, 1950년 10월 1일 북경에서"(연변가무단 제공).
② 합창 "영웅적 조선인민은 일떠섰다!"의 한 장면(연변가무단 제공).
③ 10월 1일, 천안문 오른쪽 관례대에 오른 동북구 조선족대표단 일행.
④ 모 주석이 준 모직 중산복을 입은 고응수

아내지 못할 것 같소. 그때 그 장면을 찍기 전에 다른 주요 장면을 찍다보니 나에게는 그 때 필름 한 장밖에 남지 않았소. 모 주석께서 여러 민족 대표단을 접견하실 때 어느 대표단을 찍을 것인가 하는 생각으로 고만했었는데 마침 연변대표를 접견하실 때 모 주석께서 조선족 두루마기를 입고 선물을 받는 장면이 포착되자 머뭇거리지 않고 셔터를 눌렀지요. 그런데 그 사진이 어느 구석에 보관되어 있는지는 알 수 없고만. 좀 기다려보오."

황범송은 그 후 또 북경에 찾아가 그를 찾았다.

"그렇지 않아도 황 동무를 한번 만났으면 하던 중이요. 사진을 찾았소. 연변에 가져다 잘 보관해두오."

그는 깊숙이 간직해 두었던 사진을 꺼내 황범송한테 주었다. 연변인민들에게 아름다운 추억을 남겨준 그는 아쉽게도 1978년 심장병으로 세상을 떠났다. 건국 후 모 주석과 중앙의 지도자들이 조선족 우수 인물들과 찍은 사진은 수두룩하다. 하지만 민족복장을 입은 모 주석과 단독으로 찍은 사진은 이것이 유일무이했다.

모 주석에게 손수 두루마기를 입혀드리고 기념사진을 남긴 김동구 또한 평범하지 않은 일생을 산 인물이다. 그는 1924년 8월 29일 한국 충청남도 논산군 사절리에서 9남매 중 여덟째로 태어났다. 고향에서 소학교와 중학교를 나온 뒤 일본 오사카전의대학(大阪戰医大學)에서 둘째 형을 따라 고학하던 그는 1943년 9월 일제의 학도병 강제징병에 들어 그해 중국에 끌려왔다.

중국의 화북지구에 온 김동구 등 조선인 학도병들은 일제의 혹독한 군사훈련에 참가해야 했다. 2개월간의 훈련기간 동안 9명 조선인 학도병들은 일본 군영에서 탈출할 생각을 하게 되였으며 큰 산 두개만 넘으면 신사군(新四軍)이 있다는 소식을 얻게 되었다. 그들은 탈출할 수 있는 치밀한 행동계획을 세워 용케도 일분군영 탈출에 성공했다.

이들은 낮에는 풀이 무성한 깊숙한 곳에 숨었다가 밤이면 일본군들을 피해 험악한 산길을 따라 가시덤불을 헤치면서 끝내 항일근거지에 당도하였다. 그들은 흰 적삼을 백기삼아 들고 신사군의 품에 안겼다. 그 뒤 그들은 태항산 일대에 있는 화북 조선혁명군정학교(교장 무정, 교무장 정율성)에 넘겨졌다. 거기서 그들의 신분을 확인한 후 9명을 조선의용군 전사로 입대시켰다.

김동구는 화북 조선군정대학에서 학습하였고, 1945년 3월 중국공산당에도 가입하였다. 일본이 항복한 후 그는 조선의용군 제5지대를 따라 화북의 태항산 항일근거지로부터 동북에 진출하여 동만지역에서 근거지와 정권 건설 및 토지개혁에 참가했다. 그 후 장춘해방전쟁에서 중상을 입고 후방에서 치료를 받게 되었다. 병이 호전된 후 그는 하얼빈 동북민족사무위원회 당총지 서기로 있다가 1949년 4월 『동북조선인민보』(지금의 『연변일보』)의 총편집, 책임주필로 사업했다. 그는 1년간 신문사에서 근무하다가 1950년 5월 연변문학예술사업단 단장(지금의 연변가무단)을 맡았다. 2년간 연변문공단 단장을 지내다가 1952년에 연변조선족자치주 문화처(지금의 주문화국) 처장으로 있으면서 주문학예술연합회 주임을 겸하기도 하였다.

그러나 "하늘에는 예측하기 어려운 풍운조화가 있고 사람의 인생은 조석으로 뒤바뀐다"는 말처럼 김동구의 순탄한 인생에 빨간 불이 켜졌다. 1957년 하반기부터 중국에 불어 닥친 반우파투쟁에서 김동구는 당과 사회주의를 반대하는 '우파분자'라는 터무니없는 감투를 쓰게 되었다. 항일전쟁과 해방전쟁에 앞장서 피 흘려 싸웠던 김동구는 부득이 가족을 거느리고 해외로 피신하지 않으면 안 되었다. 그는 해외에서 1999년 8월 22일 75세를 일기로 파란만장한 일생을 마감했다. 황범송이 이 사진의 주인공이 김동구라는 걸 당당하게 세상에 공개했을 때는 이미 저 세상 사람이 된 뒤였다.

1950년 9월, 정무원에서는 중화인민공화국 건립 첫돌 경축행사에 동북구 조선족대표단을 초청하였다. 당시 연변대학 부교장 임민호(林民鎬)를 단장으로, 전국열군속노력모범 김신숙을 대표로, 한어전과학교 교도주임 조선족 범용해(潘龍海)를 통역으로 대표단을 조직하였다. 그리고 김동구를 단장으로 한 연변문공단 단원 40여 명도 대표단 수행인원으로 상경하게 되었다.

뜻 깊은 국경행사에 참여하여 모 주석의 접견을 받게 될 터인데 무슨 선물을 드릴까를 두고 단원들은 너나없이 고민이었다. 연변주위와 대표단 성원들은 의논이 분분하였다. 나중엔 연변인민들의 충성의 마음을 담은 금기와 조선 민족복장, 비단방석과 벼루를 드리기로 하였다. 그런데 아무리 수소문해도 금기와 조선 민족복장을 만들 고급스러운 비단을 구입할 수 없었다. 그래서 연변문공단의 김예삼(金禮三)을 포연이 자욱한 조선 평양에 파견하여 구입해오도록 하였다. 이어서 공예, 재단, 봉제기술자들을 배치하여 밤낮으로 선물을 만들어냈다.

금기에는 "모 주석께 드립니다!-연변 전체 조선인민 올림"이라는 글씨를 수놓았고 금기 하단에 풍작의 기쁨을 자랑하는 농민과 마치를 들러 멘 노동자의 모습을 수놓았다. 그리고 비단 천으로 조선민족 두루마기 한 견지와 용 두 마리를 수놓은 비단방석을 만들었고 장백산 특산인 검은 색 연화석으로 만든 벼루를 장만하였다.

북경에 도착한 동북구 조선족대표단 성원들은 여러 가지 준비를 다그치는 와중에도 북경의 한 사진관에 찾아가 "모 주석께 드리는 예물을 둘러싸고"란 글을 박은 기념사진을 찍었다. 그날이 바로 1950년 9월 22일이었다.

1950년 10월 3일, 공화국창립 1주년 기념행사 공연에 앞서 그들은 중남해 회인당에서 모 주석의 접견을 받았다. 김동구 단장은 동북 조선족대표들이 모 주석께 드리려고 준비한 축기, 방석, 두루마기를 갖고 입장하였다. 그때 조선족대표단은 세 번째로 모 주석께 선물을 드리게 되었다. 먼저 연변대학 임민호 부교장이 서명부 한권을 모 주석께 드렸다. 다음 김신숙이 조선족 저고리와 조끼, 바지 한 벌을 드리고 조선민족의 회색두루마기를 입혀드렸다. 두루마기의 길이와 품이 모 주석의 몸매와 잘 어울렸다. 뒤를 이어 김동구 단장이 벼루를 드렸다. 모 주석은 두루마기를 걸치고 나서 기뻐하며 손을 흔들어 사의를 표하였으며 대청에서는 우레와 같은 박수소리가 터져 나왔다. 마지막으로 배우 정영숙이 남색비단에 원앙을 수놓은 꽃방석을 드렸다.

모 주석의 접견을 받은 동북구 조선민족대표단 성원들의 마음은 더없이 격동되었다. 그들은 당과 모 주석에 대한 무한한 충성심으로 회인당(懷仁堂)에서 모 주석, 주덕(朱德), 주은래(朱恩來) 등 당과 국가의 지도자들께 조선민족 특색이 농후한 가무공연을 선보였다. 이어서 관계부문의 배치에 따라 북경에서 여러 차례 공연하여 자금성을 들썩케 하였으며 수도의 경축분위를 한 차원 높였다.

연변문공단 공연절목에서 김동구가 가사를 쓰고 연변가무단의 합창 지휘를 맡았던 박우 선생이 작곡한 노래 '영용한 조선인민 일떠섰다'가 회인당에 힘차게 울려 퍼지자 모 주석을 비롯한 중앙지도자들은 일제히 일어나 기립박수를 쳤다. 그 뒤 이 합창곡은 한어로 번역되어 레코드판에 올랐다. 그날 중국의 저명한 시인 류아자(柳亞子)가 즉석에서 '완계사(完溪沙)'를 지었다.

그 뒤 세인을 감동시키는 일들이 연이어 일어났다. 모 주석은 관계부문에 지시하여 조선족대표단 성원 43명에게 1인당 조선복장 한 벌과 모직중산복 한 벌씩을 선물하였다. 건국 초기여서 그처럼 어려운 경제상황에서 소수민족 대표들에게 그렇게 묵직한 선물을 주다니 다들 모 주석과 당 중앙의 배려에 목이 메었다.

당시 연변문공단 악단에서 색소폰 연주를 맡았던 19세의 고파(高坡, 원명은 高應守)는 너무도 기뻐서 모 주석이 준 중산복을 입고 연길사진관에서 기념사진까지 남겼다. 고파는 모 주석 탄생 120주년을 맞으면서 2013년 4월 그 사진을 황범송에게 기증하였다.

북경 사진견학단

1981년 여름, 연변촬영가협회의 주최로 연변사진사업회의가 연길에서 소집되었다. 회의에는 각 현·시문화관에서 사진사업에 종사하는 전문일군 외에 비교적 큰 규모의 공장이나 광산, 임업 분야에서 겸직으로 사진업에 종사하는 아마추어들도 참석하였다. 화룡에서 온 최정록이 회의에서 이런 발언을 하였다.

"강찬혁 주석이나 황범송 선생은 이미 북경에 여러 번 다녀오면서 교류도 많이 해서 시야도 많이 넓어졌겠지만 저희들처럼 기층에서 사업하는 카메라맨들은 그런 기회가 차례질 리 만무하니 '우물 안 개구리'나 다름없는 신세지요. 사진을 하는 사람은 이론보다는 눈으로 보고 터득하고 실천하는 것이 무엇보다 중요하다고 생각합니다. 이번 기회에 연변촬영가들로 북경사진견학단을 조직하여 멀리 해외는 아니더라도 변강인민의 마음속으로 자리 잡은 자금성에라도 가보는 기회를 마련해주었으면 하는 바람입니다."

말이 끝나기도 전에 회의 참가자들이 박수를 쳐댔다. 무의식중에 한 그 발언에 흥분한 카메라맨들이 이구동성으로 북경견학을 조직해달라고 떠들어댔다. 강찬혁은 여러분들의 의견을 받아들여 주석단에서 연구하고 상급에 요청해보겠다고 하였다.

그 당시 북경에 들어가려면 중공 연변주위 선전부의 비준을 받아야 했고, 성위원회 선전부의 '북경 진입 소개장'이 있어야 했다. 강찬혁은 주위 선전부와 북경의 관련 인사들과 접촉이 많은 황범송더러 앞장서서 이 난제를 풀어보라고 부탁하였다. 황범송은 강찬혁과 함께 주위 선전부 선전과장 원소당(元晓堂)을 찾아가 연변사진견학단 단장을 맡아달라고 청했다. 이제 연변자치주 성립 30주년 행사를 준비하려해도 여러 사진애호가들의 협조가 필요할 터인데 이참에 먼저 '선의'를 베풀어달라고 들이댔다.

원 과장은 즉각 선전부장 김영만을 찾아가 요청하였다. 김영만도 아주 좋은 제안이라고 하면서 원소당더러 참관단 단장을 맡고 길림성위 선전부의 북경진입 소개장을 받아온 후 참관단을 잘 이끌고 많이 배우고 돌아오라고 지시하였다.

1981년 말, 원소당을 단장으로 강찬혁과 황범송을 부단장으로 각 현·시와 공회의 사진애호가 32명으로 구성된 연변사진견학단이 결성되어 북경으로 떠났다. 다들 수도에 가서 많이 배울 걸 생각하니 너무나 흥분되어 기차에서 잠마저 설쳤다. 이튿날 아침 5시경에 북경역에 도착하였는데 역전 부근의 여인숙마다 만원이어서 줄을 서서 대기할 정도였다. 견학단 일행도 한나절이나 줄을 서서 차례를 기다렸으나 도무지 가망이 보이지 않았다.

"잠자리가 없으면 어떡하지?"

원소당은 황범송과 다른 성원들을 찾아 해결책이 없겠는가고 물었다. 황범송은 원소당에게 농업전람관에 찾아가서 한번 사정해보겠다고 하고 부랴부랴 그리로 뛰어갔다. 몇 년 전에 농업전람관에서 황범송을 두 번이나 불러다 전국농업성과전람을 꾸리다보니 관장하고는 아주 친숙한 사이가 되었다. 그가 숨이 턱에 닿은 몰골로 찾아가 사정얘기를 하니 관장이 나서서 인사과장을 불러 협조하라고 지시한다. 인사과장은 이미 손님이 배정이 된 방을 몰아서 옮기게 하고, 그래도 자리가 부족하니 식당에다 침대를 증설해서 숙박을 해결해주었다. 당시 숙박이 그렇게 어려운 상황에서 견학단 일행은 농업전람관의 배려로 10여 일간 농업전람관 초대소에 무료로 머무르면서 수도견학 스케줄을 무난히 소화하였다.

숙박문제가 풀리자 다들 중남해와 모주석기념당, 인민대회당을 꼭 참관하자는 욕망을 내비쳤다. 이번에도 황범송이 나서서 국가민족사무위원회 부주임 문정일을 찾아갔다. 연변에서부터 보통 인연이 아니었던 두 사람은 만나자 스스럼없이 담소를 나누기 시작했다. 그가 찾아온 연유를 얘기하자 문정일은 "고향에서 찾아 온 분들의 소원인데 아무쪼록 들어가야지 않겠소? 내가 민족사무위원회에 전화를 넣어 가능한 선에서 해결해보리다"라고 하였다. 그리고는 여러 곳에 전화를 걸었다. 이윽고 국가민족사무위원회의 명의로 국무원 반공청에 보고를 올리자 마침 인민대회당에서 대형행사가 개최되니 소수민족참관단의 신분으로 32장의 초대권을 주겠다는 답을 받아냈다. 다음날 아침 천안문 인민영웅기념비 앞으로 가서 초대권을 받기로 약속이 되었다.

이튿날 아침 예정된 장소에서 약속대로 초대권을 건네받았는데 기어이 인민대회당 출입문까지 안내해주면서 사업일군에게 소수민족참관단이니 잘 안내해주라고 부탁까지 했다. 견학단은 하루 종일 인민대회당 대회청과 각 성, 자치구 회의청을 돌면서 자세히 견학하였다. 인민대회당 견학을 마친 다음 날, 일행은 문정일 부주임의 배려로 중남해에 들어가는 영광까지 누렸다. 중남해 회인당, 모 주석과 주은래, 주덕 등 중앙지도자들이 쓰던 저택과 선전화랑 등을 참관하였다.

다음 날 문정일이 모주석기념당 입장권 32장을 보내왔다. 아침 일찍 모주석기념당에 도착했으나 수만 명에 달하는 관람객들이 장사진을 이루어 기다리고 있었다. 황범송이 입장권을 사업일군에게 보여주었다. 그러자 사업일군들은 소수민족 견학단이라고 먼저 들어가도록 배려해 주었다.

연변사진견학단은 농업전람관 관장과 국가민족사무위원회 부주임 문정일의 배려로 북경견학을 원만히 마치고 돌아왔다. 황범송이 전체 일정에 중추적인 역할을 한 지라 다들 그의 활동력과 인맥은 알아줘야 한다고 엄지를 척 내들었다.

곤명견학단

북경사진견학을 마치고 돌아오자 연변조선족자치주성립 30주년 사진집 편찬위원회가 구성되어 본격적인 작업에 들어갔다. 이번에는 사진가 박웅두가 건설적인 의견을 내놓았다.

"얼마 전에 운남성 곤명(昆明)에서 당지 소수민족자치지역 경축행사를 성황리에 펼쳤고 사진책도 출판하였다고 하니 그곳의 경험을 찾아가서 직접 배워오는 게 바람직하지 않겠습니까? 그냥 머리가 비어있는 상태에서 오기와 열정만으로 이 일을 밀어붙인다는 건 실속 없는 모험에 불과하다고 생각합니다. 여러 분은 어찌 생각합니까?"

아닌 밤중에 홍두깨 같은 발언이긴 했지만 다들 일리가 있는 견해라고 찬동하였다. 하지만 그것이 밑져 본전일 뿐 실행 가능성은 묘연하다는 생각도 배제하지 않을 수 없었다. 강찬혁은 또 황범송을 찾아 의논한 후 중공 연변주위 문교서기 김승옥과 주위원회 비서장 김동기를 찾아가 연변사진책 편찬위원 6명을 곤명에 파견하여 당지의 경험을 배워오게 하는 게 바람직하다는 요청보고를 올렸다.

김 서기와 김 비서장은 그들의 건의를 받고 속히 다녀오라고 승낙하였다. 이리하여 강찬혁, 황범송, 박동춘, 박웅두, 필충국(미술 편집)과 미술가협회 주석까지 6명으로 구성된 곤명견학단이 북경으로 떠났다.

일행은 북경에 도착하여 또 농업전람관 초대소에 숙소를 정하고, 이튿날 곤장

곤명에서 당 지도자, 군중들과 함께 기념사진을 찍은 황범송(앞줄 오른쪽 1번째)과 강찬혁(앞줄 왼쪽 5번째)

운남성 곤명으로 떠나려는 계획을 세웠다. 그런데 아무런 사전 연락도 없이 불쑥 찾아가는 것이 어찌 보면 너무 실례되는 처사라는 생각이 들었다. 고민하던 끝에 또 국가민족사무위원회 부주임 문정일을 찾아가 조언을 받기로 하였다. 강찬혁과 황범송은 염치불문하고 또 문정일을 찾아갔다. 두 사람은 연변조선족자치주가 30주년을 맞아 사진책을 편집하게 되였는데 운남성의 앞선 경험을 배우려고 왔다고 솔직한 심정을 털어놓았다.

문정일은 한참 머뭇거리더니 내일 소식을 전해주겠으니 돌아가 기다리라 하였다. 숙소에 돌아와 무한정 기다리자니 속이 타 재가 되는 기분이었다. 그래서 정 소식이 없으면 그냥 막무가내로 찾아가려는 생각도 털어놓았다. 다음날 문정일 부주임한테서 전화가 왔다. 민족사무위원회 판공실 비서를 찾아서 이미 작성해놓은 문건을 가지고 떠나면 된다는 내용이었다. 황범송이 쏜살같이 달려 가 민족사무위원회 소개장을 받았다.

소개장에는 "연변조선족자치주 대표단 6명이 운남성의 민족사업 경험을 학습하러 가니 여러 모로 잘 협조해 드려야 한다"고 적혀 있었다. 순간 십년 묶은 체증이 내려안는 기분이 들었다. 황범송은 고맙다는 인사를 남기고 돌아와 희소식을 전하였다. 이튿날 곤명행 기차를 타고 출발하였다.

곤명기차역에 도착하자 운남성민족사무위원회 주임이 친히 마중을 나와 있었다. 연길에서 출발할 때 영하 20도여서 솜옷을 입고 떠났는데 운남에 도착하고 보니 영상 30도를 웃돌았다. 일행은 민족사무위원회에서 안배한 일정에 따라 운남성 민족사업성과전람관과 전형성을 띤 단위를 참관하였고 여러 민족행사에도 참가하였다. 이미 출판한 사진책도 몇 권 받았고, 사진책 편찬과정과 경험들을 소개받았다.

운남에서 출간한 사진책은 내용과 구성이 좋았고 화질도 아주 좋았다. 대표단에서 참고할 내용이 아주 많아 정말 오기를 잘했다는 생각이 들었다. 그러면서 연변에서도 사진책을 멋지게 꾸밀 수 있다는 신심도 생겨났다.

연변대표단은 곤명에서 한 푼도 안 들이고 귀빈접대를 받으면서 운남성의 소수민족 사업경험을 많이 학습할 수 있었다. 사진대표단이 곤명을 떠날 때 당지 사업일군들은 눈물까지 흘리면서 언제든 기회가 되면 다시 오라고 하였다.

60여 년 만에 발견된 비밀편지

2000년 9월 어느 날 황범송은 연변박물관에 기증된 한 장의 편지를 촬영하였다. 1941년 김문국, 김문학, 김문필 앞으로 남긴 이 비밀편지에는 다음과 같은 내용이 담겨 있었다.

김철운의 아들 김문국, 김문철, 김문필 :

김철운동무는 민국 19년에 중국공산당에 가입한 로당원이며 적후투쟁에서 우리 당, 동만항일유격대에 정확한 정보를 제공한 우수한 정보원이였다.…마지막 정보는 민국29년 4월에 보낸것인데 이 정보에 의하여 서성구민생당(단)두목을 청산한 것이다. 우리는 그놈을 청산하고 부대로 돌아가는 길에 김철운동무를 만나려고 왔으나 감옥에서 고문당한 미열로 앓다가 희생되였다는 것을 김태순 등 마을 어른한테서 알았으며 비통한 심정으로 이 글쪽지를 김철운 동무의 무덤에 묻어놓고 가니 금후 우리가 승리하여 민주정부가 서면 이 글쪽지를 가지고 정부에 찾아가라.…

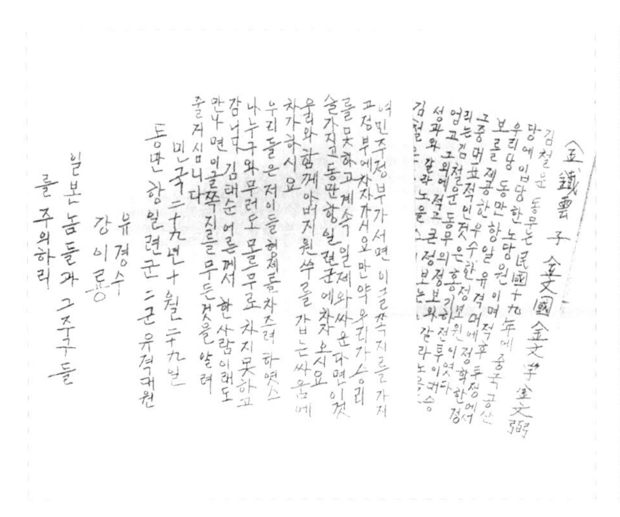

金鐵雲 子 金文國 金文学 金文弼

김철운 동무는 民國十九年에 중국공산

당에 입당한 노당원이며 적후투쟁에서

여 민주정부가 서면 이 글쪽지를 가지고 정부에 차자가시오 만약 우리가 승리를 못하고 계속 일제와 싸운다면 이것을 가지고 동만항일련군에 차자 오시요 우리와 함께 아버지 원쑤를 갑는 싸움에 차가하시요

우리들은 저이들 형제를 차즈려 하엿스나 누구와 무러도 몰르무로 차지 못하고 감나무 김태순 어른께서 한 사람이래도 만나면 이 글쪽지를 무든것을 알려 줄거십니다

민국二十九년十월二十九일

동만 항일련군 二군 유격대원

유경수

강이룡

일본 놈들과 그 주구들를 주의하라

2000년 4월 60년 만에 김철운 묘에서 발견된 비밀편지 사진

부모님의 사진을 가리키며 부친의 항일투쟁이야기를 들려주는 김문필. 2013년 5월 이광평 촬영

용정시열사능원 전경(와)과 이장된 김철운의 묘. 이광평 촬영

비밀편지는 유격대의 정보원으로 활동했던 김철운의 행적과 이를 보증하는 내용이 담겨 있었고, 동북항일연군 2군 유격대원 류경수와 강위룡이 쓴 것이었다. 그러나 나무껍질로 싸서 묻어둔 편지는 아들들에게 전달되지 못했고, 세월에 묻혀 버렸다.

한국전쟁이 터지자 셋째아들 김문필은 의용군으로 참전했는데, 우연인지 필연인지 류경수가 이끄는 탱크부대였다. 그때까지도 그는 아버지와 류경수의 관계를 전혀 몰랐다. 1940년 6월 6일, 돌아가실 때까지 부친이 무슨 일을 했다는 걸 아들들은 물론 아내에게마저 일언반구도 꺼내지 않았기 때문이었다. 그로부터 반세기가 흐른 2000년 4월 4일 청명날, 화룡현 팔가자진 상남촌의 남쪽산자락에 모신 아버지묘소를 찾아 무너진 제단을 손질하다가 땅 속에서 이 편지를 우연히 발견했다.

김문필은 편지를 가지고 연변박물관 전임관장 김만석(金万锡)을 찾아가 문의했고, 고증을 거쳐 편지에 적힌 내용이 사실에 부합된다는 결론이 내려졌다. 길림성 문화청에서는 이 비밀편지를 국가2급문물로 확정하였고, 김철운은 혁명열사로 추대되었다.

행운의 카메라맨

당과 국가의 주요 지도자를 촬영

1952년 연변조선족자치구가 설립되고 1955년 자치주로 개편된 후 중국의 당과 국가의 수뇌자들과 각 성급, 지구급 지도자들이 수 없이 연변을 다녀갔다. 중앙정부는 연변을 모델로 변강소수민족지역의 발전을 이끌어내는 시정방침과 정책을 실행해왔다. 쪽박을 차고 두만강을 건너 온 우리의 선조들이 연변이란 이 불모의 땅에 뿌리 내리기까지 중국공산당의 영도 아래 간고한 항일투쟁과 국내해방전쟁의 시련을 경험하면서 피의 대가를 치렀기 때문이며, 건국 후에는 사회주의 건설과 개혁개방에 마멸할 수 없는 기여를 하였기 때문이었다.

황범송은 『연변일보』 촬영기자, 연변박물관 전직촬영사, 연변 주당위 판공실 전직촬영사, 를 역임하면서 당과 국가의 지도자들이 연변 시찰하는 발자취를 거의 단독으로 기록하는 행운을 누렸다. 그가 촬영한 부총리 이상 중앙지도자만도 50여 명에 달했다. 이는 조선족 촬영계는 물론 중국 촬영계에서도 유례를 찾아볼 수 없는 일이었다.

1951년도 9월, 중앙인민정부에서 파견한 류건장(劉建章)을 단장으로 한 북방노혁명근거지방문단(北方老革命根据地訪問團) 일행의 일거수일투족을 촬영한 것이 첫 출발점이었다. 그 이듬해에 연변조선족자치구 설립을 앞두고 팽택민(彭澤民)을 단장으로 하고 싸쿵료(薩空了)를 부단장으로 한 중앙대표단 일행 50여명이 연변에 왔다. 1956년에는 공청단 중앙서기처 서기 호요방(胡耀邦)이, 1959년에는 네팔공산당 총서기 만 모한 아디카리가, 1960년에는 국무원 부총리 하룡(贺龍)원수와 공안부장 라서경(羅瑞卿)이, 1961년에는 중앙군위 부주석 엽검영(叶剑英)이, 1962년에는 국무원 총리 주은래(周恩来)와 부인 등영초(鄧颖超)가, 1964년에는 전국인민대표대회 상무위원회 위원장 주덕(朱德)과 중화인민공화국 부주석 동필무(董必武)가, 1964년에는 중공중앙군위 부주석 류백승(劉伯承)과 국무원 부총리 겸 중국인민해방군 총참모장 라서경이 연변에 시찰을 다녀갔다. 1964년 10월 초순에는 미국의 저명한 흑인수령 로버트·윌리암 부부가 연변을 찾아주었다. 1966년에는 동북국 제1서기 송임궁(宋任窮)이 연변시찰을 다녀갔다.

이러한 주요 인사들이 연변에 왔을 때 황범송은 김진호, 강찬혁 외 몇 명의 동료들과 수행기자로 기록하는 영광을 함께 하였다.

1980년대에 다사다난했던 역사의 문턱을 넘어 개혁개방시기에 들어서면서 중국 55개 소수민족의 '롤 모델(role model)' 역할을 해왔던 조선족의 활약은 유례없는 상승세를 타기 시작하였다. 특히 연변조선족자치주가 연속해서 수년간 전국민족단결모범으로 표창 받았고, 이어 전국의 모범자치주로 거듭나면서 연변을 찾는 등소평, 강택민 등 당과 국가의 고위지도자들 발길이 더더욱 잦아졌고, 기타 소수민족지역의 귀빈 방문도 이어졌다.

당시 연변자치주 당위원회에서는 황범송을 중공연변조선족자치주위원회 판공실 산하 전직촬영사로 받아들여 사진 촬영을 담당하도록 하였다. 그 때 나이가 이미 50대 중반에 이르렀지만 황범송은 젊은이 못지않은 기백으로 카메라를 메고 내빈들의 동선을 따라 단독으로 기록하였다.

1960년 11월 국무원 부총리 하룡(賀龍) 원수(오른쪽 2번째)와 라서경(羅瑞卿) 대장 등이 조선 평양을 방문하고 귀국 도중에 연변을 시찰하고 있다.

1961년 4월 엽검영(葉劍英) 중국공산당 중앙군사위원회 부주석이 연변에 도착해 시민들의 환영을 받고 있다.

전국인민대표대회 상무위원회 위원장 주덕(朱德, 가운데)과 중화인민공화국 부주석 동필무(董必武)의 연변대학을 시찰. 주덕의 왼쪽이 주덕해 주장(州長), 오른쪽은 임민호 연변대학 제1서기.

전국인민대표대회 상무위원회 위원장 주덕(朱德)과 중화인민공화국 부주석 동필무(董必武)의 용정과수농장 시찰.

특히 1984년에는 조선민주주의인민공화국 김일성 주석이 소련 순방길에 도문을 경유하는 장면을 촬영하였고 같은 해 5월에는 조선민주주의인민공화국 순방길에 연변을 찾은 중공중앙 총서기 호요방과 중앙군사위원회 부주석 양상곤(楊尚昆), 중공중앙 서기처 서기 호계립(胡启立)의 연변시찰 장면을 촬영하였다. 7월에는 전국인민대표대회 상무위원회 위원장 팽진(彭真)의 연변시찰, 8월에는 중공중앙 서기처 서기 등력군(鄧力群)의 연변시찰, 11월에는 중앙서기처 부서기 학건수(郝建秀)의 연변시찰 장면을 촬영하였다.

그후 1985년에는 중공중앙 정치국위원 송임궁(宋仁穷), 1986년에는 국가계획위원회 주임 송평(宋平), 1987년에는 전국정치협상위원회 부주석 양정인(楊静仁), 1988년에는 중공중앙 규률검사위원회 서기 교석(乔石), 1989년에는 중공중앙 정치국 위원이며 국가교육위원회 주임 리철영(李鐵映), 1990년에는 전국인민대표대회 상무위원회 부위원장 예지복(倪志福)과 중앙외교부 부장 전기침(钱其琛), 전국인민대표대회 상무위원회 부위원장이며 전국부련회 주석인 진모화(陳慕華), 1991년에는 국무원 부총리 주용기(朱镕基), 전국인민대표대회 부위원장 비효통(费孝通), 국무원 총리 리붕(李鵬), 국무원 부총리 추가화(鄒家華), 1992년에는 전국정치협상회 부주석 홍학지(洪学智), 1993년에는 전국인민대표대회 부위원장 포혁(布赫, 부허, 몽고족), 1994년에는 군사과학원 원장 조남기(趙南起), 2001년에는 전국인민대표대회 상무위원회 부위원장 전기운(田紀雲), 2001년에는 국가 부주석 호금도(胡錦濤), 2002년에는 국무원 부총리 오방국(吴邦国), 2003년에는 중공중앙 정치국 상무위원 리장춘(李長春), 전 전국정치협상회의 부주석이며 중국과학원 원사인 송건(宋健), 2006년에는 전국정치협상회의 주석 가경림(賈慶林)의 연변시찰 장면을 도맡아 촬영하였다.

수많은 촬영 활동 중에서 인상에 남는 장면을 간추려 소개한다.

연변에 38시간 머문 주은래 총리

카메라맨으로서 황범송의 행운은『연변일보』촬영기자로 근무하던 때부터 따랐다고 할 수 있다. 1959년 8월부터 국가 영도자들과 귀빈들의 연변 시찰장면을 여러 성원들과 함께 찍기 시작해 장장 30여년을 이어 왔고, 나중에는 거의 독단으로 그 영광을 누렸다.

자치주 설립 초기에는 주은래(周恩来), 주덕(朱德), 동필무(董必武), 박일파(薄一波), 하룡(贺龍), 유백승(劉伯承), 육정일(陸定一) 등 당과 국가의 지도자들의 연변시찰을 여러 성원들과 구간을 나누어 촬영하였다. 그 중에서 가장 대표성을 띤 촬영 작업이 1960년대에 연변을 다녀간 주은래, 등영초(鄧穎超) 부부의 방문 때였다.

1962년 6월 22일과 23일, 주은래 총리와 부인 등영초 일행이 연변을 시찰하게 되였다. 황범송은 중국공산당 연변주위원회의 배치대로 강찬혁, 김홍국, 채규익 등과 함께 수행기자로 촬영하는 영광을 누렸다. 그는 역사적인 순간을 기록하는 현장에서 동분서주했을 뿐만 아니라 여러 성원들이 찍은 사진들을 수집, 정리하여 자료로 후세에 기록으로 남겼다.

1962년 6월 22일, 동북국 회의에 참석해 식량문제에 관한 연구를 진행한 국무원 총리 주은래와 전국정치협상회의 주석 등영초는 대경, 하얼빈과 목단강을 거쳐 전용열차로 도문으로 오게 되었다. 오전 9시경, 열차가 서서히 도문역에 들어서자 주 총리가 온건한 걸음으로 차에서 내렸고 등영초 동지도 따라 내렸다. 대기하고 있던 연변주 당위 서기 주덕해와 부서기 요흔(姚昕)이 플랫폼으로 마중 나갔다.

"먼 길을 오시느라 수고가 많으십니다. 환영합니다!"

"우린 또 이렇게 만나게 되였군요.……"

주 총리가 환한 미소를 지으며 주덕해와 요흔의 손을 으스러지게 잡아줬다. 주덕해는 주 총리에게 요흔과 도문진 진장 김하권(金河權)을 소개하였다. 총리 일행은 12명이였는데 다른 분들은 기차에서 내리지 않았다. 총리가 도문을 시찰한 다음 곧장 연길로 가야 해서 그냥 차안에서 대기하였던 것이다.

1962년 6월 주덕해 서기의 안내를 받으며 연변호텔에 도착한 주은래 총리.

당시 도문진 정부에 승용차가 없었기 때문에 주정부 지프차를 한대 임시로 가져왔다. 지프차 앞에 이르자 주덕해는 총리한테 앞좌석에 앉을지, 아니면 뒤 자석에 앉을지를 문의했다.

"앞좌석이 시야가 좋겠지요? 짧은 시간에 도문을 상세히 보려면 앞에 앉아야겠지요."

주 총리가 기사 옆에 앉고 등영초와 주덕해가 뒤 좌석에 앉았다. 그땐 자전거도 흔치 않을 때라 도문진 진장 김하권 외 일행은 지프차 뒤를 따라 뛰어야 했다. 주 총리는 창밖으로 도문시를 둘러보면서 수시로 주덕해와 이야기를 나눴다. 차가 소련홍군기념탑 부근에 이르렀을 때 인분 운반수레 10여 대가 줄지어 마주오고 있었다. 진장이 달려가 수레들을 멈춰 세우려 하자 주 총리가 차를 멈추게 하고 수레가 지나갈 때까지 기다리게 했다.

주 총리와 등영초는 주덕해의 안내로 도문해관 관병들을 만나보았다. 그때 해관엔 120형 갈매기표 사진기가 한대 있었는데 촬영을 맡은 관병이 너무 긴장한 나머지 필름을 넣지 않은 채로 셔터를 눌렀다. 그래서 주 총리가 도문해관을 시찰한 사진기록은 공백으로 남았다.

주 총리가 김하권 진장한테 무슨 어려움이 있느냐고 물었다.

난처한 표정을 지은 채 입을 열지 못하는 김 진장을 보고 주 총리는 "곤란이 있으면 서슴지 말고 말해야지요"라고 재촉했다.

그제야 김 진장은 용기를 내여 실사구시적으로 보고하였다.

"지금 도문진은 건너편의 조선 남양과 거래하기가 여러 모로 무척 어렵습니다. 왜냐하면 남양군은 현급에 해당되지만 우리는 진급이어서 급이 낮아 대등한 입장에서 교역을 할 수가 없습니다. 여러 번 보고를 올렸지만 해결을 보지 못하고 있습니다."

그러자 총리께서 즉시 한마디 했다.

"그게 왜 해결이 안 되는 겁니까? 도문진을 도문시로 승격시키면 될 거잖아요. 만주리도 변경통상구가 아닙니까? 규모 면에서 격이 안 되지만 이미 만주리시로 되지 않았습니까. 지체하지 말고 속히 보고를 올리시오. 이런 일은 가급적이면 빨리 해결해줘야 변경통상구시의 우세를 잘 발휘할 수 있을 거잖습니까."

도문에서의 시찰을 마친 주 총리는 곧 전용열차를 타고 연길로 향했다. 아니나 다를까 주 총리가 시찰을 마치시고 돌아간 지 얼마 안 되여 도문진이 연길현에서 분리되어 도문시로 승급하였다. 그 때 중공 연변주위 부서기 전인영이 연변에서의 주 총리 접대와 촬영을 책임지게 되었다. 『연변일보』 사진조를 찾은 그는 조장 강찬혁과 조원 황범송, 김홍국에게 엄숙한 표정으로 말했다.

"오늘 중공 중앙 요직에 계시는 지도자께서 연변에 오신다고 하니 속히 촬영팀을 조직하여 매 장면을 놓치지 말고 실수 없이 잘 기록하도록 해야 하겠습니다."

전인영 부서기도 구체적으로 누가 어디에서 어떻게 오는 지에 대해서는 모르고 있는 눈치였다. 당시 연길시에 있는 사진기를 다 동원해봤자 몇 대 되지 않았다. 긴박한 촬영임무가 떨어지면 자주 신문사 외의 카메라맨들이 합세하다보니

연변의 간부들과 기념사진을 찍은 주은래 총리. 앞줄 1열 왼쪽 3번째부터 주덕해, 주은래, 요흔, 이호원.

손발이 척척 맞아떨어졌다. 강찬혁의 부름으로 연길사진관의 남진우와 최학림, 연변의학원의 채규익이 동원되었다. 라이카사진기를 휴대한 채규익은 자기한테는 필름이 없는지라 돌아가려 하였다. 그러자 황범송이 한발 나서서 자신도 많이 아끼는 아그파필름 한통을 건네주었다.

강찬혁은 자신과 김홍국이 연길대합실에 나가고, 황범송과 남진우, 최학림은 연변빈관에서 대기하고 채규익은 연변의학원에서 대기하도록 하였다. 자전거도 귀한 세월이라 강찬혁과 김홍국은 땀을 벌벌 흘리면서 달음박질로 기차역에 당도했다. 그런데 기차역은 조용했다. 종업원에게 물어보니 방금 전에 기차가 들어섰는데 몇 분만 내리더니 어디론가 사라졌단다.

"한발 늦었는데 어쩌지? 혹시 축구 구경을 간 건가?"

주은래 총리가 주덕해와 전인영의 가족들과 찍은 기념사진. 가운데가 주 총리 부부이고, 왼쪽 끝이 주덕해 서기, 오른쪽 끝이 전인영 부서기.

당시 연변축구가 실세였던 터라 혹시 그럴지도 모른다는 추측을 한 것이다. 더는 지체할 수 없는 상황이라 강찬혁은 김홍국을 곧장 체육장으로 보내고 호텔로 뛰어갔다.

11시경에 연길역에 내린 주 총리 부부는 승용차에 앉아 곧장 시내로 향하였다. 주덕해는 주 총리더러 우선 호텔에 들어가 짐을 풀고 좀 휴식하라고 하였다. 손목시계를 들여다보던 주 총리는 아직은 근무시간 때니 먼저 부근에 있는 공장에 들리자고 했다. 이렇게 되어 임기응변으로 기차역에서 가장 가까운 연변농기공장에 들리게 되였다. 주덕해는 공장에 도착하자 재빨리 "이 공장이 연변에서 최대 규모의 농업기계공장"이라는며 공장을 소개하였다.

주덕해는 주 총리를 모시고 제3차간으로 향했다. 공장시찰은 계획에 없었던 터라 공장장이나 종업원들은 애초에 아무 것도 모르고 있었다. 주 총리가 제3차간에 들어섰을 땐 마침 점심시간이라 이중철(李仲哲)이 혼자서 기계를 점검하고 있었다. 십여 명 손님이 예고도 없이 들이 닥친지라 이중철은 일손을 멈추고 멍하니 쳐다 만 보았다. 그런데 이게 꿈인지 생시인지 신문지상에서 봐 온 주 총리가 자기 앞에 서 있지 않는가. 깜짝 놀란 그는 어쩔 바를 몰라 하는데 주 총리가 상냥한 웃음을 지으며 손을 내밀었다. 주덕해가 귀띔해서야 용기를 낸 그도 엉겁결에 손을 내밀다 그만 주춤했다. 그의 속심을 빤히 들여다 본 주 총리는 서슴없이 그의 기름때 묻은 손을 덥석 잡아주었다.

"수고 많으십니다. 어떻게 이 누추한 곳으로…"

"수고야 일선에서 일하는 종업원들이 더 많이 하고 있는 거지."

환한 웃음을 머금은 주 총리는 그를 다독여주며 한마디 했다. 주덕해가 공장을 소개하는 틈을 타서 그는 쏜살같이 밖으로 뛰어나가 목청껏 외쳤다.

"주 총리께서 오셨습니다. 주 총리께서 우리 공장에 오셨습니다. 주 총리께서 나의 손을 잡아주셨습니다!"

조용하던 공장이 삽시간에 시끌벅적해졌다. 간부와 종업원들이 밀물처럼 제3차간으로 몰려들었다. 종업원들이 인사를 드릴 때마다 주 총리는 손을 저어 답하였다. 공장당위 회의를 하던 지도자들도 회의를 중단하고 차간으로 몰려왔다. 주 총리가 공장을 떠나자 공장장을 비롯한 지도자들과 종업원들이 앞 다투어 이중철을 둘러싸고 손을 잡아보았다. 그의 손에 남아있는 총리의 채취를 느끼기라도 하듯이.

주 총리가 연변에 오셨다는 소식은 한입 건너 두입 건너 퍼지면서 날개라도 돋친 듯 온 시내로 퍼져나갔다. 연변농기공장에서 나와 연변빈관으로 향하는 길 양 편에는 어느새 소문을 듣고 달려 나온 시민들로 장사진을 이루었다. 주 총리 부부를 실은 차가 서서히 지나자 사람마다 총리모습을 보려고 발돋움을 하면서 손을 저으며 "주 총리님 안

연길호텔 베란다에서 연길시민들에게 인사를 하는 주은래 총리.

연변대학 학생들 앞에게 연설하는 주은래 총리. 가운데는 임민호 연변대 제1부교장

녕하십니까?"라고 인사를 건넸다. 총리께서도 차창 밖으로 머리를 내밀고 손을 흔들어 시민들에게 답례를 하였다.

호텔로 가는 도중, 주 총리는 문득 주덕해한테 연길에 역사가 오래된 학교가 있냐고 물었다. 주덕해는 북산학교가 1904년에 세워졌다가 1907년에 북산학당으로 이름을 고쳤고 그 뒤 다시 북산학교로 되였는데 5·4운동 소식이 연변에 전해지자 북산학교에서 제일 먼저 5·4운동을 성원하는 대규모의 반일시위가 있었다고 소개하였다. 주덕해는 기사더러 북산학교를 에돌아가자고 하였다. 차가 북산학교 근처에 이르렀을 때 앞에 보이는 학교가 옛날 북산학교 자리에 세워진 오늘의 북산학교라고 소개하였다. 그러자 주 총리는 시계를 보시더니 학교에 들어가지 말고 호텔로 가자고 하였다.

연변호텔에 도착한 총리는 먼저 빈관의 주방으로 들어가 취사원과 무람없이 이야기를 나누었다. 공교롭게도 파리 한 마리가 유리창에 내려앉았다. 당황한 취사원이 파리를 쫓으며 당황해하자 총리가 미소를 지으면서 말씀하였다.

"이렇게 큰 주방에 파리 한 마리쯤 날아다닌다고 누가 뭐라겠어요?"

주 총리의 위안에 취사원도 안도의 숨을 내쉬었다.

그 당시 연변호텔에 냉장고가 하나 있었다. 냉장고를 열어보니 안에 돼지고기가 한 덩이 보였다. 주 총리가 취사원한테 물었다.

"제가 온다고 일부러 장만해놓은 거지요?"

"중앙에서 귀한 분이 오신다고 하셨습니다. 고작 두근 반 밖에 장만하지 못했습니다. 더 장만하도록 하겠습니다."

취사원의 말이 끝나기 바쁘게 주 총리가 말했다.

"아닙니다. 더 장만하지 마십시오. 이거면 충분합니다."

점심식사는 네 가지 요리에 국이 올랐다. 식사 후 주덕해의 건의에 따라 주 총리는 현·단급간부회의에 참가했던 기층간부들을 접견하고 그들과 기념사진을 찍었다. 그때 연길사진관의 남진우와 최학림이 10×12형 중형사진기로 단체사진을 촬영했다. 등영초동지도 주 부연회 간부들과 기념사진을 남겼다.

촬영을 마친 총리가 복도로 나올 때 주덕해와 전인영의 가족들이 주 총리한테 인사를 드렸다. 그러자 주 총리 수행일군으로 따라 온 저명한 촬영가 오인초 동지가 주 총리한테 기층에서 수고하는 주덕해와 전인영의 가족과 기념사진을 남기는 게 어떻겠는지 물었다. 주 총리는 몹시 기뻐하시며 가속들을 오라고 손짓하였다. 두 가족식구들이 다가서자 오인초가 위치를 잡아주어 잽싸게 촬영을 끝냈다. 황범송도 기회를 놓치지 않았다.

촬영이 끝나자 주 총리는 전인영 부서기한테 "你们好", "再见"을 조선어로 어떻게 발음 하냐고 물었다. 전인영이 "安宁哈西米嘎(안녕하십니까)", "达西满那布西达(다시 만납시다)"라고 음역을 적어서 알려주었다. 그러자 그는 여러 번 외우더니 제법 근사하게 발음하였다. 주 총리는 농담조로 "이 학생이 아직은 머리가 괜찮지요?"라며 곱씹어 발음해보았다.

총리가 연변빈관에 계신다는 소문을 들은 시민들이 밀물처럼 빈관 앞으로 몰려들었다. 시민들은 "주 총리님 안녕하십니까?"라고 인사를 드리고 박수를 치면서

연변의학원 실험실을 시찰하시는 주은래 총리.

총리가 나타나기를 고대했다.

방에 들어 간 총리가 바깥에서 기다리는 시민들을 창문 너머로 마주보더니 즉시 서민들 속에 나가야 한다고 서둘렀다. 그러자 주덕해와 수행인원들이 총리의 안전을 염려하여 안 된다고 말렸다. 말리든 말든 총리께서는 무작정 문고리를 잡았다. 바로 이때 주덕해의 머리에 묘한 수가 떠올랐다. 주 총리가 2층 베란다에 나가면 안전도 보장되고 대중들하고도 무람없이 소통할 수 있지 않겠는가. 총리께서 2층 베란다에 나타나자 환호와 박수소리가 하늘을 진감했다.

베란다에 나선 총리께서 환호하는 대중들을 향해 우렁찬 목소리로 말했다.

"安宁哈西米嗄(안녕하십니까)"

"安宁哈西米嗄(안녕하십니까)"

처음엔 무슨 뜻인지 알아 듣지 못한 시민들이 잠시 조용해지더니 다시 총리가 반복해서 한음한음 외우자 그제야 알아들었다고 환호성을 지르면서 박수갈채를 보냈다. 순간 많은 시민들이 격동을 금할 길이 없어 눈물을 흘렸다.

이때라고 판단한 황범송은 재빨리 2층 베란다 끝에 다가가 군중들과 인사를 나누는 주 총리의 모습에 초점을 맞추었다. 그런데 사진기와의 거리가 너무 가까워 할 수 없이 베란다에 몸을 기대였다. 그런데 누군가의 팔이 황범송의 베란다 바깥으로 나온 몸을 받쳐주었다. 셔터를 누른 다음 돌아보니 주덕해였다. 황범송은 자신도 몰래 가슴이 뭉클하였다.

열광에 찬 군중들은 좀처럼 떠날 생각을 하지 않았다. 주덕해는 총리를 모시고 방으로 들어가려고 하였다. 몸을 돌린 총리가 다시 난간 끝에 다가가 크게 외쳤다.

"达西满那布西达.(다시 만납시다)"

"达西满那布西达.(다시 만납시다)"

군중들도 합창이나 하 듯이 높이 외쳤다.

"总理,再见!"

"总理,再见!"

오후에 총리 일행은 연변대학으로 갔다. 당 총지서기 겸 제1부교장 임민호가 학교의 상황을 소개하였다.

대학 현황을 들은 총리가 먼저 학생식당으로 향했다. 그는 식당관리원 엄창준(嚴昌俊)에게 학생들의 음식 표준이 어떤 지, 삼시 세끼 무엇을 주식으로 먹는 지를 캐물었다. 엄창준은 학생들이 주로 쌀밥을 먹는다고 하였다. 그런데 식당 곳곳을 돌아보고 이밥이 담긴 그릇을 발견하지 못한 총리가 엄숙한 표정으로 다시 물었다.

그제야 그는 사실대로 답하였다.

"죄송합니다. 차마 사실대로 말씀드릴 수 없어서 … 솔직히 학생들은 지금 대식품을 먹고 있습니다.…"

걱정 어린 표정을 지은 총리는 무겁게 입을 열었다.

"학생들이 배를 곯게 해서는 안 됩니다. 지금처럼 화식이 지연되어서는 절대 안 됩니다. 반드시 방법을 강구하여 난관을 돌려세워야 합니다."

말을 마친 총리는 주덕해 등 간부들과 해결방안을 토의하였다. 그러면서 성(省)으로부터 일부 식량을 연변대학에 보내어 급한 문제부터 해결하라고 지시하였다.

이어 연변의학원을 찾은 주 총리는 전체 원생들의 열렬한 환영을 받았다. 마중 나온 연변의학원 중의과 주임 김명욱(金明旭) 앞에 주 총리가 다가서자 주덕해는 김명욱은 연변 뿐 아니라 전 동북에 소문 난 중의라고 소개하였다. 그러자 주 총리는 그와 정답게 악수를 나누시며 수고를 많이 한다고 치하하였다.

주덕해의 안내로 연변의학원 실험실을 시찰하던 총리께서는 실습생들에게 과학지식을 존중하고 기초지식을 잘 연마하여 앞으로 사회에 나가 인민을 위해 봉사하고 인류에게 복을 창조해줘야 한다고 고무 격려했다.

저녁때가 돼서야 총리가 호텔로 돌아왔다.

침대에는 예쁜 모본단 이불이 포개져 있었다. 총리가 껄껄 웃더니 복무원더러 이불을 거둬가라고 했다. 영문을 몰라 어정쩡해하자 등영초 동지가 집 가방에서 간이이불을 들춰냈다. 접대원은 놀라 눈이 휘둥그레졌다.

탁자 위에 챙겨놓은 사과며 사탕, 과자 등을 보더니 총리가 피식 웃었다. 어차피 챙겨놓아도 손대지 않을 거니 괜히 신경 쓰지 말라는 눈치였다. 접대원의 일거일동을 유심히 살피던 총리가 문득 말을 걸었다.

"동무는 어느 민족이요? 혹시 조선족?"

"네, 조선족입니다."

"그런데 왜 민족복장을 입지 않은 거요? 조선옷이 얼마나 예쁜데?"

"호텔에서는 작업복을 입도록 규정되어 있습니다. 게다가 저한테는 아직 조선옷이 없습니다."

접대원의 솔직한 대답이다.

"그러면 안 되지. 조선족이면 조선옷을 입어야지. 이건 얼핏 보면 하찮은 일 같지만 실은 아주 의미심장한 문제요. 소수민족이 자기 민족복장을 입지 않는 것은 따지고 보면 민족정책에 관계되는 큰 문제란 말이요. 이는 절대 홀시해서는 안 될 일이란 말이요."

연변농학원을 시찰하는 주은래 총리

다소곳이 머리를 숙였던 복무원이 넌지시 총리를 바라보니 어딘가 서운함보다는 노여움이 어린 얼굴이었다. 방에서 나온 복무원이 달음박질하여 호텔 주임을 찾아 금방 있었던 일의 자초지종을 상세히 보고했다.

호텔 주임이 자리를 차고 벌떡 일어섰다. 정신이 번쩍 든 주임은 즉각 임직원들을 불러 긴급회의를 소집하고 즉석에서 재봉사를 불러왔다. 그리고 호텔 복무원들을 하나하나 불러들여 치수를 재고 밤새 맞춤 조선옷을 지어내게 하였다.

그날 저녁 식사 때가 되니 주덕해가 총리를 배석하여 식사를 하려 하였다. 그러자 총리는 "덕해 동무는 집에 돌아가 식사하시오. 나는 나대로 여기에서 한 끼 때우면 되니 괜히 시간 낭비 하지 맙시다"라고 말했다. 주덕해는 총리의 지시인지라 어쩔 수 없이 자기 집으로 돌아갔다.

23일, 아침 호텔 접대원들이 산뜻한 조선옷을 입고 총리 앞에 나타났다. 주 총리는 예쁜 민족복장을 입은 접대원들을 보면서 만족한 미소를 지었다.

6월 23일 오전 9시, 중공연변주위 상무위원회에서는 총리에게 사업보고를 하였다. 이 자리에서 주 총리는 삼림녹화와 보호문제를 강조하여 지적했다. 그는 "이 문제는 자손만대에 관계되는 문제입니다. 만약 삼림을 파괴한다면 후세 사람들한테서 욕보게 되는 겁니다" 라며 국내외의 많은 실례들을 들어 설명하였다.

주 총리는 "우리나라 서북지역은 중화민족의 요람이었지만 지금은 황토고원으로 변해버렸고, 고대문화가 가장 발달하였던 중아시아지역도 삼림이 파괴되면서 황막한 사막으로 변해버렸다"며 주덕해를 보고 "당신이 영도하는 자치주도 이 문제를 홀시하다가는 후대들한테서 욕보일 수 있습니다. 그러니 당신이 솔선수범해야 합니다"라고 지시하였다.

주덕해는 연변에서 관개수가 부족하니 중앙에서 안도저수지 등 두 저수지를 건설하도록 도와달라고 하였다. 그러자 총리는 "그 두 저수지를 꼭 잘 건설하여야 하겠습니다"라며 계획을 구체적으로 작성하여 신속히 보고하도록 지시했다. 총리는 또 농업기계와 화학비료도 이참에 더 해결해 줄 거라고 하였다. 총리는 연변지역의 "생활문제를 더 돌봐주어야 합니다. 인구 당 식량표준을 다른 곳보다 좀 높여주고 명태와 미역을 계획지표 내에 넣고 공급하여야 합니다. 백주도 헥타르 당 15근씩 하달하여야 하는데 성에서 2근씩 책임지시요. 더 늘일 수도 있습니다"라고 지시하였다. 총리는 그 자리에서 즉시 상업부에 전화를 걸어 관계부문에서 연변에 술을 더 배분하라고 지시하였다.

상무위원회가 끝난 다음 총리는 단독으로 주덕해와 한참 대화를 나누면서 연변의 사업에 대하여 만족해하였다.

"이미 거둔 성적에 만족하지 말고 더 업적을 쌓으십시오. 당신은 더 중요한 역할을 하여야 하겠습니다."

점심 식사 후 총리 일행은 용정에 자리 잡은 연변농학원에 다녀왔다. 총리가 온다는 기별을 받은 농학원의 원생과 각계 군중들은 진작부터 대기하고 있었다.

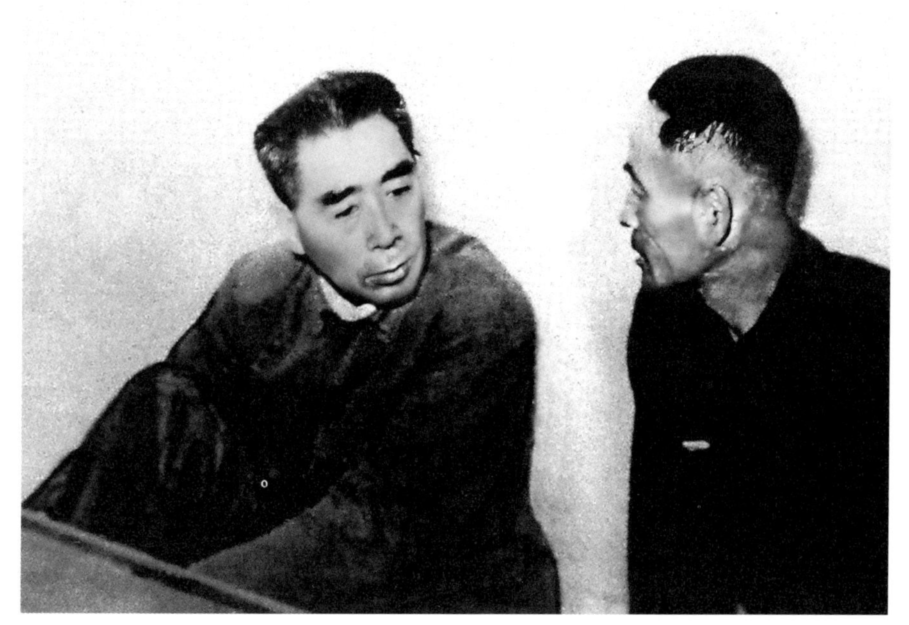

벼육종전문가 최죽송의 집을 방문해 이야기를 나누는 주은래 총리

농학원에 도착한 총리는 원장의 안내로 학생식당과 숙사를 돌아보면서 원생들과 친절하게 담화하였고 학생들에게 농업과학지식을 잘 학습하라고 고무 격려하였다.

농학원에서 돌아오는 길에 지프차는 모아산 자락을 따라 달렸다. 모아산과 세전벌을 바라보던 총리는 다시 산림녹화문제를 언급하였다.

"파키스탄과 인도에선 산림녹화를 잘 하였습니다. 때문에 그곳 기후가 특별히 좋습니다. 녹화문제는 상당히 중요합니다. 청산녹수가 있어야 후세대들이 잘 살 수 있습니다."

"저 대머리 모아산은 모자처럼 생겼다고 모아산이라 했다면서요. 거기에 녹색모자를 씌우면 더욱 명실에 부합되는 모아산이 될게 아닙니까?"

곁에 앉아 잠자코 있던 전인영이 한마디 했다.

"녹색모자만 씌워서는 전면적이 못되겠지요."

주덕해가 덧붙여 한마디 한다.

"우리는 모아산에 허리띠도 둘러주고 신도 신겨줄 겁니다. 모아산의 산허리에 만무과원도 꾸며주고 식수를 더 하여 녹색허리띠를 둘러주겠습니다. 그리고 해란강을 잘 다스리고 논과 밭 면적을 늘려 모아산 자락에 녹색신을 신겨주겠습니다".

총리는 흡족해하면서 머리를 끄덕이더니 박수를 쳤다. 그러자 모두들 따라서 박수를 치면서 통쾌하게 웃었다.

주 총리는 북방의 벼육종가 최죽송을 만나보자고 하였다. 전국노동모범인 최죽송은 무(畝)당 500근도 안 되던 벼 소출을 갑절로 올려 중국 북방의 벼육종전문가로 이름난 인물이었다. 총리는 이미 전국농업회의에서 수차례 최죽송을 만나 그를 높이 평가해준 바가 있었다.

주 총리는 신풍 6대의 한 조선족 8칸 초가에 들어서자 부엌을 둘러보고 솥뚜껑도 열어보고는 집안이 깔끔하고 포근하다고 칭찬하였다. 최죽송은 총리더러 온돌에 펴놓은 꽃방석에 앉으라고 권하였다. 꽃방석을 유심히 살펴보던 총리는 꽃방석을 밀어놓고 맨바닥에 앉았다. 그러자 최죽송은 '우리 조선족들은 귀한 손님이 오시면 꽃방석에 모시는 습관이 있다'고 말씀드렸다. 그러자 총리는 꽃방석에 책상다리를 틀고 앉은 최죽송의 동작을 유심히 지켜보더니 껄껄 웃으면서 그대로 따라 하였다.

그는 최죽송과 농업생산량과 과학영농 문제를 논의하고 무슨 곤란이 있는지 자상하게 물었다. 책상다리를 틀고 앉았던 총리는 다리를 펴면서 조선족 남자들은 왜 바지가랑이가 넓은 바지를 입는지 물었다. 최죽송은 선조로부터 내려온 민족습관인데 그런 바지를 입으면 책상다리를 틀고 온돌에 앉기 편하다고 해석하였다. 만면에 웃음을 머금은 총리는 조선족한테 그런 습관이 있으니 부표(布票, 천표)를 2자씩 더 내주어야겠다고 하였다.

부인이 꽃실로 한 땀 한 땀 떠서 만든 꽃방석 한 쌍을 총리에게 드렸다. 총리는 고마운 마음은 받을 수 있지만 물건만은 받을 수 없다며 극구 사양하였다. 그러자 부인은 민족특색 수공품을 마음 속의 손님에게 드리는 것은 조선민족의 예의습관이라면서 만약 받지 않으면 민족습관을 무시하는 것이라고 '으름장'을 놓았다. 그

연변가무단 배우들과 악수하는 주은래 총리

제야 총리는 소리내어 웃으며 "민족습관을 존중해야지" 하고는 꽃방석을 받아 수행원에게 넘겨주었다.

저녁식사 후 주덕해는 연변가무단의 공연을 관람하자고 권하였다. 당시 연변가무단의 공연수준을 익히 알고 있던 터라 총리도 흔쾌히 응했다. 하지만 관람은 하되 전제조건이 있었다.

"우선은 내가 왔다고 전문공연을 하는 건 아니지요? 그런 공연이라면 사양하겠습니다."

"아닙니다. 대중들을 대상으로 하는 정상적인 공연입니다!"

"아, 그러면 입장권을 사가지고 들어가겠습니다."

이윽고 입장권 값이 얼마인지를 물어 입장권 값을 기어이 주덕해에게 밀어주었다. 총리의 고집을 꺾을 수 없음을 잘 알고 있는 주덕해는 그 돈을 사업일군에게 넘겨 입장권 2장을 사오도록 하였다.

공연장인 노동자문화궁이 호텔하고 가까워 도보로 걸어간 총리는 군중들에게 민폐를 끼칠까봐 마지막에야 조용히 들어가서 주덕해가 배치한 가운데 좌석에 앉지 않고 무대 옆 출입문으로 무대에 올라가 쪽걸상을 놓고 앉았다.

주 총리는 연변가무단과 연길시소년궁전 학생들의 공연에 감탄을 금치 못하면서 조선족 민족예술의 향연에 폭 도취되었다. 공연이 끝나자 직접 단원들한테 다가가 일일이 악수해주면서 다들 수고 많으다고 인사했다. 뜻밖에 주 총리를 만난 배우들은 너무 기뻐 다투어 총리께 인사를 드리고 악수를 청했다. 공연사회자 조순녀가 총리의 손을 잡고 놓으려 하지 않았다. 총리께서 상냥하게 그녀에게 관심조로 물었다.

"배우들의 생활형편들은 어떠합니까?"

"다들 당의 은덕으로 상당히 행복하게 살아가고 있습니다."

총리께서 여러 사람들을 둘러보면서 말씀하셨다.

"조선족은 노래 잘 부르고 춤 잘 추는 민족입니다. 어디서든 선율만 울려 퍼지면 흥이 발작하지요."

유머가 섞인 총리의 말씀에 다들 웃음을 터뜨렸다.

"조선족의 음악무용예술은 많은 소수민족들 가운데서도 독특합니다. 동무들은 반드시 공연을 잘 하여야 합니다. 아름다운 민족예술의 꽃을 활짝 피워 그것이 세계로 나가도록 해야 합니다."

장내에 우레 같은 박수소리가 다시 터졌다. 그들은 다투어 총리와 기념사진을 찍었다.

23일 깊은 밤, 주 총리는 연변시찰을 마치고 연길을 떠났다. 출발하면서 그는 주덕해한테 엄숙하게 말하였다.

"내가 갈 때 당신 혼자만 기차역에 나오시오. 나를 바래주겠다고 다른 간부들이 역에 나와서는 절대 안 됩니다. 이건 기률 입니다."

아쉽고 서운하였지만 주덕해는 전인영, 요흔 등 간부들에게 총리의 지시를 전달하고 홀로 역에 나갔다. 총리는 주덕해의 손을 꼭 잡고 간곡히 부탁하였다.

"연변은 정말 좋은 고장입니다. 당신들은 공작을 참 잘하였습니다. 연변의 지리적 위치가 매우 중요합니다. 연변이란 이 보배의 땅을 잘 건설하고 꼭 공고히 하여야 하겠습니다. 앞으로의 일은 당신에게 달려있습니다!"

어둠 속으로 사라져가는 총리의 전용열차를 바라보는 주덕해의 눈가엔 어느새 이슬이 맺혔다. 연변에 온 총리는 낮과 밤을 이어가며 사업하시느라 매일 늦게야 자리에 들었다. 소박하고 검박하며 늘 자신을 엄하게 단속하고 모든 일상생활은 등영초 부인에게 직접 꼼꼼히 챙기도록 하였다. 연변의 간부들이 총리에게 연변 특산인 인삼사탕을 드렸지만 절대로 받지 않았다. 주덕해가 하도 끈질기게 청을 해서야 등영초 동지가 돈을 내고 두 봉지를 챙겼다.

이때를 회고하며 주덕해는 늘 감개무량하여 말하곤 했다.

"그때 총리께서는 우리 연변에서 해결할 수 없는 허다한 난제들을 해결하여 주었습니다. 이것이야말로 당 중앙에서 우리 연변인민들께 안겨준 거대한 관심과 배려가 아니겠습니까. 우리 연변인민들은 주 총리의 은정을 영원히 잊지 않을 겁니다."

총리 일행이 연변에 머문 시간은 길지도 짧지도 않은 38시간이다. 황범송을 비롯한 촬영팀은 그 38시간에 안에 잠자는 시간 빼고는 거의 주 총리 신변에 붙어 다니다시피 하면서 촬영에 집중하였다. 나중에 황범송은 자신이 찍은 사진뿐만 아니라 여러 동료들이 찍은 사진까지 모아 기념화집을 만들었다.

훗날 그 화집이 누구의 손을 거쳐 어떻게 주 총리한테 전달되었는지는 알 수 없지만 이때의 촬영을 통해 황범송은 나라의 영도간부들의 행적을 어떤 자세와 집착을 가지고 기록해야 하는 지에 대해 귀중한 경험을 얻었다. 어찌 보면 그 경험이 훗날 이 분야에서 그만이 독주를 이어가게 하는 계기가 되었을 것이다.

장백산에 오른 등소평 주석

1983년 8월 12일 아침, 주당위 비서장 김동기가 급히 황범송을 불러들였다.

"황 동무, 또 새로운 촬영임무가 내려왔소. 내일 장백산에 올라 우리나라 최고 지도자의 장백산 시찰장면을 찍어야 하오. 주당위 상무위원회에서는 이 임무를 황 동무에게 맡겨 수행하기로 하였소. 다른 일들을 다 제쳐놓고 지금 곧 송강으로 들어가야 하오."

"네. 알겠습니다. 설비를 챙겨가지고 곧장 떠나겠습니다."

황범송은 부랴부랴 사진기자재를 챙겨가지고 승용차에 앉아 송강으로 향했다. 승용차가 백하임업국 초대소 앞에 멈춰 섰다. 김동기 비서장은 그때까지도 누가 오신다는 걸 말하지 않았지만 속으로 짐작이 가는 분이 있었다.

다음날 아침에 사진기 렌즈를 한 번 더 닦아가지고 승용차에 올랐다. 하늘은 구름 한 점 없이 맑게 개였고 천지를 둘러 싼 백두의 연봉마다 울긋불긋 단풍이 들어 천지 주변을 더 아름답게 장식해주고 있었다. 9시가 좀 지나자 줄 늘어선 차가 꼬리에 꼬리를 물고 줄달음쳐 올라오더니 대기하고 있는 곳 100여 미터 되는 곳에 와 멈췄다. 이윽고 차에서 체구가 그리 크지 않은 풍채의 지도자가 내렸다. 순간 가슴이 울렁거리고 심장의 박동이 빨라졌다.

새하얀 와이셔츠에 초록색 군복바지를 받쳐 입은 등소평 중앙군사위원회 주석이 길림성 당위원회 제1서기 강효초, 길림성 당위 서기 겸 연변주 당위 서기 조남기의 안내로 올라왔다. 황범송은 그의 걸음을 따라 함께 움직이며 등산 장면을 연거푸 10여장 렌즈에 담았다.

등 주석은 해발 2,670미터의 천문봉에 올라 망원경으로 천지의 경치를 굽어봤다. 2미터 거리에까지 접근해 촬영하던 황범송은 문득 한 가지 구상을 떠올렸다.

'등소평 동지가 장백산에 오르신 것은 연변역사에 처음 있는 일이다. 이런 때에 연변을 대변해 따라나선 조남기 동지와 최림 동지가 함께 서 있는 장면을 포착할 수만 있다면 얼마나 좋으랴!'

1983년 8월 장백산에 올라 최림의 설명을 듣고 있는 등소평 주석. 오른쪽에서 1번째가 조남기 연변 당위 서기

장백산에 올라 천지를 배경으로 사진 찍는 등소평 주석

등소평 주석에게 장백산에 대해 소개하는 조남기(가운데)와 최림.

연변 주당위원회 간부들과 기념촬영하는 등소평 주석. 앞줄 왼쪽에서 1번째가 최림, 2번째가 조남기 서기, 3번째가 강효초 제1서기

그러나 촬영가는 감독이 아니다. 그저 그런 장면이 나타나기를 기다리면서 순간을 포착하기 위해 노력할 뿐이다. 산정에서 한 시간 남짓 기회를 노렸으나 그런 신통방통한 장면은 시종 나타나지 않았다. 연변이란 지역 직급의 간부가 막무가내로 최고지도자한테 다가선다는 건 실례여서 그런 장면이 자연적으로 연출되기는 도저히 불가능한 상황이라는 걸 금방 눈치 챘다. 이제 산을 내리고 나면 더 이상 기회란 있을 수 없게 되는 상황이라 무슨 수를 써서라도 이 장면을 만들어내야 한다는 게 촬영가의 애타는 바람이었다.

把延边朝鲜族自治州建设
的更快些更好些
邓小平 一九八三年八月十三日

등소평 주석이 연변 시찰 때 쓴 제사.

조급해진 황범송은 슬그머니 조남기한테 다가가 옆구리를 쿡 찌르면서 눈을 끔뻑해보였다.

그의 뜻을 알아차린 조남기가 최림을 앞세워 등소평 주석 바로 옆으로 다가서며 백두산 천지에 대한 전설적인 이야기를 꺼냈다. 드디어 등 주석이 머리를 기웃하고 경청하는 반응을 보이면서 조남기가 손짓하는 곳을 응시했다. 이 절호의 기회를 노리고 있다가 순간 셔터를 연거푸 눌렀다.

드디어 황범송이 만족스러운 표정을 지으며 물러서자 조남기와 최림 동지도 눈치 채고 평온한 모습으로 돌아와 등소평 동지 뒤를 따라 하산했다.

이렇게 연변역사에 길이 남을 소중한 순간이 포착되었다. 이 사진은『등소평문선』에도 수록되었다. 등 주석은 백두산삼림구역을 시찰한 후 연변조선족자치주 여러 민족 인민들에게 "연변조선족자치주를 더욱 빨리, 더욱 훌륭하게 건설하여야 하겠습니다"라는 제사(題詞)까지 써주었다.

황범송은 조선족으로는 유일한 수행기자 신분으로 시찰 전 과정을 사진기록으로 남기는 기쁨과 영광을 누렸다.

연변을 두 번 찾은 호요방 총서기

1984년 5월 11일-12일, 중국공산당 호요방(胡耀邦) 총서기가 조선에 대한 순방을 마치고 연변에 들리게 되였다. 호 총서기는 중공중앙 정치국 위원이며 중앙군사위원회 부주석인 양상곤(楊尚昆), 중공중앙 서기처 서기 호계립(胡启立)과 함께 자치주 당정책임자, 연변군분구, 연변주둔부대 수장 및 대학, 전문학교 주요책임자와 연변의 8개 현·시당위 서기들을 접견하였다.

접견석상에서 호요방은 연변의 건설에 대하여 중요한 지시를 하였고 친필로 연변인민들을 위해 '주덕해동지기념비' 비명을 써주었으며 연변대학에 "민족인재를 힘써 양성하여야 한다"는 제사도 남겼다.

접견이 끝난 후 그는 접견에 참가한 동지들과 기념사진을 찍었고, 연변호텔 정원에서 연길시 6.1유치원 어린이들과 교양원들을 만났으며 그들과 함께 기념사진을 찍었다.

사실 황범송과 호요방 총서기와의 인연은 1950년대 중반에도 있었다. 1956년 8월의 어느 날, 신문사 암실에 나갔던 황범송은 잠간 접수실에 앉아 접수원과 한담을 나누고 있는데 웬 낯모를 사나이 셋이 접수실로 들어오면서 이곳이 연변일보사가 맞는지 물었다. 그렇다고 하자 앞에 선 키 작은 중년 간부가 자기는 중국청년보사 주임이고 옆 사람들은 함께 온 기자들이라고 하면서 연변일보사를 좀 구경할 수 없겠는가고 물었다.

황범송이 오늘은 휴식일이여서 모두 출근하지 않아 보여드릴 수 없다고 하자 그는 그저 한 바퀴 휘 돌아봐도 된다고 하였다. 그들을 모시고 동네 한 바퀴 돌 듯이 휘 돌면서 일일이 설명했다. 주임이란 분은 그에게 신문 발행부수는 얼마며 구독자 상황, 배달 방식 등에 대해 상세히 물었다. 황범송은 자기는 사진기자이기에 구체적인 상황에 한해서는 잘 모른다고 하면서 아는 것만큼 대답하였다.

암실에 도착하자 자기가 이곳에서 사진필름도 현상하고 사진제작도 하고 사진편집을 하여 편집부에 보낸다고 하였다. 그러자 주임이란 분은 친히 암실에 들

유치원 어린이들과 교원들의 환영을 받는 호요방 총서기(1984.5).

유치원 어린이와 이야기를 나누는 양상곤 부주석

주덕해동지기념비 비문을 쓰는 호요방 총서기(1984.5)

예술공연을 관람하고 예술단원들과 기념촬영하는 호요방 총서기.

1956년 연변을 찾은 호요방 공청단 서기가 임민호 연변대 제1부교장의 안내로 연변대학을 시찰하고 있다.

어가 돌아보고 확대기와 사진약들을 만져보더니 집개에 걸어놓은 사진작품들도 일일이 눈여겨봤다. 그리고는 한 달에 신문에 사진 얼마나 게재되는지를 물었다. 황범송은 달마다 보도사진 100여 점을 게재한다고 답하였다. 주임이란 분은 "이런 작은 지방신문에서 사진암실이 갖춰져 있고 또 그렇게 많은 량의 사진을 게재하고 있다니 참 대단하다"고 하면서 수행원들에게 이곳의 경험을 다른 곳에 보급할 만하다고 말했다. 신문사 뒤울안까지 돌아 본 세 사람은 그에게 고맙다는 인사를 남기고는 곧장 대문 밖으로 나갔다.

그 이튿날 오전, 석동수 부주장이 신문사에 전화를 걸어 "공청단 중앙서기처 서기 호요방이 문화구락부에서 전체 주(州) 공청단원 대표들을 대상으로 연설을 하니 문자기자와 사진기자들을 파견하라"는 지시를 내렸다. 신문사에서는 한천금 문자기자와 황범송 사진기자를 파견하였다. 연설회장에 들어서니 석동수를 비롯

1956년 연변을 찾은 호요방 서기가(1열 왼쪽에서 5번째) 연변지역 청년단 간부들과 기념촬영을 하고 있다.

한 중공 연변주위와 정부, 각 단체의 공청단 대표들이 대기하고 있었다.

이윽고 우레와 같은 박수소리 속에 호요방 서기가 연단에 나왔는데, 놀랍게도 어제 신문사를 찾아왔던 『중국청년보』 주임이란 분이 아닌가! 신분을 감추고 '서민'으로 가장해 기층에 내려가 잠입조사를 하는 그의 영도수완에 황범송은 큰 감동을 먹었고, 못내 흥분하기까지 했다. 그날 그는 여느 때보다도 집중해서 사진을 찍었다.

연설이 끝난 뒤 호요방은 석동수, 임민호 등의 안내로 오후에 연변대학을 시찰하였다. 황범송은 석동수 부주장의 배치대로 호요방의 연변대학 시찰장면도 빠짐없이 촬영하였다.

강택민 총서기 연변 시찰 일화

강택민 총서기는 연변에 두 번 다녀갔다. 강 총서기가 올 때마다 사진촬영을 맡은 황범송에게는 잊지 못할 이야기들이 많다. 장백산스키운동장빈관에서 있은 일이다. 강 총서기는 독방에서 식사를 하고 기타 수행인원들과 사업일군들은 홀에서 뷔페식으로 식사를 했다. 그때 강 총서기가 방문을 열고 나오더니 뷔페의 음식들을 둘러본 뒤 술병을 손에 들고 사업일군들에게 한잔씩 권하기 시작했다.

황범송에게 다가온 강 총서기는 "노 기자가 수고 많다"면서 잔에 따라서 술을 권했다. 여느 술과 같은 한잔 술이지만 나라의 최고수장이 친히 권하는 술이라 술잔에 담긴 그 의미는 남달랐다. 그는 단숨에 잔을 쭉 냈다.

1991년 1월 7일, 강 총서기가 연변에 왔을 때였다. 저녁에 황범송은 길림성당위 부서기이며 연변주당위 서기인 장덕강(張德江)을 따라 연길비행장으로 갔다. 사전에 연길에 와 대기하고 있던 신화사 기자들도 함께 동행 했다. 그는 강 총서기가 비행기에서 내리는 장면을 찍으려고 미리 머리 속으로 몇 번이나 시뮬레이션을 해봤다. 그 때 신화사 기자가 그에게 한마디 했다.

"우리가 무슨 렌즈를 쓰면 당신도 따라서 같은 렌즈를 써야 하오. 그리고 우리가 어느 장면을 찍으면 당신도 따라서 그 장면을 찍어야 하오. 그리고 절대 우리 앞에서 나대지 말고…"

어쩌면 이 말은 전에 다른 장소에서 한 신화사 기자의 말과 똑 같았다. 그때 황범송은 윗선에 있는 그 기자의 말대로 하다가 크게 낭패를 본 일이 있었다. 그런데 오늘 또 다른 신화사 기자가 자신의 움직임을 간섭하고 제한하려 하였다. 난감한 처지에 처한 황범송은 뭐라고 대답은 하지 않고 우두커니 서있었다. 바로 이 때 그의 옆에 서있던 장덕강 서기가 난감해하는 것을 눈치 채고 한마디 했다.

"황 동무는 우리가 특별히 배정한 기자이기에 누구의 눈치를 볼 필요가 없습니다, 앞질러 나가서 찍어야 할 장면이면 과감히 도전해보세요. 뒷감당은 제가 하겠습니다."

1991년 1월 연변을 방문해 도문 국안(세관)을 시찰하는 강택민 총서기

그제야 그는 어깨 쭉 펴고 망원렌즈를 쓰라는 신화사 기자의 말을 귓등으로 흘려보내고 광각렌즈를 사용했다. 그리고는 강 총서기가 비행기에서 내리는 장면부터 저녁식사가 끝나고 연변예술극장에 가서 위문공연을 보고 무대에 올라가 배우들과 악수하고 내려오는 장면까지 300여 개 장면을 연속해서 찍었다.

사무실로 돌아오니 밤 10시가 넘었다. 하지만 곧장 필름을 챙겨가지고 이미 예약해놓은 사진관으로 달려갔다. 늦은 시간임에도 사진관 경리와 기술일군들이 대기하고 있었다. 늦어서 미안하다는 인사도 건네지 못하고 곧장 그들과 함께 인

강택민 총서기가 조선족 농민 박만수의 집을 방문해 대화를 나누고 있다.

화작업에 들어갔다. 흑백필름이면 그냥 누구의 손을 빌리지 않아도 되었지만 칼라 인화작업은 전문업체에 의뢰해야만 가능했다. 밤새 필름을 인화해서 100여 점을 추려서 아주 근사한 사진집을 몇 부 만들어냈다.

작업을 끝내고 보니 동창이 어둑어둑 밝아왔다. 그제야 전날 저녁도 못 챙겨 먹고 밤을 꼬박 새웠음을 알게 되였다. 하지만 그냥 소파에 앉아 쪽잠을 자네마네 하고는 날이 밝자 사진앨범을 챙겨가지고 장덕강 서기 사무실을 찾아갔다.

장 서기도 사무실에서 뜬 눈으로 밤을 샜는지 전화기 앞에서 뭔가 생각을 쥐어짜고 있었다. 그는 사진앨범을 받아보고 아주 흡족해하면서 "이제 곧장 훈춘으로 내려가게 되니 서둘러 차비를 하라"고 했다. 그는 진작 만단의 준비를 끝내고 찾아간 몸이라 한 걸음으로 사진기 3대를 챙겨가지고 승용차에 올랐다.

훈춘 순방을 마치고 돌아오는 길에 용정시 동성용향 용산촌에 들리게 되었다.

모아산 아래에 위치한 용산촌은 예로부터 용의 기운을 받은 지역으로 소문이 나 있어 전에도 많은 국내외 지도자들이 다녀간 곳이다. 세전이벌 노른자위에 위치한 이 지역은 한족이 한호도 없는 순수 조선족촌으로 유명한 지역이기도 하지만 김시룡, 이옥금 등 유명 모범인물을 배출한 곳으로도 널리 알려진 곳이다.

그날 강 총서기는 용산촌 제4촌민소조 박만수 가정을 방문하였다. 이거야말로 뜻 깊은 역사적인 순간이었다. 그런데 총서기가 조선족 농민 집에 들어갈 때 경위원들이 막아 나서며 이 집엔 신화사 기자들만 진입이 가능하고 현지 기자들은 강 총서기가 다음 집을 방문하실 때 들어가라고 하면서 단속하였다.

'이 집 장면이 다음 집에서 그대로 재현될 것도 아니고 그보다도 다음 집 방문 스케줄이 잡혀있는 것도 아닌 데…'

그는 여하를 불문하고 집 안으로 비집고 들어가야 한다는 단순한 생각뿐이었다. 촬영기자가 이 절호의 기회를 놓쳐버리고 그 다음을 기대한다는 게 말도 안 되는 짓이었다.

여기까지 생각이 미친 황범송은 그냥 전장송 비서장을 찾아가 확고한 의도를 밝혔다. 전 비서장이 용단을 내리고 경위처장한테 사정얘기를 했다. 처장의 명령이 떨어지자 그제야 경위원들도 허리를 굽히며 그에게 길을 내주었다.

강 총서기가 조선족 농가 박만수 집에 들어가 신을 벗고 조선 구들에 올방자(책상다리)를 틀고 앉은 장면, 농민들과 친절하게 담화하시는 장면 등을 숨죽이고 연신 셔터를 눌러댔다.

강 총서기는 이 집 방문을 마치고 다시 다른 집으로 가지 않고, 그 길로 연길로 돌아와 곧장 비행장으로 향했다. 황범송은 그때 일을 감명 깊게 회상하며 이렇게 말했다.

"만약 제가 체면을 차리고 시키는 대로만 했더라면 그 소중한 순간포착은 영 물 건너가고 말았을 겁니다."

강 총서기가 조선족 농가를 방문한 이 사진은 지방의 여러 신문과 잡지는 물론 국가급 여러 간행물에 발표되었고, 그는 푸짐한 상도 받았다.

김일성 주석과의 얽히고 설킨 이야기

1984년 5월 16일, 조선노동당중앙위원회 총비서이며 조선민주주의인민공화국 주석인 김일성 동지가 소련과 동유럽 순방 차 도문시를 경유하게 되었다.

도문역에서 중공중앙 정치국위원이며 심양군구 사령원인 이덕생, 중공중앙위원이며 중공길림성위 제1서기인 강효초, 외교부 부부장 궁달비, 중공중앙 대외연락부 부부장 장광화, 길림성 성장 조수, 중공당 중앙위원이며 길림성위 서기인 조남기, 길림성위 후보위원이며 연변주위 서기인 이덕수, 연변주위 상무위원이며 연변군분구 사령원인 정세창, 도문시위 서기 조광석 등이 김일성 주석을 마중했다. 이날도 역시 촬영임무를 황범송이 맡았다. 촬영기자로서 평생을 두고 잊을 수 없는 순간이었다.

바로 전날인 5월 15일, 그는 아침에 출근하자 바람으로 주당위 김동기 비서장의 전화를 받았다.

"범송 동무요. 오늘 중요한 촬영임무가 있는데 전화 받은 즉시로 촬영기재를 갖춰가지고 이덕수 서기를 찾아가오. 이 서기가 황 동무에게 구체적인 임무를 지시할거요."

전화기를 내려놓기 바쁘게 촬영기재를 챙겨가지고 연변호텔로 달려갔다.

"마침 잘 왔소. 안 그래도 기다리던 참인데… 나와 함께 도문으로 가기오. 아주 중요한 촬영임무가 떨어졌소."

이덕수 서기는 엄숙하면서도 명랑하게 말하였다. 그 자리에 길림성당위서기 강효초도 있었다. 황범송은 이서기의 지시를 받고나서 호텔 앞에 대기 중인 신문기자용 소형버스에 올라타려고 했다.

이때 강효초 서기가 넌지시 한마디 건넨다.

"오늘 촬영임무는 황 동무한테만 의뢰한 것이니 차질이 생겨서는 안 되오. 황 동무는 저 바깥 기자들하고는 신분이 다르다는 걸 명심하오. 저 기자들은 자발적으로 온 사람들이요. 황 동무만은 우리가 지정한 함께 행동해야 할 기자란 말이오."

"무슨 뜻인지 알만합니다. 최선을 다 하겠습니다."

이윽고 기자전용 차량은 그를 싣고 쏜 살 같이 내달렸다.

도문에 이르자 김동기 비서장이 강효초 서기와 이덕수 서기에게 출국 방문 차 도문을 거쳐 가는 조선 귀빈들을 영접하기 위한 준비상황을 보고하였다. 중공중앙 정치국 위원이며 심양군구 사령원인 이덕생이 호요방 총서기의 위탁을 받고 총서기를 대신하여 김일성 주석을 환영하고 환송하기 위해 일부러 도문으로 나왔다.

황범송은 속으로 "이 영광스러운 촬영임무가 나에게 맡겨진 것은 나에 대한 조직의 최대의 신임이다. 나는 촬영기자로서 최선을 다하여 이번 임무를 꼭 훌륭하게 완수해야 한다"고 되새겼다.

그는 이덕생, 강효초, 이덕수 등 간부들을 따라 움직이면서 그들의 환영의식 스케줄에 포함된 도문해관, 철교, 역전거리와 기타 몇 곳을 시찰하는 장면부터 하나하나 렌즈에 담으면서 배경화면들을 눈에 익혀두었다.

5월 16일, 도문시 시민들이 명절 옷차림을 하고 이른 아침부터 거리에 떨쳐나섰다. 연길, 용정, 왕청, 석현 등지에서도 소문을 듣고 수천 명이 도문으로 몰려왔다. 도문교두부터 역전광장에 이르는 구간은 삽시에 인산인해를 이루었다. 그는 중앙과 성, 주 지도자들을 따라 도문역 플랫폼으로 나갔다.

오전 11시 40분, 김일성 주석이 타신 특별열차가 도문역에 서서히 들어섰다. 군악대가 영빈곡을 연주하고 환영 나온 군중들은 중조 두 나라 국기를 흔들면서 목청껏 외쳤다.

"김일성 주석을 열렬히 환영합니다!"

국가 공안부 부부장 공달배, 중공중앙 대외연락부 부부장 장광화가 중국의 당과 정부를 대표하여 열차에 올라가서 조선 귀빈들을 영접하였다.

이윽고 김일성 주석이 차에서 내렸다. 삽시에 우레와 같은 박수소리와 함께 "김일성 주석 만세!", "김일성 주석을 열렬히 환영합니다!…" 라는 환호성이 진동하였다. 김 주석은 만면에 환한 웃음을 지으며 환영하는 군중들에게 손을 흔들어 답례하였다.

1984년 5월 16일 도문역에 도착한 김일성 주석이 강효초(왼쪽), 이덕생의 안내를 받으며 걸어 나오고 있다.

도문시 역광장에 환영 나온 시민들

도문역 남광장에서 3군의장대의 사열을 받는 김일성 주석.

중국의 각급 당·정지도자들은 김 주석과 악수하고 포옹하였다. 촬영기자들은 김 주석의 모습 렌즈에 담으려고 원거리카메라를 들이 대고 여러 모로 애썼으나 밀려가고 밀려오는 인파 속에서 각도를 맞출 수가 없었다. 그 순간 황범송은 사람들 속을 비집고 김 주석의 바로 앞 1미터까지 접근해 들어갔다. 김 주석의 풍채가 렌즈에 들어왔다. 그는 그 순간을 놓칠세라 연이어 셔터를 눌렀다. 공안부의 해당규정에는 15미터 안에서 김 주석을 촬영하지 못하기로 돼 있었다. 하지만 그는 뒤에서 잡아당기는 공안부일군을 밀쳐버리고 1미터 되는 거리까지 다가가 김 주석의 모습을 10여 차례나 촬영했다. 규정은 어겨 미안하지만 훌륭한 사진을 찍는 데는 성공했다. 뒤이어 그는 복잡한 인파 속에서 사진기와 필름을 갈아대며 연속 100여 점이나 찍었다. 그러고 나니 긴장이 풀리면서 온 몸이 물자루가 되었지만 마음만은 성취감으로 부풀어 올랐다.

이윽고 김일성 주석이 이덕생의 안내로 도문역 남광장에서 3군의장대의 사열을 받게 되었다. 그는 사열식이 끝나고 미소를 머금고 환영 나온 서민들 앞으로 다가가 연속 손을 흔들어 사의를 표하는 장면, 도문역 귀빈실에서 55분 동안 휴식하며 중국의 당·정지도자들과 담화하는 장면, 석별의 정을 나누고 다시 열차에 올라 환송하는 군중들에게 손을 들어 사의를 표하시는 장면 등 역사적인 순간을 하나도 놓치지 않고 모두 렌즈에 담았다.

집에 돌아오자 사진들을 즉시 현상해 주당위 판공실을 거쳐 중국주재 조선민주주의인민공화국 대사관에 보내주었다.

김 주석 일행은 도문을 떠나 다시 특별열차로 목단강시와 내몽골자치구를 거쳐 만주리에서 1만여 명 군민이 참여한 명예위병대 사열로 환송식까지 끝내고, 중소국경을 넘어갔다. 그 와중에 중공 흑룡강성 성위 서기 이력안과 성장 진뢰(陳雷), 내몽골자치구당위와 인민정부 및 군구책임자를 비롯한 수천 명 군민들의 환대를 받았지만 만주리에서의 환송식이 가장 근사했다.

이덕생과 궁달비, 장광화 등이 도문에서부터 만주리까지 김일성 주석을 동행하였다. 황범송은 도문에서만 그 영광의 순간들을 사진으로 기록했지만 마음속으로 그 역사적인 장면을 사진으로 남기게 된 영광의 순간을 만끽했다.

그때로부터 6년 5개월이 지난 1990년 10월, 주당위 판공실에서 그에게 '중국인민지원군 항미원조전쟁 참전 40돐 기념행사'에 참석해달라는 심양주재 조선영사관의 초대장을 받았다. 그는 초대장에 쓰인 대로 10월 20일에 조선의 수도 평양에 들어갔다. 조선 측에서는 그를 국빈으로 예우해주면서 환대했고 조선의 명승고적과 조국해방전쟁기념관, 중국인민지원군열사능원 등을 견학시켰다.

기념행사는 10월 25일 오전 평양 5.1광장에서 성대히 거행되었다. 이철영 동지를 단장으로 한 중국 당정대표단과 이덕수 동지를 단장으로 한 길림성정부 친선대표단이 대회에 초대되었다. 그날 조선동지들은 황범송을 주석단으로 안내하였다.

"제가 무슨 큰일을 했다고 이 어마어마한 좌석에 앉아야 합니까? 저는 그저 평범한 …"

김일성 주석이 강효초, 이덕생, 조남기 등과 환담하고 있다.

도문역 귀빈실에서 환담을 마치고 나오는 김일성 주석

그는 송구한 나머지 주춤거리면서 자리를 거듭 사양하였다.

"선생님은 충분히 이 자리에 앉을 자격이 있는 분이십니다. 6년 전에 수령님께서 출국방문차 도문을 거쳐 가실 때 사진을 찍어드린 분이잖습니까? 오늘 이 좌석은 수령님께서 친히 마련하셨기에 꼭 앉으셔야 합니다."

그는 안내원의 말에 일단은 안정을 찾고 지정된 자리에 앉았다.

수만 명이 하나 같이 움직이면서 형형색색의 조형을 이루는 집단체조 공연에 이어 군민이 하나 된 대규모 열병식이 거행되었다. 차라리 구석진 곳에 혼자 앉아 관람했으면 일어서서 소리라도 질렀으련만 어마어마한 자리에 초대된 신분이라 그냥 조용히 앉아서 가볍게 박수를 치면서 감상할 수밖에 없었다.

그날 오후, 황범송이 평양호텔로 돌아오자 또 금박으로 찍은 초대장이 전달되었다. 초대장에는 이렇게 써져 있었다.

황범송동지:

중국인민지원군 조선전쟁참전 40돐을 기념하기 위해 1990년 10월 25일 18시 30분에 금수당에서 연회를 거행하오니 광림하시기를 바랍니다.

김일성

초대장을 펼쳐본 순간 그는 분에 넘치는 초대를 받아도 되는 건지 망설여졌다.

"자, 약속된 시간이 되었으니 인젠 떠나셔야 합니다."

안내원이 들어와 사색에 잠겨있는 그를 깨워가지고 나갔다. 김일성 주석의 집무실이 있는 금수산의사당은 태어나서 처음 보는 눈부신 건물이었다. 연회석상에서 김 주석의 모습을 다시 보게 된 그는 한 보통 촬영기자 마저 잊지 않고 따뜻하게 초대해준 마음에 눈물을 글썽였다.

훗날 황범송은 "평생 사진촬영을 하면서 많은 고위 인물들을 만났는데 가장 인상에 남는 일이 무엇인가"라는 질문을 받고 "그래도 평양에 가서 김일성 주석을 만난 일이 지금까지 인상이 깊다"고 대답했다. 그러면서 이런 일화를 들려줬다.

1990년 10월 25일 '중국인민지원군 항미원조전쟁 참전 40돐 기념행사'에 참가한 중국대표단의 모습

중국인민지원군 항미원조전쟁 참전 40돐 기념행사 주석단의 중국대표단장과 이종옥 부주석.

황 범 송동지앞

중국인민지원군 조선전선참전 40돐기념 중앙보고대회에 초대합니다

날자 1990년 10월 24일 오후 시
장소 2. 8 문화회관

조선민주주의인민공화국정부
총 렬 번

조선에서 보내 온 초대장(복사본)과 행사 초대장

"평양에 가서 여러 날 체류하면서 이런저런 활동에 초대되고 이제는 돌아갈 때도 되었다고 슬슬 귀국준비를 하는 데 어느 날 안내원이 오늘 저녁에 중요한 만찬이 있으니 여하를 불문하고 참석해야 한다고 하더군요. 그래서 사진기를 휴대해도 되는가 물었더니 그건 안 된다고 해서 그냥 홀가분한 몸으로 대기하고 있었지요. 아마도 조금은 지체 높으신 분이 저녁초대를 하는 거라고 혼자생각을 했지요."

약속시간이 되어 안내원이 고급승용차로 모시러 왔다. 승용차 안은 커튼이 쳐져 있어 옆으로는 밖을 내다 볼 수 없었다. 한창 달리더니 어느 으리으리한 건물 앞에 차가 멈춰 섰다.

대문에 들어서 계단을 올라가는데 옆에 검은 약복차림에 흰 장갑을 낀 훤칠한 젊은이들이 근엄한 표정을 짓고 서 있었다. 자못 긴장된 마음으로 안내원을 따라 조심스럽게 계단을 올라갔다.

2층에 올라가니 커다란 대문이 있었는데 안내원이 조금 기다리라고 하고는 먼저 안으로 들어갔다. 마음이 긴장하여 머리가 하얗게 되는 기분이 들었다. 이윽고 안내원이 나와서 들어가서도 된다고 했다.

들어간 곳은 으리으리하면서도 고풍스러운 냄새가 풍기는 방이었다. 네 벽 귀퉁이에 검은 색 양복을 받쳐 입은 청년들이 서 있었다. 꽤나 긴장한 마음을 달래며 이제나 저제나 기다리는 데 출입문 쪽에 서있던 젊은 청년이 다가와서 "이제 곧 수

1990년 10월에 방문한 판문각에서 남쪽을 보고 촬영한 사진.

령님께서 황 선생을 만나러 오신다"고 조용히 귀띔해주었다.

순간 귀를 의심할 지경이었다. 도문에서 사진을 찍을 때 가까이에서 본 후 또 이렇게 면전에서 만나게 될 줄은 꿈에도 생각지 못했던 것이다. 이윽고 커다란 문이 열리더니 환하게 웃으며 김 주석이 들어오셨다. 어쩔 줄 몰라 일어서서 두 손을 마주 비비며 서있는 데 김 주석이 앞으로 다가오면서 손을 내 밀어 악수를 청하였다.

"황 선생, 오래 기다리게 해서 미안합니다. 이렇게 또 뵈어 너무 반갑습니다."

김 주석은 먼저 자리에 앉으며 편하게 앉으라고 했다.

"전에 수행인원들이 황 선생이 찍은 사진을 가져 온 걸 보고 많이 놀랐습니다. 정말 사진에 조예가 깊은가 봅니다. 오래 만에 그렇게 마음에 드는 사진을 보고 기뻤습니다. 그래서 비서들 보고 기회가 적당할 때 황 선생을 꼭 평양에 모셔오라고

1990년 10월 김일성 주석의 생가인 만경대고향집을 방문한 황범송(오른쪽 1번째).

황범송이 촬영한 조선 풍경
①평안북도 묘향산 보현사, ②평양 대성산 혁명열사릉, ③평양에서 원산으로 가는 고속도로, ④함경북도 라진항의 모습.

1980-2000년대 중앙 영도간부들의 연변 시찰 장면

① 1984년 11월 중국공산당 중앙서기처 후보서기 학건수가 연변지역을 시찰하고 있다.
② 1989년 9월 중국공산당 정치국 위원이며 국무위원인 이철영(李鐵暎, 오른쪽 2번째)이 연변에 와 이덕수(李德洙, 오른쪽 1번째)의 안내로 도문국안(세관)을 시찰하고 있다.
③ 1990년 7월 진모화 전국인민대표대회 상무위원회 부위원장이 연변을 방문해 도문시 마패촌부녀학교를 시찰하고 있다.
④ 1991년 6월 전기운 전국인민대표대회 상무위원회 부위원장이 연변을 방문해 도문과 방천지역을 시찰하고 있다.
⑤ 1992년 9월 홍학지 전국정치협상회의 부주석이 연변을 방문해 도문의 한 가정집을 방문하고 있다.

① 국무원 부총리 주용기(朱镕基) 연변 시찰.
② 전국인대상무위원회 팽진(彭真) 위원장 연변시찰.
③ 국무원 총리 리붕(李鹏) 연변 시찰.
④ 국가 부주석 호금도(胡锦涛) 연변 시찰.
⑤ 전국정치협상회의 주석 가경림(贾庆林) 연변시찰.

첫 공개

1954년 김달현 최고인민회의 부의장을 단장으로 하는 조선인민대표단의 연변 방문 사진

① 1954년 6월 13일 연길에 도착한 조선대표단을 환영하기 위해 나온 연길시민들
② 연길시에서 개최된 조선인민대표단 환영대회 모습
③ 환영대회 주석단의 조선대표단 간부들(맨 왼쪽이 김달현 부의장)

④ 모범농민 김신숙이 있는 농장을 방문한 김달현 의장
⑤ 농장을 둘러보는 조선대표단 성원들.
⑥ 농민들을 격려하는 김달현 부의장(가운데가 김신숙 모범농민)
⑦ 조선대표단의 여성대표가 김신숙과 인사를 나누고 있다.
⑧ 조선대표단 성원들이 김신숙 모범농민과 만나 이야기를 나누고 있다.

했습니다. 이렇게 만나게 되어 정말 반갑습니다."

김 주석을 만나기 전에는 긴장하고 심장이 몹시 두근거렸는데 정작 마주하고 이런 이야기를 듣자 이상하게 마음이 편해졌다.

얘기가 한창 무르익어가고 있을 때 김 주석이 "황 선생이 시장하겠는데 우리 식사부터 합시다"라고 수행원에게 지시했다. 기다렸다는 듯이 북쪽에 있는 조그만 문이 열리더니 음식을 받쳐 든 봉사원들이 들어섰다. 밥상이 차려지는 순간에도 수행비서들이 자주 와서 김 주석에게 뭔가 보고하고 나갔다. 차려진 밥상을 보는 순간 놀라움을 금치 못했다. 아주 검소한 밥상이었다. 밥도 그냥 조밥 두 공기였는데 거기에 국이 있고 김치와 고등어구이에 간단한 반찬이 다였다. 의아해하는 얼굴을 눈치 챘는지 김 주석이 "어쩐지 조밥에 습관이 되어서인 지 지금도 이렇게 자주 조밥을 먹는답니다. 혹시 황 선생 구미에 맞으시려는지? 아무튼 어려워 말고 많이 드시오."

황범송도 "네, 저도 조밥을 무지 좋아합니다"라며 분위기에 맞추어 임기응변으로 답했다.

식사하면서 김 주석은 "소왕청(小往清, 1933년 반일유격근거지가 있던 곳)은 지금 어떻게 변했는지? 그 내두산 아래 동네는 지금 어떤 모습인지 많이 궁금하다"며 연변의 몇 곳에 대해 물었다. 어떻게 답해야 할 지 몰라 망설이다가 "지금 변화가 큽니다"라는 식의 상식적인 대답만 했다. 그러자 김 주석은 깊은 상념에 잠기더니 "참 저한테는 그리운 곳입니다. 제가 신분이 이렇지 않으면 그냥 편하게 한번 가보고 싶습니다"라고 말했다.

황범송은 평범한 촬영기자로서 한 나라의 최고지도자와 단독으로 만나 식사까지 나눈 장면을 여러 차례 회고했다.

아메리카대륙을 들썩이게 한 사진전

1982년 연변자치주 성립 30주년 기념행사가 끝난 뒤 어느 날 연변박물관 전직 촬영사로 근무하던 황범송은 친하게 지나는 지인한테서 예기치 못한 전화를 받았다. 당시 연변의학원에 와서 의학강의를 하던 현봉학(玄鳳學) 박사가 꼭 만나보고 싶다는 것이었다. 그는 1981년에 중국병리학계의 초청으로 1년간 연변의학원에 머물면서 의학강의를 하던 미국 국적의 조선인으로 미중조선인친선협회 이사장으로 활동하고 있었다.

당시 개혁개방 초기라 외국인과 접촉한다는 게 상당히 신경 쓰이는 일이었다. 지난 시기 '문화대혁명'의 시련을 겪었고 요직인 연변박물관에서 근무할 때라 그는 이것이 그냥 사사로이 대처할 일이 아니라고 판단해 즉각 중공연변주위 외사판공실에 찾아가 자문했다. 여차여차한 일인데 만나도 되겠냐고 묻자 관계자는 한마디로 "만나지 마세요"라고 딱 잘라 말했다.

"미국에서 찾아 온 분이라는데 어떻게 만남 자체를 거절한단 말이요. 찾아온 손님을 그렇게 푸대접하면 실례가 아니겠소?"

황범송은 "도의적인 차원에서 만나는 줘야 하지 않을까"라고 자기의 뜻을 고집하였다. 십여 분간의 대화가 이어지는 가운데 갑자기 관계자의 안색이 바뀌었다.

"기어히 만나야 한다면 5분만 시간을 드릴게요. 그 사람이 연변의학원에서 강의를 하고 있다니 강의실 문 앞에서 만나 웬 일로 만나려는 지나 알아보시오."

그는 그나마 다행이라고 여기고 의학원 쪽으로 달려갔다. 아니나 다를까 현봉학 박사는 한창 강의 중이였다. 조심스럽게 사업일군에게 알렸다. 그러자 사업일군이 쪽지를 써서 현 박사한테 전했다. 쪽지를 본 현 박사가 강의를 중단하고 문밖으로 나왔다.

반갑게 인사를 나눈 후 현 박사는 단도직입적으로 말하였다. "연변에 와있는 동안 이곳의 신문과 잡지들을 꾸준히 읽었는데 황 선생의 사진작품을 보면서 크게 감동을 받았다"고 말했다. 그는 연변의 풍경과 이곳 삶의 모습들을 잘 보여주는 작품에 많이 감동되였다고 덧붙였다. 그러면서 "만약 황 선생이 허락하신다면 황범송사진전을 미국에 가서 개최하려고 한다"고 말했다. 그는 "미중조선인친선협회의 뜻이니 부디 허락해 달라"고 했다.

황범송은 아닌 밤중에 홍두깨 식으로 갑작스런 제의에 어안이 벙벙해졌다. 너무나도 예기치 못했던 제안이여서 일단은 잘 생각해보고 답변을 드리겠다고 하였다.

대화는 규정대로 5분 안에 끝났다. 그들은 다시 연락을 주고받기로 약속하고 헤어졌다. 황범송은 높뛰는 가슴을 안고 그 길로 주위 외사판공실 찾아가 그대로 보고하였다. 그러자 최 주임은 즉각 중공연변주위 부서기 장진발에게 보고하였다.

시간이 얼마쯤 지난 어느 날 장진발 서기가 찾았다. 엄숙한 표정으로 그를 만난 장 서기는 올린 보고를 받았다면서 "미국에서 사진전을 할 수 있겠는가"라고 물었다. 그는 정색하며 "지난 세기 40년대 말부터 연변사진을 찍었고 연변일보사 촬영기자로 10년을 복무한 다음 1972년부터 지금까지 연변박물관에서 전직촬영을 하면서 연변과 조선족에 대한 사진작품 2만여 점을 촬영하였거나 소장하였다. 촬영한 연변의 우수한 면과 발전된 면만을 반영하는 사진작품으로 연변의 정치, 경제, 문화 및 조선족민속 등을 전면적로 반영할 수 있다"고 답변했다. 만약 이번에 미국에서 전시한다면 연변의 자연풍경과 발전성취, 조선족 민속을 주체로 한다면 꼭 성공할 수 있을 것이고 자신 있게 말했다.

"그러나 이는 외사문제에 관계되기 때문에 자기로써는 결정을 할 수 없다. 영도의 비준이 없이는 자기 혼자로는 못한다."

이야기를 듣던 장서기는 "그만 하면 알만하오. 동무는 돌아가서 사진작품 선별과 설명문을 잘 작성하고 준비가 되는 대로 보고하오"라고 지시하였다. 그날부터 황범송은 전시대강을 짜고 작품을 선별하고 설명문을 쓰는 작업에 몰두하였다. 그러는 와중에 그는 1984년 중공연변주위사무실로 정식 전근되어 전문촬영사로 일하게 되었다.

1984년 말, 중공 길림성위 대외선전소조에서는 길림성위의 비준에 따라 미국

아세아주문화센터의 요청으로 연변예술학교예술단을 미국에 파견하기로 결정했다. 그리고 마침 미중조선인친선협회에서 황범송특별사진전을 개최하기로 초청하는 중이라 하니 연변 나아가 길림성을 무대예술과 사진예술형식으로 대외에 선전할 수 있는 좋은 기회로 될 것이라고 하였다. 성의 대외선전소조에서는 연변주위 대외선전소조더러 황범송사진전 준비를 다그치게 했다.

당시 미국과 중국 사이에 정상적인 사진전 교류협약이 없는 상황에서 주위 대외선전소조에서는 황범송의 사진작품을 연변예술학교예술단이 미국 공연에 가면서 가지고가는 선전사진책으로 묶도록 하였다. 이에 황범송은 자기의 사진작품을 연변가무단공연사진집 한 책, 연변풍경사진집 한 책, 연변조선족민속사진집 한 책, 연변경제건설성취사진집 한 책 등 모두 4권으로 묶었다. 150폭의 사진작품을 선별하고 편집하고 작품마다 사진제목과 설명을 달았다.

1985년 1월 중순, 황범송이 주위 사무실에서 퇴근하려고 하는데 주위 대외선전처장 찾았다. 처장은 그에게 저녁 식사를 한 다음 주위 2층 회의실에 오라고 했다. 사진작품을 미국에 보내는 문제를 토론한다는 것이었다. 그래서 회의실에 들어가니 장진발, 조용호, 전인영 등 중공 연변주위의 주요 지도자들이 참석하였고, 주위 선전부장 리정문, 그리고 대외선전처 분들이 기다리고 있었다. 회의에서는 사진작품을 미국에서 전시할 데 관한 일을 토론하였다. 대외선전소조에서 준비정황을 보고한 다음 지도자들과 회의참가자들이 열렬한 토론을 벌렸다. 모든 회의참가자들은 “이번 사진전은 우리 연변을 선전하는 좋은 기회이므로 절대로 기회를 놓치지 말고 충분한 준비를 하여야 한다”고 이구동성으로 찬성하였다. 그리고 즉각 중공길림성위에 보고하여 비준을 받아야 하고, 그 일을 대외연락처장이 책임을 지도록 결정했다. 그러자 처장은 그렇게 하겠다고 대답을 하였다. 그런데 회의가 끝나서 나오자 처장이 불 멘 소리를 했다.

“황 선생, 나는 못 가겠습니다.”

“왜 못 가겠다는 겁니까?”

“그 일이 어떤 일인데 내가 가서 받아오겠소.”

〈빙설로 덮힌 장백산〉

"그러면 왜 회의 때는 가겠다고 대담하였소."

"아니 내가 영도들 앞에서 어떻게 못하겠다고 대답하겠소. 내 밥통이 떨어지라고?" "그러면 좀 일찌감치 이야기하지. 영도들이 다 갔겠는데."

"아니. 지금 영도들이 아직 회의실에서 안 나왔소."

한참 실랑이를 하다 회의실을 바라보니 과연 영도들이 계속 뭣인지 토론하고 있었다. 그래서 그는 처장의 손을 끌고 다시 회의실로 들어가 처장이 장춘에 못가겠다는 사실을 보고하였다. 그 말을 들은 전인영이 엄숙한 표정을 지으면서 "최 동무, 어찌된 일이요? 왜 그렇게 소심하오?"라고 물었다. 처장은 "나는 사진에 대해 잘 모르기에 성에서 캐고 물으면 할 말이 없습니다!" 라고 대답했다. 그러자 장진발 부서기가 "그건 일리가 있는 말이요. 그러면 사진작품을 잘 설명할 사람은 황 동무밖에 없는데 황 동무가 성에 갈 수 있겠소? 가서 설명할 수 있겠는가?" 고 물었다.

현봉학 박사가 뉴욕사진전시회가 끝난 후 연길을 방문해 황범송 작가에게 감사패를 전달하고 있다.

이에 황범송은 당차게 말했다.

"주위에서 성에 연락하여 놓으면 저는 혼자라도 가서 잘 설명할 수 있습니다. 모든 준비는 다 되었습니다."

그러자 장진발, 조용호, 전인영은 웃으시면서 "그러면 내일이라도 하루 빨리 성에 다녀오라"고 지시하였다.

황범송은 다음날 저녁 장춘 가는 기차를 타고 연길을 떠났다. 아침에 장춘역에 도착한 그는 성위 선전부사무실로 찾아갔다. 회의실에는 길림성위 문교를 관리하는 부서기 한 분을 비롯해 여러 간부들이 앉아있었다. 그는 성위 선전부장한테 중공연변주위 대외선전소조의 청시서류를 건네주고 사진작품들을 소개하였다. 이후 선전부장의 사회로 열렬한 토론을 벌렸다. 모든 회의참가자들은 황범송 사진작품전람을 이구동성으로 찬성하면서 꼭 성공시키기를 바랐다고 말했다. 그러자 선전부장은 대외선전처장더러 빨리 비준수속을 하여주라고 지시하였다. 모든 것이 상상외로 순조로웠다. 그는 안도의 숨을 쉬고서 저녁기차를 타고 밤새워 연길에 돌아왔다.

황범송은 피곤도 마다하고 사무실로 출근하여 주위 대외선전소조에 성위에서 비준한 서류를 맡겼다. 그리고 사진작품편집과 설명문작성에 더 많은 심혈을 기울였다. 그 사이 미국의 현봉학 박사가 네 차례나 편지를 보내왔다. 그는 현봉학한테 답장을 보내 이곳 사진전 진척상황을 알려고 사진작품을 전달할 방법도 연구하였다.

1985년 11월 1일, 연변예술학교예술단 일행 20명이 미국 아시아주예술센터의 초청을 받고 미국을 방문하고자 연길을 떠났다. 북경을 떠나기 전에 호계립 등 지도자들의 접견을 받았다. 길림성위 대외선전소조에선 연변주위 대외선전소조에 지시하여 황범송이 편집한 4권의 사진책을 연변예술학교예술단의 선전품으로 소지하고 미국으로 출국하게 하였다. 미국 측에서는 성대한 환영모임을 열고 연변예술학교예술단을 맞이하였다. 예술단은 소지하고 간 선전품 사진책 네 권을 접수하고 미중조선인친선협회 이사장 현봉학에게 전달하였다. 이렇게 해서 황범송 특별출품 '해외조선인사진전람'이 미국 뉴욕 맨해튼 뉴욕한인회관에서 성황리에 개최될 수 있게 되었다.

현봉학 이사장이 인솔하는 미중조선인친선협회에서는 황범송이 보낸 사진자료를 분석하고 전시내용을 연변자연풍경, 중국조선족민속, 연변가무단공연, 연변경제건설성취 등 네 파트로 나누어 140폭을 선정하였다. 그리고 매개 주제마다 종합적인 서술을 하고 작품마다 제목을 달았다. 그들은 황범송 선생의 서술을 존중하여 설명문들을 작성하였다. 처음으로 중국조선족 사진작가의 특별사진전을 개최하는지라 많은 신경을 썼다. 그들은 전시장을 뉴욕 맨해튼 뉴욕한인회관으로 정하고 1층에 미국 사진작가 연합작품전시전을 꾸리고 2층에 연변조선족자치주 황범송 특별출품 '해외조선인사진전람'을 단독으로 마련했다. 그리고 미국주재 중국대사관에 황범송 사진작가 미국방문 초청 비자신청을 의뢰했다. 그런데 미국주재 중국대사관에서 비자신청을 거부했다. 정작 사진작품의 주인공 황범송은 뉴욕

〈황산의 운해〉

에 갈 수 없었다.

사진전은 1986년 3월 28일부터 4월 12일까지 뉴욕조선인회관에서 성황리에 개최되었다. 뉴욕시 안의 TV방송과 라디오방송, 『일간 뉴욕』 신문, 그리고 『동아일보』 등 신문과 방송을 통해 황범송사진전 소식이 전 세계에 퍼졌다. 수십 연간 미국 뉴욕에서 공산당국가인 중국의 소수민족 사진작가, 중국 조선족 사진작가의 사진작전시가 개최되기는 난생 처음인지라 모두들 호기심에 끌려 몰리는데 출입문을 나들기 힘들었다. 관람자들은 일층의 사진전시는 슬쩍 눈길을 돌리고는 무작정 2층으로 몰려들었다.

난생 처음으로 장엄하고 수려한 장백산사진과 두만강기슭의 수놓은 듯한 풍경을 보는 사람들은 경탄을 금할 수가 없었다. 모두들 다투어서 장백산천지 작품을 사갔다. 그리고 연변가무단의 농악무, 사과배꽃춤, 대형교향악단 연주와 대합창 등도 난생 처음 보는 지라 미지의 세계를 탐색하는 듯한 심정으로 작품세계에 빠져들었다. 특히 연변의 조선족민속사진작품을 보면서 전통적인 조선민족 민속을 원상태대로 보존하고 발전시키는 한편 조선반도와 비슷하면서도 차별되는 전통 민속문화를 발전시킴에 감동을 금할 줄 몰랐다.

조선민족적이고 연변특색적이고 중국특색적인 생동하고 진실하고 예술적인 사진작품들은 관람자들에게 특별히 강한 시각적, 문화적, 심미적인 충격을 주었다. 모두들 이젠 중국도 개혁개방을 한다니 꼭 연변을 관광하러 가야겠다고 묻는 사람들도 있었다.

전시 기간에 한국, 동남아, 소련, 캐나다, 호주에서도 이 특별전을 구경하러 비행기를 타고 배를 타고 왔다. 소련에서는 전문 참관단을 조직하여 전시를 구경한 다음 현지 좌담회까지 열고 열띤 토론을 벌렸다. 그리고 미국의 워싱턴, 로스앤젤레스에서도 사진전을 개최하겠다고 신청해왔다. 그 후 5월과 7월에 미중조선인친선협회에서는 워싱턴과 로스앤젤레스에서 이동전시를 하였다. 그리고 캐나다 토론토, 호주에서도 전시를 하였다.

황범송 특별출품 〈해외사진전람〉의 일부 작품들

① 〈널뛰기〉 ② 〈동성용향 첫 노인절〉 ③ 〈청춘의 매력〉 ④ 〈산촌의 유치원〉
⑤ 〈씨름〉 ⑥ 사과배 재배 전문가 최일선

6

연변자치주 70년사에 남긴 발자취

그가 포착한 역사적인 순간들

당과 국가에서는 나라의 중요한 명절, 예하면 공화국 창건, 공산당 창건이나 각 성, 시, 자치구, 자치주, 직할시의 성립 기념일 같은 기일을 맞이할 때면 지나 온 한 단계 역사를 뒤돌아보고 보다 낳은 내일의 도약을 기약하는 의미에서 성대한 기념축제나 대형스포츠행사들을 치러왔다. 뉴미디어가 활성화되지 못했던 그 시절에는 기념행사의 일환으로 기념문집이나 기념화첩(사진책) 출판을 우선시하였다.

연변조선족자치주에서도 공화국 창건이나 자치주 창립 기념일을 맞이할 때마다 굉장한 규모의 민속축제나 스포츠행사를 치러왔고 그런 행사에 앞서 빠뜨려서는 안 될 '하이라이트'가 바로 기념화집 출판이었다.

이런 기념화집들은 진실성, 직관성, 함축성과 예술성이 짙은 사진작품들로 엮어져 그 시대의 모습을 일목요연하게 반영해주고 있다. 뿐만 아니라 후세 사람들에게 지나 온 역사의 관전 포인트가 될 만한 역사적인 순간들을 보여주고 있어 세월이 갈수록 그 사료적인 가치를 발산한다.

연변에서 시기마다 이런 화집들이 무난히 출판될 수 있었던 것은 황범송을 필두로 한 1세대 촬영예술인들과 촬영애호가들의 게으름 없는 노력과 사심 없는 헌신의 결과였다.

연변은 국내적으로 비교적 일찍 사진문화가 보급되고 발전해 온 곳이었다. 전국적으로 촬영예술이라는 개념조차 모호하던 시기에 한 패 또 한 패의 사진애호가들이 겁 없이 이미지의 최첨단분야에 뛰어들어 인물사진 촬영과 신문사진 촬영을 병행하면서 사진문화의 꽃을 피웠다. 그 선두에서 맹활약을 보였던 조선족 제1대 촬영예술인들로 김몽훈, 김진호, 황범송, 강찬혁, 김홍국 등을 꼽을 수 있다.

특히 1946년에 사진을 시작하여 2022년 명을 달리하는 순간까지 장장 76년을 사진에만 몰두한 황범송의 활약이 지극히 돋보였다. 그는 연변조선족자치주가 걸어 온 70년사의 매 순간마다에 표적이 될 만한 역사적인 순간들을 포착하여 그 시기 시기 좌표가 될 만한 화집을 출판함에 있어서 절대적인 기여를 했다. 그는 촬영업계에서 가장 오래 일하고 가장 많이 일하고 가장 '넓게' 일하고 가장 '깊게' 일하면서 가장 많은 사진을 제작하고 가장 많은 사진을 보유하고 가장 많은 사진을 제공하고 가장 많은 화집을 펴낸 예술인이었다.

화집1: 『연변조선족인민 사진책』

1952년 8월, 연변조선민족자치구 창립을 맞아 『동북조선인민보』에서 『연변조선족인민사진책』을 발행하였다. 이는 조선민족이 중국에 정착하여 살아 온 유서 깊은 역사를 반증할만한 첫 화집이었다. 뿐만 아니라 조선민족이 모여 살던 동북지역에서에서 출판한 소수민족의 역사를 반영한 첫 사진집이었다.

사진집에는 〈중화인민공화국 창건 경축〉, 〈경애하는 모주석〉, 〈연변항일근거지〉, 〈토지개혁〉, 〈항미원조〉, 〈중국인민지원군 귀국〉, 〈인민무장〉, 〈농업생산〉, 〈합작사〉, 〈부업생산〉, 〈공광(공장과 광산-편자 주)〉, 〈문화교육〉 등의 내용이 수록되어,

《연변조선족인민 사진책》 앞표지.

《연변조선족인민 사진책》 한 페지.

해방을 맞이한 연변조선민족자치구의 정치, 경제, 문화를 포괄적으로 보여준다.

이 사진집은 당시 조선민족의 촬영예술이 동북지역은 물론 전국적으로도 상당히 앞서있음을 보여주는 일례이기도 하다. 황범송보다 8년 선배인 김진호가 사진집 편찬과업을 맡았고, 사진 수집과 정리 및 제작과 관련한 구체적인 실무는 황범송이 담당했다. 두 사람의 합작은 외적으로나 내적으로 손발이 척척 맞아떨어졌다.

황범송은 대강에 따라 넓은 범위에서 사진을 수집, 분류하고 필요한 사진은 다시 현상, 제작하면서 부족한 부분의 내용들을 채워나갔다. 후에는 김홍국까지 가세해 삼각구도로 호흡을 맞추었다.

이 사진집 편찬은 통신수단이 발달하지 못했던 그 시기 연변조선족자치구 창립을 세상에 알리는 '홍보대사' 역할을 감당했다. 뿐만 아니라 황범송의 사진역사가 광복과 함께 자치주의 70여년을 동반해 온 역사임을 반증하는 가장 값진 사료이다.

화집2:『연변조선민족자치구 화집』

1953년에 접어들면서 국가민족사무위원회에서는 민족출판사에 의뢰해서 국내의 여러 소수민족실태를 반영한 사진집을 출판하기로 했다. 민족출판사는 이 분야에서 한발 앞서 이미 휘황한 성과와 경험을 쌓은 연변을 롤 모델(role model)로 삼을 수밖에 없었다. 당시 연변에는 이미 비교적 성숙된 사진작가대오가 형성되었고, 전해에 자체로『연변조선족인민 사진책』을 편찬한 경험이 있다 보니 어쩌면 모든 여건이 갖추어져 있었다 해도 과언이 아니었다. 이런 상황에서 민족출판사에서는 55개 소수민족 중 먼저『연변조선민족자치구화집』부터 출판하기로 하였다.

당시 연변조선민족자치구 성립 2주년 기일이 끼어있기도 하여 작업을 진행함에 있어서 동기가 뚜렷했다. 수차에 거쳐 편집진을 파견하여 조사연구도 하고 사진 수집과 선별작업을 동시에 진행하면서 별로 서두르지 않고 느긋하게 편찬사업을 진척시킬 수 있었다.

연변조선족자치주는 이 사업을 물심양면으로 적극 지원하면서 모든 실무를『동북조선인민보』에 의뢰했다. 이 때도 김진호가『화집』의 사진제공 임무를 도맡게 되었고, 황범송은 사진 수집과 분류, 제작 및 보완해야 할 부족한 부분의 사진촬영까지 맡았다.

황범송은 신문사 업무를 넘쳐나게 수행하면서도 밤낮이 따로 없이 팽이처럼 돌아치면서 화집 출판에 온갖 심혈을 기울였다. 다행히『연변조선족인민사진책』을 출판한 경험이 있고, 그 뒤에 김진호나 황범송, 김홍국이 새로 촬영한 사진작품들이 두루 있어 편찬사업에 큰 무리가 없었다. 또 이들은 민족출판사의 요구에 따라 새로운 내용과 부족한 내용을 각자 맡아 집중 촬영하는 식으로 자료보완을 끝냈다.

당시 민족출판사에서는 화집의 시각적인 해상도를 높이려고 수입제 슬라이드필름을 선대(先貸)해주었다. 반년도 안 되는 사이에 화집 편찬임무를 마무리할 수 있었다.

『연변 조선민족 자치구 화집』(조선문판) 표지.

『연변 조선민족 자치구 화집』의 일부

사진집에는 김진호의 사진이 중심이 되는 한편 황범송의 사진이 많이 수록되었고 김홍국의 사진도 적지 않게 수록되었다. 그 외 일부 사진애호가들의 사진도 수록되었다. 이 화집은 연변의 사진수준이 전국적으로도 상당히 높은 차원에 있음을 보여주는 증표가 되었다.

1954년 8월, 민족출판사에서는 중화인민공화국 창건 5주년, 연변조선민족자치구 창립 2주년 기일에 맞추어『연변 조선민족 자치구 화집』조선문판과 중문판을 각각 출판하였고 그해 9월 1일에 정식으로 배포하였다.

총 145쪽 분량의『화집』은 〈발간사〉, 〈발전하고 있는 연변조선민족자치구〉, 〈연변 조선족 자치구 인민정부 창립〉, 〈중앙방문단 연변에 도착〉, 〈중앙 노근거지 방문단 도착〉, 〈옹군우속〉, 〈보편선거운동〉, 〈《중화인민공화국 헌법초안》 학습, 토론〉, 〈9.3기념일과 1953년 국경절 경축〉, 〈기본건설〉, 〈공업〉, 〈수리〉, 〈농업〉, 〈림업〉, 〈교통, 우전〉, 〈금융, 무역, 합작〉, 〈교육〉, 〈문화〉, 〈위생〉, 〈체육〉, 〈음악·무용〉, 〈행복한 어린이들〉 등 20개 장절에 촬영작품 214점(그중 천연색사진 10쪽)이 수록되었다.

연변대학의 발자취

① 1958년 연변대학 청년단위원회와 학생위원회 전체위원 기념촬영
② 1960년 협의 중인 연변대 간부들
③ 1960년 연변대 공농간부반 제1기 졸업기념

1948년 10월 1일 연변의과전문학교 개교기념 사진

1949년 3월 20일 연변대학 개교기념 사진

연변대 학생들의 변화 모습 (1953년-1980년대)

〈해외사진전람〉에 출품된 작품 〈민족교육의 요람 연변대학〉

화집3:『길림성 연변조선족자치주』

1959년, 새 중국 창건 10주년을 맞으면서 중공 연변주위와 연변인민출판사에서는 대형사진집『길림성 연변조선족자치주』를 출판하게 되었다. 연변주 당위 선전부는 사진집 출판을 위한 구체적인 임무를 당시 중국촬영학회 연변분회 주석인 김진호와『연변일보』사진조 조장이였던 강찬혁한테 맡겼다.

중국촬영학회 연변분회에는 30여 회원과 70여 명의 사진애호가들이 포진해 있었고 개개인들의 촬영수준 또한 상당하다는 평가를 받고 있었다. 김진호와 강찬혁은 산하에 사진편찬소조와 중점촬영소조를 조직하고, 편찬대강에 따라 엄밀한 분공을 하고 각자 맡은바 임무를 수행하도록 하였다.

황범송은 사진편찬소조에 소속되어 폭 넓은 범위에서 사진수집과 제작을 맡았고, 편찬경험을 바탕으로 사진작품 응모와 수집 및 선별작업도 하였다. 응모자가 많고 사진수록 범위와 수량을 제한하지 않아 업무량이 막중하였다. 그는 자치주의 근황을 반영한 사진작품 응모를 유도하여 작품의 신선도를 높이고, 촬영에 관심을 보이는 아마추어들의 창작의욕을 불러일으켜 작품의 다양화를 이끌어내는 데 공헌하였다. 또 동료들이나 제자들에게 시범을 보여주었을 뿐만 아니라 때로는 자전거를 타고 가까운 시내와 농촌으로 다니면서 새로운 성과들을 반영하는

『길림성 연변조선족자치주』 표지.

『길림성 연변조선족자치주』 사진집의 일부

사진작품들을 창작하였다.

이 사진집에는 200여 점의 사진작품이 실렸는데 거의 다 황범송의 손을 거쳐 재제작되었다.

수록된 200여 점 중 김진호 사진이 약 60점이고, 황범송 사진이 50여 점이었다. 그 다음으로 강찬혁, 김홍국 순으로 수록 사진이 많았다.

화집4: 『연변조선족자치주 성립 10주년 경축대회 기념특간 1952-1962』

1962년 9월 3일, 중공 연변주위와 주인민정부에서는 자치주 창립 10주년을 성대하게 경축하였다. 국가 민족사무위원회 부주임 싸쿵료가 중앙인민정부를 대표하여 연변조선족자치주 창립 10주년 축제에 참가하고 당과 정부의 배려를 연변인민들에게 전달했다.

다채로운 경축활동을 여러 모로 준비하는 한편, 연변자치주 주위와 주정부에서는 전문적으로 연변조선족자치주 성립 10주년 경축대회 비서처를 설립하고 선전부와 주(州)문련, 『연변일보』 등 여러 부분의 간부들이 직접 나서서 대회가 끝나자마자 즉각 『연변조선족자치주 성립 10주년 경축대회 기념특간 1952-1962』을 편찬하기로 하였다.

비서처에서는 당시 『연변일보』 사진조 조장 강찬혁에게 행사 촬영과 『기념특간』 편찬을 책임지게 하였다. 강찬혁의 배치에 따라 황범송, 김홍국 등 촬영기자들이 대회기간의 모든 활동을 다각도로 촬영하고, 이미 찍은 사진자료들을 편찬제강에 따라 제공하였다. 이번에도 황범송은 사진 수집과 선별 및 제작에 관련된 구체적인 실무를 맡았다.

이 사진집 또한 연변조선족자치주로 말하면 역사적인 기록을 후세에 남기는 거창한 작업이었다. 황범송은 자치주 역사의 매 관건적인 시기마다 현장에서 순

『연변조선족자치주 성립 10주년 경축대회 기념특간 1952-1962』 표지.

『연변조선족자치주 성립 10주년 경축대회 기념특간 1952-1962』의 일부

간을 포착하여 역사에 남기는 일을 게을리 하지 않았다.

가끔은 어딘가에 불쑥 나타나 조금 높은 억양으로 무례히 횡설수설하여 주변을 당혹하게 하는 경우도 있었지만 일처리에서는 누구보다 프로였고, 그 분야의 베테랑으로 통했다.

『연변조선족자치주 성립 10주년 경축대회 기념특간 1952-1962』에 수록된 그의 사진작품들이 이 점을 여실히 증명해준다.

화집5:『연변』

1978년 12월, 중국공산당 제11기 중앙위원회 제3차 전원회의가 북경에서 열렸다. 이 회의에서 '문화대혁명'과 그 전에 존재했던 극좌적인 오류를 전면적으로 시정하기 시작하였고 사업의 중점을 사회주의 현대화건설로 돌린다고 선포하였다. 이때로부터 중국은 새로운 역사시기에 들어서게 되였으며 중국 조선족의 촬영예술도 번영과 창성의 호황기를 맞이하게 되었다.

1978년 10월, 중국촬영학회 연변분회가 다시 회복되었고 강찬혁을 주석으로, 채규익, 최정록, 계진문, 전창식 등을 부주석으로 선거하여 새로운 출발을 다짐하

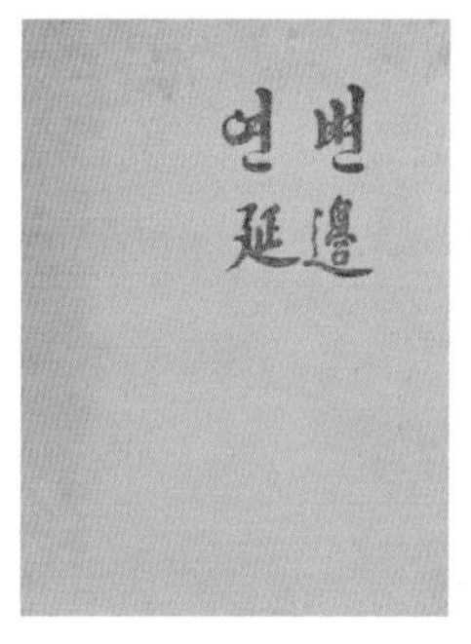

『연변』의 표지.

『연변』 사진책의 일부

였다. 1982년 연변조선족자치주 성립 30주년을 맞으며 중공 연변주위와 주인민정부에서는『연변』이란 조선문과 중문으로 된 사진집을 출판하게 되었다.

주당위에서는 사업의 중요성을 강조하면서 화집편찬위원회를 만들고, 강찬혁에게 그 막중한 임무를 맡겼다. 이번에도 사진편집조에 황범송이 첫 사람으로 선출되었고, 작품선별과 편집을 도맡아 동시다발적으로 진행하였다. 최종심의 역시 황범송의 몫이었다.

『연변』 화집에는 강찬혁, 황범송 등 41명 사진작가들의 240여 작품이 수록되었다. 특히 1950년대와 60년대에 연변을 다녀간 당과 국가의 지도자들의 사진을 실었는데 이 사진들은 거의 다 황범송 외에는 촬영이 불가능했던 사진이었다. 당연히 게재된 사진작품 중 황범송 작품이 상대적으로 많을 수밖에 없었다.

『연변』은 "촬영가는 말이나 글 보다 행동이 앞서야 한다. 촬영가는 사진으로 말하면 그만이다"라는 황범송만의 강력한 메세지를 남긴 역작이라고 평가할 수 있다.

1992년 7월에도 자치주 성립 40주년 기념일을 맞아 민족출판사와 연변인민출판사에서 조선문, 중문, 영문으로 된『연변』이라는 사진집을 펴내게 되었다. 이 화집은 국무원 총리 이붕이 표제를 쓴 사진집이다.

사진집 편찬위원회 주필을 나창진 부서기가 맡고, 부주필을 유옥철, 김광수, 전창식이 맡았다. 위원으로는 박영일, 박웅두, 모선육, 김중기, 김덕순, 남용해, 황

「연변」의 표지.

「연변」 사진첩의 일부

범송이 참가했다. 편집은 황범송의 직접 제자라 할 수 있는 전창식과 남용해가 맡았다.

사진집에는 69명 촬영가들의 331점의 사진작품이 수록되었다. 사진집 앞부분에는 황범송이 촬영한 주은래, 등소평, 강택민, 양상곤, 이붕, 팽진, 교석, 송평, 전기운, 추가화, 주용기 등 당과 국가의 지도자들이 연변을 시찰하던 시기의 사진 11장이 실려 책의 무게와 가치를 높여 주었다. 그 외에도 황범송의 사진 10여 점이 실렸다.

화집6: 『당대 중국 조선족』

1999년 9월, 중공 연변주위와 주인민정부의 지도하에 중화인민공화국 창립 50주년을 기념하면서 동북조선민족교육출판사에서는 조선문, 중문, 영문으로 된 대형사진집 『당대 중국 조선족』을 출판하게 되었다. 이 사진집도 편찬위원회가 결성되였는데 황범송, 안충원, 여수호, 신승우가 중임을 맡았다.

사진집에 73명 촬영가의 275점 사진이 수록되었다. 황범송이 촬영한 당과 국가의 지도자들인 주은래, 등소평 등이 연변을 시찰할 때의 진귀한 사진이 실렸다. 그 외에 주덕해가 평화창의서에 서명하는 장면, 민족단결의 귀감 한족 노간부 전인영, 성위 지도자 시찰, 노항일투사들, 고급농예사 유창은, 농민벼전문가 최죽송, 사과배 풍년, 연길공항, 조선 통상구-도문, 러시아 통상구-장령자, 두만강 출구 현지답사, 98중국 두만강지역국제투자무역상담회, 하늘 높이 날아보자, 학교로 가요, 연변대학 부교장 김병민 교수, 무용가 최옥주, 무용가 최미선, 원로화가 석희만, 무대미술가 김태홍, 문단의 상록수 김학철, 최정연, 탈춤, 민속놀이 등이 실렸다.

역시나 대표성을 띤 사진 중에 황범송 사진이 절대적인 우세를 차지하였다.

화집7:『연변 50년』과『연변 60년』

2002년과 2012년은 연변조선족자치주가 성립 50주년과 60주년을 맞는 해엿다. 중공 연변주위와 주인민정부에서는 연변인민출판사에 의뢰해 조남기 상장이 표제를 쓴『연변 50년』과『연변 60년』(조선문, 중문, 영문)이라는 대형사진집을 각각 출판하였다.

『연변 50년』에는 황범송을 비롯한 34명 사진가들의 271점 사진이 수록되었고『연변 60년』에는 황범송을 비롯한 48명 촬영가들의 280점 사진이 수록되었다.

『당대 중국 조선족』 표지.

강택민 총서기와 담소를 나누는 조남기 부주석

황범송이 촬영한 연변가무단의 민족무용

『연변50년』과 『연변60년』 표지

『연변 50년』에는 황범송이 촬영한 주은래, 주덕, 동필무, 등소평, 강택민, 이붕, 주용기, 이서환, 호금도 등 당과 국가의 지도자들의 연변 시찰 사진이 수록되었고, 『연변 60년』 역시 황범송이 촬영한 주덕해, 김명한, 조남기, 조룡호, 리덕수 등 역대 지도자들의 초상사진이 '하이라이트'였다.

이처럼 황범송의 사진 일생은 자치주 70년과 함께 역사이었고, 나아가서는 중화인민공화국과 함께 한 일생이었다. 사진을 매개로 시각적인 차원에서 중국 조선족의 역사나 연변조선족자치주의 역사를 되돌아볼 때 황범송의 사진작품을 떠나서는 얘기가 안 될 것이다.

화집8: 『장백산 유람』

1982년 6월, 연변인민출판사에서 연변조선족자치주지명위원회에서 편찬한 『장백산 유람』을 출판하였다. 자치주지명위원회에서는 장시간 장백산 지명에 대한 조사를 진행하였다. 개혁개방이 시작되자 장백산유람이 급속도로 발전하였기

『중국연변조선족역사화책』 표지와 책 편집위원회 일군들

때문이었다. 연변지명위원회에서는 안용진, 이병식, 두영방, 황범송, 김재호, 하국강, 손소광, 고인, 노연성 등으로 장백산 지명조사를 진행하였다.

그들은 실제 조사, 자료열독, 종합연구를 거쳐 이 책의 초고를 완성했고, 지명위원회와 함께 연구하고 수정하여 탈고하였다. 이 책은 안용진이 집필을 담당하고 황범송이 사진을 맡았으며 정배석, 두영방이 지도부분을 분담했다.

책에는 황범송이 장백산을 오르내리면서 촬영한 자연풍경과 동식물, 생태자원에 대한 사진 42점이 수록되었다. 이 책은 외지인들이나 외국인들이 사는 장백산관광 참고서가 되었다. 훗날 장백산에 관한 사진집들을 편집 발행하는 데 좋은 본보기가 되었다.

화집9: 중국연변조선족역사화책 외 다수

1997년 8월, 연변인민출판사에서는 연변조선족자치주 창립 45돐을 기념하여 연변해외문제연구소 편저로 조선문과 중문으로 《중국연변조선족력사화책》을 출판하였다. 이는 연변에서 처음으로 출판한 연변조선족역사 관련 사집집이다.

황범송이 고문을 맡았고 안충원이 편집을 맡은 이 사진집에는 도합 300여 점의 사진이 수록되었다. 사진은 황범송, 이광평, 김희관, 안충원, 정영진, 신동국, 허영자, 전신자, 최형파, 이연지, 장금순 등이 제공했다.

황범송은 편집제강에 따라 본인이 소장했거나 촬영한 역사사진 300여 점을 엄선하여 편집부에 제공하였다.

이 사진집은 후에 국가중점도서로 선정되었다.

2007년에 황범송은 연변에서 한 때 1인자로 사업했던 지도자들의 발자취를 사진자료로 묶을 타산을 하고 사진선별과 분류작업을 시작하였다. 먼저 자기가 찍은 사진을 위주로 선별하고 타인이 찍은 사진도 적당히 모아 중공 연변주위 사무실에 보고하여 출판을 허가받았다.

연변주위에서는 사진자료집 편찬위원회를 구성하고 『연변에서의 조남기동지』, 『연변에서의 장덕강동지』, 『연변에서의 리덕수동지』 등 총 여섯 권의 사진집을 묶어냈다. 그는 화책 뿐만 아니라 역사적인 의의를 띤 문집이나 역사책에도 많은 사진을 제공하였다. 『중국조선민족발자취총서』가 대표적인 사례였다. 1999년 10월, 민족출판사에서는 장장 8년에 걸쳐 조선문으로 된 『중국조선민족발자취총서』(전8권)를 성공적으로 출판하였다.

이 총서는 첫 머리에 전국인민대표대회 상무위원회 위원장 팽진의 제사에 이어 동북국 서기 송임궁의 글을 실었다. 이 책을 내면서 쓴 총서편집위원회의 글에는 "1책부터 8책까지 귀중한 사진자료를 제공하여 준 저명한 촬영가 황범송선생, 연변역사박물관과 연변대학 민족연구소에 뜨거운 감사를 드리는 바이다"라는 문장이 들어있다.

이외에도 황범송의 작품 중 연변의 정치, 경제, 문화를 반영한 30여점이 『길림서정』이라는 대형사진전람에, 주은래, 주덕, 동필무, 팽진 등 당과 국가 지도자들의 연변시찰 모습을 찍은 사진 44점이 『건설중에 있는 모범자치주-연변』에, 만리와 호요방 등의 연변시찰 모습을 반영한 사진이 건국 35주년 기념 대형화집 『진귀한 회억』에 수록되었다.

또 황범송이 열정적으로 촬영, 수집, 정리한 사진 3,500여 점이 〈연변인민혁명투쟁사전람〉, 〈전국소수민족전람 조선족관〉 등 8차례의 대형전람에 전시되었다. 황범송은 『조선족백년사화』(전 3권)에 31점, 대형화집 『연변조선족자치주』에 311점, 방종혁이 주필을 맡은 『연변농업과학기술발전사』에도 34점의 사진을 제공하였다.

황범송은 또한 연변대 사학자들과 손잡고 연변역사를 반영하는 서간들에 많은 사진자료를 제공하였다. 2009년 12월, 연변인민출판사에서 출판한 『중국조선족통사』(상, 중, 하)에 사진을 전적으로 제공했다. 상권에 36점, 중권에 28점, 하권에 12점 등 총 76점 사진을 제공하였다.

2010년 3월, 연변인민출판사에서 중문으로 출판한 『연변조선족사(延边朝鲜族史)』(상, 하)에도 86점의 사진을 제공하였고, 2015년 8월 연변인민출판사에서 출판한 『항일전쟁과 중국조선족』에도 28점의 사진을 제공하였다. 2017년 12월, 연변인민출판사에서 출판한 『중국조선족 100년 구술사 계렬총서-구술 연변 65년』(정치편, 경제편, 문화편)에 487점의 사진이 실렸는데 거의 대부분 사진이 이광평의 손을 거쳐 제공된 황범송의 '사진갤러리' 사진들이었다.

2016년 중국문사출판사에서 중문으로 출판한 대형문사시리즈 『중국조선족백년실록』(전10권)에 총 1,695점의 사진이 수록되었는데 그 중 황범송 사진갤러리 사진이 과반수를 차지했다.

황범송은 평생을 사진기와 씨름하면서 촬영가로, 사진수집가, 사진제작자로 살아왔다. 그는 연변과 중국조선민족의 역사를 반영하는 역사화책과 서간들에 영원히 길이 남을 매 순간의 하이라이트들을 포착해서 남겼다. 다들 자아도취에 빠져 자기작품 창작에 열정을 쏟을 때 황범송만은 많은 시간을 할애해 우리 민족사에 길이 남아야 할 역사사진 수집과 정리 및 보존사업에 혼신을 쏟아 부었다. 인생이 유한이여서 그는 갔어도 그가 남긴 사진은 영원히 역사에 남아 빛을 뿌릴 것이다.

황범송이 수집한 항일운동가들의 모습

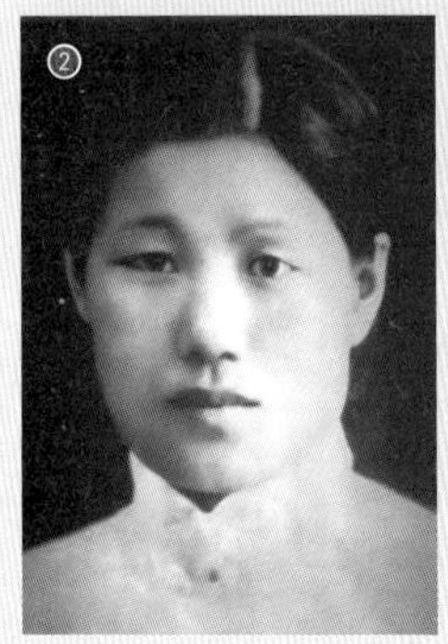

① 동북항일연군에서 활동했던 여전사 김선(金善, 뒷줄 왼쪽에서 2번째)과 가족들
② 조선의용군 활동 시절의 이화림
③ 말년의 이화림
④ 이추악(본명 김금주)
⑤ 동북항일연군 활동 시절의 여전사 이민(李敏)

⑥ 1946년 길림성 통화시에서 있은 양정우 장군 추모 모임. 왼쪽에서 6번째가 여영준, 오른쪽에서 2번째가 이화림, 3번째가 이민
⑦ 윤동주 시인의 묘
⑧ 중국에서 활동할 때의 김산(본명 장지락)
⑨ 중국에서 활동할 때의 이철부(본명 한위건)

7

생(生)에 빛이 되어준 사람들

조선의용군 대원 문정일(文正一)이 기증한 사진기

1945년 말, 황범송 일가가 국자가에 발을 들여놓은 거의 같은 시기에 연안을 출발한 문정일이 이끄는 조선의용군 제5지대 선견부대가 연길에 진주하여 연변판사처를 설립하였다. 뒤이어 조선의용군 5지대가 조양천에다 동북군정대학 길림분교 산하에 교도대를 설립한다는 소문이 파다하게 퍼져나갔다.

당시 김몽훈이 운영하는 금강사진관 학도로 있으면서 저격산처리위원회 통신원으로 한창 임무를 수행하던 황범송은 보험공사 대문 앞에서 멋진 군복차림에 선글라스를 낀 멋쟁이 청년을 만났다. 의젓한 이목구비에 카리스마 넘치는 젊은이였다. 놀라운 것은 그 귀한 독일제 사진기를 모젤권총 맞잡이로 한쪽에 차고 나타났다는 것이었다.

황범송은 넋을 잃은 사람처럼 젊은 신사한테로 슬금슬금 다가갔다. 그 기미를 눈치 챈 신사가 먼저 의아해하는 어조로 입을 연다.

"뉘신데? 사람을 그렇게 훔쳐보는 거요? 혹시 저를 아는 …"

"아, 아닙니다. 저도 사진을 하는 사람이라 사진기에 호기심이 동해서…"

"사진을 하는 사람이라? 그렇다면 신문기자?"

"아닙니다. 저는 현재 금강사진관에 학도로 있습니다. 하도 귀한 사진기를 갖고 계시기에… 나중에 사진 현상할 일이 있으면 저의 사진관을 찾아주세요. 잘 현상해드리겠습니다."

"안 그래도 그런 부문을 찾던 중인데 마침 잘 되었네요. 나 문정일(文正一)이오. 앞으로 신세 질 일이 많을 거니 잘 부탁하네."

이렇게 만난 인연이 끈이 되여 문정일은 금강사진관을 찾는 기회가 잦아졌다. 그 바람에 두 사람은 본의 아니게 꽤 친숙한 사이가 되었다.

1914년 조선 함경북도 회령군에서 태어난 문정일(원명 이운용)은 1920년에 부모님 따라 중국 훈춘 북기촌(北旗村)으로 이주하였다. 그는 어려서부터 반일활동에 나선 부모 형제들의 영향을 받아 조기에 공산주의사상을 접했고, 1934년에는 남하하여 남경에서 비밀결사 '10월회(十月會)'에 가입하였고 1937년 가을에는 호북 강릉(江陵)에서 국민당중앙군사학교(후에 황포군관학교로 개칭) 특별훈련반에 편입되어 공부하면서 중국혁명과 조선해방운동에 참가한 간부이다.

그는 1938년 10월에 무한에서 조선의용대(후에 조선의용군으로 개편)에 참가하여 의용대 제2지대 2분대 분대장을 맡았다. 그 뒤 화북조선독립동맹(華北朝鮮獨立同盟)' 비서처 처장, 산서서북조선독립동맹분부 처장, 주임으로 있다가 광복을 맞아 주덕 총사령의 명령에 따라 동북으로 진출하였고 거기서 조선의용군 제5지대 선견부대를 거느리고 한발 앞서 연변으로 나오게 되었다. 그는 조선의용군에서 활동할 때 사업의 수요로 사진기술을 배웠고, 조선의용군 대원의 활동상을 촬영했다.

연변에 온 문정일은 연길현위 부서기와 서기, 길림성위 사회부 제1과 과장, 길림군구 정치부 부비서장, 동북군정대학 길림분교 고위간부반 당총지 서기를 지내다가 1947년 10월에 동북국의 비준을 받아 길동전서 부전원(吉東專署 副專員)을 담임하였고 1948년에 연변전원공서(延邊專署) 부전원, 1949년 3월부터 전원을 지냈다.

지금 간부들은 거의 다 승용차를 타고 다니지만 그때는 그런 여건이 없었던지

1949년 2월 중국공산당 길림성위원회 민족공작좌담회를 마치고 참석자 전체 기념촬영.
앞줄 오른쪽에서 2번째가 임춘추, 앞줄 왼쪽에서 4번째가 이재덕, 두번째 줄 왼쪽에서 3번째부터 주덕해, 주보중, 문정일.

라 조직에서 문정일에게 오토바이 한대를 내주었다. 당시 30대 초반인 문정일이 군복차림에 목구두를 신고 독일제 라이카사진기를 사치품처럼 어깨에 걸고 오토바이를 타고 도심을 씽하고 달리면 그야말로 뭇시선들이 그에게로 집중될 수밖에 없었다.

행정사무로 무척 공사다망했지만 문정일은 사진 촬영에도 태만하지 않았다. 그는 사업시찰을 내려가거나 외지로 출장을 다녀올 때면 늘 사진기를 지니고 다녔다. 사업현장도 촬영하고 기념사진도 찍으면서 말이다. 처음에는 짬을 내 사진필름을 직접 현상하고 사진제작도 자체로 하였는데 후에 사무가 과중해지면서 찍은 필름을 통신원더러 금강사진관에 맡겨 현상하게 했다.

황범송은 금강사진관 학도로 있으면서 문정일이 보내 온 사진을 많이 현상했다. 그런 연고로 두 사람이 만나는 기회도 잦아졌고 사진을 둘러싸고 서슴없이 이야기를 나누기도 하였다.

연안 조선의용군정치학교 300여명 사생 기념사진. 문정일 촬영.

어느 날 35mm 흑백필름 10여 장을 들고 금강사진관을 찾아와 6촌 짜리 사진 수십 점을 현상해달라고 부탁했다. 황범송이 "웬 사진인데 이렇게 직접 들고 오셨습니까?"라고 묻자 문정일은 "이 사진들은 내가 직접 연안에서 찍은 조선의용대의 활동현장과 조선의용군 동북진출 장면들을 찍은 귀한 사진이오. 내가 시간이 없어 손수 제작하지 못하니 잘 부탁하오"라고 말했다. 그러면서 제작되는 대로 최동광(崔東光) 등 전우들에게 나눠줄 거라고 부언까지 하고 돌아갔다.

그 사진들을 제작하면서 황범송은 문정일의 촬영기술이 보통이 아님을 느꼈다. 그 일을 계기로 주동적으로 다가가 사진에 대해 많이 교류하면서 허심탄회하게 배웠고 그 과정에 사진에 열중해온 문정일의 많은 이야기들을 얻어 들었다.

1938년 무한에서 조선의용대에 가입한 문정일은 일본군 포로들을 심문하던 중 우연히 사진기와 부자재들을 챙기게 되었고, 독일제 라이카사진기와 확대기 외에 불수강으로 만들어진 필름 현상 설비와 현상액까지 완전한 설비를 갖추게 되었다고 한다. 일찍 사업의 수요로 사진기술을 전문으로 배워둔 문정일은 그 때부터 자체로 사진을 찍고 현상하면서 사진촬영에 남다른 애착을 보였다.

문정일은 그 무거운 사진장비를 연안으로부터 휴대해가지고 나오면서 조선의용군의 동북 진출 장면들을 기록하였다. 이런 진실한 영상기록은 오늘날 금을 주고도 바꿀 수 없는 보물이 되었다.

당시 금강사진관의 학도였던 황범송은 그 사진들의 역사적 가치에 대해 미처 알지 못했다. 그러다 1972년 연변박물관에 전근해 역사사진 수집을 전문으로 하게 되면서부터 빛바랜 사진자료의 소중함을 터득하고 다시 문정일과 그의 전우인 최동광 등으로부터 일부 귀중한 사진들을 수집하였다.

1952년에 황범송은 동북조선인민보사에 전근하여 촬영기자가 되였다. 당시 신문사에 전직촬영기자로 김진호와 황범송 두 사람 뿐이었다. 웃기는 건 사진기자는 있는데 사진기가 없었다. 황범송은 부득이 열군속사진관의 사진기를 빌려 쓰면서 임기응변하였다. 김진호와 황범송은 신문사지도부에 사진기를 사달라고 여러 번 청구서를 올렸다. 지도부에서는 황범송에게 사진기를 물색하라 하였으나 당시는 돈이 있어도 사진기를 사기가 어려웠다.

고민하고 고민하던 어느 날 황범송은 문득 문정일을 떠올렸다. 연변에서 사업하던 문정일과는 1950년 하반기에 중국인민지원군으로 조선전쟁터에 나간 뒤로 만남이 두절 되었다.

마침 황범송이 사는 집이 문정일 부친이 기거하는 집 바로 건너 편이였기에 자주 길에서 만나면 인사를 드렸던 익숙한 사이였다. 황범송은 혹시나 하는 마음에 문정일이 쓰시던 사진기에 대해 어르신께 문의했다. 어르신은 아들의 물건이니 자기가 임시로 보관하고 있다고 하였다.

그는 신문사 지도부에 이 상황을 알리고 나서 그 사진기와 기자재들을 신문사에서 사들이는 것이 좋겠다고 건의하였다. 지도부에서도 흔쾌히 응낙하였다. 다음 날 황범송은 다시 문정일 부친을 찾아뵙고 정식으로 지도부의 의사를 전달했다. 어르신은 아들에게 연락을 취해보겠으니 기다려보라고 하였다. 1953년 말 어르신한테서 드디어 연락이 왔다. 그는 만사를 제쳐놓고 급히 뛰어갔다. 문정일은 당시 조선으로부터 귀국하여 국가민족사무위원회 재경사(財經司) 부사장을 지내고 있었다. 그는 사진기와 부자재들을 황범송을 통해 무상으로 『동북조선인민보』에 기증하라고 했다.

기쁜 소식을 접한 황범송은 어르신께 머리 숙여 인사를 올리고 그 귀한 설비들을 자전거에 싣고 한달음에 신문사로 달려왔다. 그 뒤 『동북조선인민보』가 『연변일보』로 탈바꿈 하면서 그 사진기와 기자재들을 '문화대혁명' 전까지 활용하였다. 그런데 '문화대혁명'의 혼란한 시기에 귀한 사진기와 기자재들이 쥐도 새도 모르게 어디로 사라졌는지 종적을 찾을 수 없게 되었다.

문정일이 신문사에 무상으로 기증한 사진기와 설비들은 당시 전 연변에 사진기가 거의 전무한 상태에서 『동북조선인민보』와 『연변일보』 신문사업에 지울 수 없는 기여를 하였고 그 시기 연변의 역사와 문화를 기록하는데 기여하였다.

문정일이 촬영한 조선의용군 사진

① 조선의용대 여성대원들의 모습(낙양)
② 태항산으로 북상하던 중 낙양에 도착한 조선의용대 대원들(1939년 11월). 조선의용군 대원들. 앞줄 왼쪽에서 2번째가 전우(全宇) 당시 조선의용군 제5지대 참모장,3번째가 문정일이고, 맨 뒤 여성대원이 무정(武丁)과 결혼하는 김영숙 대원.
③ 조선의용군이 옥천동을 지나는 장면.
④ 산해관을 지나 동북지역을 향해 진군하는 조선의용군
⑤ 1945년 11월 7일 심양역 앞 광장에 집결한 조선의용군이 선서대회를 하는 장면.
⑥ 조선의용군 부대가 소련 10월혁명 승리 경축 시가행진에 참여한 장면.

황범송이 촬영한 문정일

① 1989년 6월 조선족 운동경기에 참석한 문정일(왼쪽 1번째)이 꽃다발을 받고 있다.
② 1982년 9월 백두산에 오른 문정일과 여영준
③ 전국인민대회의에서 전국인대 부위원장 판첸 라마(班禪額爾德尼)와 이야기를 나누는 문정일
④1982년 9월 3일 연변박물관을 참관하고 박물관 직원들과 기념촬영하는 문정일.
⑤ 1982년 9월 3일 연변박물관을 참관하고 방명록에 글을 쓰고 있는 문정일과 부인 한정희.

김진호와의 모호한 인연

단짝파트너이자 동료였던 김진호(金振镐, 1922-1981)는 황범송과 나란히 조선족 촬영예술의 선구자로 평가받고 있다. 1922년 9월, 조선 경기도 연천군의 한 가난한 농민가정에서 태어난 김진호는 1932년 8월에 부모를 따라 두만강을 건너 용정에 와 정착하였다. 11살에 용정동아소학교에 붙어 공부하다가 12살 되던 해에 부모님을 따라 목단강시 교외로 이주하여 목단강시보통학교를 다니던 중 학비를 낼 수 없어 중퇴하였다.

그는 1936년 6월에 목단강 이수진 평야사진관에 청결공 겸 학도로 들어가 어깨 너머로 촬영술을 익혔다. 끈질긴 노력 끝에 그는 점차 독립적으로 사진촬영과 제작을 맡아할 수 있게 되었다. 그걸 밑천으로 밀산에서 사진관을 운영하는 김몽훈의 애제자 김세문을 찾아가 그의 수화에서 사진학도로 근무하였다.

그러던 어느 날 중형사진기를 가지고 영업사진을 찍으러 나간 그가 하루, 이틀, 한 달이 되여도 돌아오지 않았다. 급해진 주인이 도처로 찾아다녔지만 행방이 묘연했고 그의 부모님을 찾아 물어보았지만 행방을 몰랐다. 후에 안 일이지만 그는 사진기술로 돈을 벌어보겠다고 부모 몰래 15살 되는 남동생을 데리고 중국 관내를 떠돌면서 '떠돌이사진사'가 되었다.

그는 북경을 거쳐 하남성 개봉과 기현, 난봉현, 강소성 소주, 남경, 강음 외에 상해, 무한, 중경, 광주 등지를 떠돌아다니면서 사진을 찍었다. 그 와중에 조선의 용군과의 접촉이 이루어지게 되면서 차츰 반일정서를 키우기 시작하였다.

'떠돌이사진사' 삶은 그에게 커다란 도움을 주었고 사회생활에 대한 시야를 넓혀주었다. 그는 낡은 사회의 본질을 폐부로 느끼게 되었으며 제국주의 침략과 봉건세습이 잔존해있는 낡은 사회에서는 절대 자신의 꿈을 이룰 수 없다는 것을 깨달았다.

1940년 3월에 병환에 계시는 부모가 걱정되어 집으로 돌아 온 그는 목단강 화림지구에서 대륙사진관을 차려놓고 반일에 뜻을 둔 젊은이들과 접촉하면서 혁명에 뜻을 두게 되었다. 그는 한 때 화림지방유격대에 가담하여 비밀활동을 하였다.

그러다 일제가 투항한 뒤에는 목단강시 양명구 민주동맹에서 활약을 보였으며 1946년 3월에 목단강군정간부학교에 입학하였다. 성품이 듬직하고 배움에 부지런한 그는 그 와중에 촬영기술을 이용해 학원을 위해 봉사하였다.

1950년대 초반의 김진호.

1946년 11월, 김진호는 목단강군정간부학교의 소개로 목단강『인민신보』에 입사하였다.『인민신보』는 목단강조선인사업위원회 기관지로 북만주의 조선인 독자를 대상하고 있었다.『인민신보』는 1947년부터 토지개혁, 해방전쟁, 정권건설을 많이 보도하였으며, 북만주 일대의 조선인들이 중국공산당의 민족정책을 이해하고 해방전쟁과 근거지 건설에 뛰어들도록 고무 추동하는데 촉매제 역할을 하였다. 당시 그는『인민신보』에서 동판작업을 주로 책임지면서 신문배판, 설계 등 업무를 훌륭히 완수했다.

1948년 3월 3일, 동북행정위원회의 지시에 따라 목단강에서 발간하던『인민신보』와 조선의용군 3지대에서 발간하던『전투보』가 합병되어 하얼빈에서『민주일보』로 거듭나게 된다. 사장에 주덕해, 부사장은 이욱성이었다. 이 신문은 북만을 중심으로 한 전 동북의 조선족을 대상으로 했다. 그때도 김진호는 신문의 동판 관련 업무와 배판을 책임졌다.

동북이 완전히 해방되자 동북국의 결정에 따라 연길의『연변일보』, 하얼빈의『민주일보』, 심양의『단결일보』를 합병하여 1949년 4월 1일, 연길에서『동북조선인민보』(『연변일보』 전신)를 발간하게 되었다. 김진호는 합병된『동북조선인민보』의 첫 촬영기자가 되었다.

1949년 6월초의 어느 날이었다. 한 중년남자가 금강사진관에 들어서더니 바깥의 사진들을 둘러보고 누가 찍은 사진인지를 물었다. 당시 금강사진관 갤러리에 연길시 5·1경축사진 50여 점이 진열되어 있었다. 황범송이 자기가 찍었다고 하자 "사진을 누구한테서 배웠는가"라고 또 물었다. 황범송이 김몽훈 스승님한테서 배웠다고 하자 그 중년남자는 얼굴색이 확 변하면서 "몽훈 선생이 지금 어디에 계시는가"라고 물었다.

바로 이때 김몽훈이 때맞추어 사진관에 들어섰다. 중년남자는 김몽훈을 알아보자 큰절부터 했다. 그가 바로 김진호였다. 그는 자기가 그때 철이 들지 못해 선생님께서 김세문에게 임대해 준 사진기를 훔쳐가지고 도망간 얘기를 하면서 죽을 죄를 지었으니 용서해달라고 하였다. 그러자 김몽훈은 "다 지나간 일이니 앞으로 잘 지내면 된다"면서 "지금 무슨 일을 하고 있는가"라고 물었다. 그가 『동북조선인민보』에서 동판작업을 맡아하고 있다고 하자 김몽훈은 몹시 흥분해하면서 그를 황범송에게 소개했다.

그들 셋은 스스럼없이 얼굴을 맞대고 앉아 지나온 얘기들, 지금 하고 있는 일에 관한 얘기들, 앞으로 해야 할 일들에 대해 담론하기 시작하였다. 김진호는 신문사의 배치대로 동판작업을 하는 한편 소량의 보도사진을 찍고 있다면서 1949년 5월 7일 『동북조선인민보』에 자기 이름으로 연길시 1만여명 청년들이 5·4청년절을 기념하는 사진을 게재하였다고 하였다. 그러자 김몽훈은 대단히 기뻐하면서 "진호가 당원이고 신문사에서 사진을 하는 만큼 연변의 보도사진과 기록사진, 예술사진을 포함한 사진문화발전의 중임을 떠메고 나가야 한다"고 강조하였다. 그러면서 "지금의 『동북조선인민보』를 비롯한 국내 신문들이 사진을 적게 싣고 중앙지도자들과 국가의 중대한 행사사진만 드문드문 실을 뿐 백성들의 생활을 반영한 사진은 싣지 못하고 있으니 어찌 명실상부한 신문이라고 할 수 있겠는가"라고 지적하였다. 그러면서 김진호가 이런 국면을 돌려세우는 데 앞장서야 한다고 고무하였다.

김몽훈은 셋이서 우선 김진호를 앞장에 내세워 사진연구조직을 내오는 게 어떻겠는지 제안했다. 김진호와 황범송은 참 좋은 제안이라고 하면서 선뜻 받아들였고, 매주 토요일 저녁마다 금강사진관에 모여 모임을 갖기로 하였다. 이렇게 김진호는 김몽훈한테 떠밀려 사진연구소조 조장을 맡았다. 이 조직이 어찌 보면 연

1959년 북경전람회 참가 사진회의를 마치고 김진호 자택에서 춤을 추는 황범송(왼쪽)

변에서 사진을 매개로 하는 자발적인 민간단체의 시조라고 할 수 있다.

김진호는 김몽훈의 박식함과 앞선 사유를 존중하면서 토요일 저녁마다 금강사진관에 모여 사진에 관한 문제들을 의논했다. 그 중에는 다음과 같은 내용들이 포함되어 있었다.

"우선 우리들이 앞장서서 신문에 게재할 수 있는 좋은 보도사진들을 많이 찍어야 한다. 당과 정부의 중심사업을 둘러싸고 그걸 반영하는 사진들을 잘 찍어 역사자료로 남겨야 한다. 그리고『동북조선인민보』지도부에 건의하여 신문사에 전직사진기자를 두게 하고 사진을 더 많이 실을 수 있도록 고무 추동해야 한다. 또 앞으로 연변에서 보도사진을 기반으로 예술사진 창작에도 힘써야 한다. 신문에 예술사진작품을 자주 싣고 예술사진전란을 꾸려 예술사진을 감상할 수 있는 원지를 개척하여야 할 뿐만 아니라 사진책과 화보책, 달력도 출판해야 한다. 이러려면 우선 사진대오 양성과 이론연구가 따라가야 한다."

김진호는 누구보다 사진연구소조 활동에 앞장섰고 그 연구내용들을 실천에

옮기기 위해 최선을 다 했다. 이렇게 어설프게 발을 뗀 사진연구소조는 해방 후 연변사진문화의 신속한 발전에 기여하였고 연변촬영가협회 설립에 원초적인 토대를 닦아주었다. 조장 김진호도 실천가운데서 자신의 조직, 지도력을 키우게 되였고 리더로 거듭나면서 그 후 연변은 물론 중국촬영가협회 조직건설에 밑거름을 깔아주었다.

『동북조선인민보』는 1952년부터 김진호와 황범송을 정식으로 사진기자로 배치하고 김진호가 흑룡강, 길림, 료녕, 내몽골, 북경, 상해 등 지역을, 황범송이 연변지역과 목단강, 장춘지역 남쪽을 책임지고 조선족에 관한 사진취재를 하도록 하였다. 김진호는 해마다 중대한 명절에 집에 돌아오는 외에 늘 외지를 돌며 사진을 찍어서는 인편으로 황범송한테 필름을 보냈다. 그런 연고로 그는 중국의 이름난 사진가들과 접촉할 수 있는 기회가 생겼다.

1954년 음력설 기간에 연길로 돌아온 김진호는 황범송과 함께 왕청현 춘양의 낙타산마을에 취재를 갔다가 그 마을 김정춘이란 농민이 호랑이를 잡은 걸 목격하였다. 하여 김진호는 김정춘이 죽은 호랑이 꼬리를 잡아 쥔 모습을 촬영하여『인민일보』에 보냈다. 운 좋게도 그 사진이 그해 3월『인민일보』에 게재되었다. 그로부터 김진호의 명성도 전국에 널리 알려지기 시작하였다. 1954년 5월, 중국의 저명한 사진가 석소화는 사진골간 양성을 취지로 전국 공농병사진강습반을 북경에서 꾸리면서 김진호를 꼭 찝어 참석하라고 하였다.

해방 전부터 사진을 찍었고 사진연구소조 활동 등 실천경험을 가진 김진호는 늘 남들의 본보기가 되어 존경을 받았다. 한번은 강습반 참가자들더러 북경에서 수만 명이 참여한 5·1절경축행사를 촬영하라고 하였다. 다른 사진가들은 대회장 중심을 찍은 사진을 내놓았지만 김진호는 암실에서 3장의 사진을 붙인 파노라마 사진을 내놓았다. 참신한 시각과 정밀한 제작, 출중한 창의력에 다른 학원들은 물론 강습반 선생들도 감탄했다. 그러자 김진호는 "이는 우리 연변 조선족사진가들이 다채로운 사진창작활동과 연구활동 중에서 서로 배우고 도와준 결과입니다"라고 겸손하게 말하였다.

1956년 북경에서 중국사진학회 설립 준비위원회가 생겼다. 김진호는 이 준비소조의 요청으로 북경에 머무르면서 문서작성, 섭외사업, 인원등록 등 구체적인 사무를 책임지고 처리하였다. 그러면서 그는 연변의 사진사업 상황을 소개하고 설립대회에 연변에서 자기를 제외하고 3명을 더 참가시키자고 제의하였다.

1956년 12월 중국촬영학회 설립대회에 전국 각지로부터 대표들이 참석하였는데 그중 연변의 조선족사진가 김진호가 참가하였다. 길림성에는 대표가 없었다. 그리고 김진호는 중국촬영학회 상무이사로 선임되었고, 중국촬영학회 동북분회 설립지도소조 담당자로 선임되었다. 강찬혁, 김홍국, 채규익이 김진호와 함께 중국촬영학회 회원으로 되었다.

대회가 끝난 다음 김진호는 흑룡강성, 요녕성, 길림성 등지로 다니면서 그곳의 촬영가협회 조직사업을 지도하였다. 조선족 사진가 김진호가 국가급과 다른 지역 성급 촬영가협회 설립조직사업에 관여하고 지도했다는 건 연변 촬영역사의 자랑거리이고 연변조선족의 촬영수준이 많이 앞서있었다는 것을 말해준다.

1959년 3월 연변문련대회 기간에 김진호 등의 노력으로 중국촬영학회 연변분회가 설립되었다. 연변분회는 지구급분회였지만 중국촬영학회 분회로 다른 지역의 성급분회와 동등한 자격을 행사했다. 대회는 김진호를 주석으로, 강찬혁을 비서장으로 선출하였고 김진호, 강찬혁, 이상선, 김홍국, 남진우를 상무이사로 선임하였다. 중국촬영학회 연변분회의 설립은 연변 사진문화 발전의 새 기원을 열어놓았다.

김진호는 1960년 8월, 중국촬영학회 제2차전국대표대회에 출석하였고 두 번째로 중국촬영학회 이사로 선거되었다. 그때 전국적으로 이사가 65명이었다. 이로부터 김진호의 위상이 얼마나 높았다는 것을 알 수 있다.

황범송과 김진호의 합작은 초기 중국 조선족 보도촬영계에서 가히 독보적인 존재였다고 평가할 수 있다. 두 사람의 합작은 신문보도촬영의 새로운 영역을 개척하였을 뿐만 아니라 중국 조선족의 인물촬영, 풍경촬영, 민속촬영, 생활촬영 등 다양한 영역의 촬영예술수준을 한차원 끌어올리는 데 견인차 역할을 했다고 평가할 수 있다.

유감스러운 건 꼬리에 꼬리를 문 정치운동 회오리 속에서 김진호는 해방 전 관내로 다니며 사진을 찍은 것이 혐의로 되어 '반혁명분자'라는 억울한 누명을 쓰고 온갖 정치박해를 받아내다가 1962년 5월 4일 비밀리에 연변을 떠나 제3국으로 건너가 은둔하여 그 후의 행방이 묘연해졌다는 사실이다. 두 사람의 각별난 연도 거기까지일 수밖에 없어 안타까운 막을 내렸다. 김진호는 그 뒤 제3국에서 빛나는 자신의 존재감을 과시하다가 병으로 때 이르게 생을 마감했다.

강찬혁과의 야릇한 인연

강찬혁(姜贊赫, 1924년-1995)은 김진호에 이어 연변촬영가협회 제2기 주석을 역임한 중국 조선족 보도촬영 영역을 개척한 대표성을 띤 촬영기자이다. 황범송과 더불어 중국 조선족촬영예술의 개척자로도 평가받고 있다.

길림성 화룡현 덕화촌 류신둔의 한 농민가정에서 태어난 강찬혁은 학교를 다니던 중 아버지가 장기환자로 더는 뒷바라지를 해주지 못하게 되자 가족의 생계를 위해 부득이 공부를 그만두었다. 그 뒤 일제의 강제징병을 피해 노투구 이희춘이 운영하는 사진관에서 학도로 일하면서 촬영기술을 배웠다. 그 뒤 일제의 감시가 심해지자 더는 사진관에서 배겨낼 수 없어 탄광에 들어가 석탄을 캐는 일을 하였다.

1945년 8월 15일, 일본이 항복하자 그는 부모를 따라 연길현 태양구 광흥촌에 이주해서 농사일을 하면서 농한기에는 촬영기술을 배우러 연길, 용정을 두루 돌아다니기도 하였다. 그 때 용정에서 촬영학원을 운영하던 최영하를 알게 되였고 그를 통해 채규익, 전학준, 박진기 등 촬영가들과 안면을 익히게 되였다. 그 후 채규익의 도움으로 사진기를 빌려서 사진을 찍어보기는 했지만 가난 때문에 촬영을 이어갈 수 없었다.

황범송보다는 6년 연상이지만 두 사람이 촬영을 접한 시기는 거의 비슷하였다. 하지만 황범송은 일본에서 사진을 배운 김몽훈을 스승으로 모신데 비해 강찬혁은 그냥 초학자들에게서 셔터 누르는 기술을 배웠을 뿐이었다.

하지만 강찬혁은 당원인데다가 어느 정도의 습작기초가 있어 태양향 당위 선전위원으로 활약하면서 『연변일보』에 드문드문 보도기사도 쓰는 통신원이었다. 1949년에 우수통신원으로 표창을 받게 되면서 황범송하고 연이 닿았다. 1955년 7월에 황범송의 소개로 『연변일보』에 입사하여 촬영기자가 되면서 두 사람은 오랜 지기가 되였다. 그가 입사한 이듬해 『연변일보』 산하에 미술촬영조가 세워졌고, 그에게 조장직이 차려졌다. 그해 그는 운 좋게 중국촬영학회에 입회하였다.

신사 스타일의 외모에 관운이 따라 준 촬영가라 할 수 있다. 그만큼 그에게는 사람을 다스리는 아우라와 지도력이 있었다.

황범송과 강찬혁 사이에는 은근히 자격지심을 앞세운 질투심이 깔려있었다. 사진실무에서는 황범송이 한 수 위였지만 그가 '공산당원'이었기 때문에 늘 보면 그의 직접적인 영도를 받을 수밖에 없는 처지였다. 그래서 두 사람은 자주 언성을 높여가며 엎치락뒤치락하다가도 퇴근길에 자주 들려 한잔 하는 습관이 있었다. 그 한잔 하는 곳이 바로 황범송이 기거하던 누님 댁이었다.

당시 수완이 좋았던 황범송 누님(황정자)이 서시장 근처에서 양복점을 운영하다 보니 옷발이 좋은 신사 강찬혁이 자주 복장점에 들려 양복을 맞춰 입고, 가끔 가다 술 한 잔 기울이는 경우가 다반사였다. 취홍이 오르면 젓가락장단에 맞추어 노래도 부르고 춤도 추는데 그쯤 되면 강 주임이 아니라 형님 동생이 되고 말았다.

1959년 3월, 중국촬영학회 연변분회가 설립되면서 강찬혁이 비서장을 맡게 되었다. 당시 연변분회 초대주석인 김진호의 오른팔 왼팔이 되어 돌아치다보니 세 사람 모두가 신문사에서는 업계의 베테랑이었다. 그러다가 1972년 그는 길림성촬영가협회 상무이사로 당선되었고, 1978년 8월 23일에는 연변문학예술계련합회 제2기 제3차 전원회의에서 연변촬영가협회 제2임 주석으로 당선되었다. 1980년에는 연변문학예술계련합회에 전근한 뒤 연변촬영가협회 주석을 맡아하면서 협회사업의 복구와 새로운 발전을 위해 헌신적으로 사업하였다.

「연변일보」 사진기자 시절의 황범송(앞줄 왼쪽 1번째)과 강찬혁(왼쪽 2번째)

1985년 5월, 중국촬영가협회 제4차 대표대회에 참석한 강찬혁은 대회에서 전국촬영가협회 이사로 당선되었다. 준수한 외모에 언변도 좋았고 거기에 관운도 따라주는 시대의 행운아였다.

거기에 비해 황범송은 말단직원으로 그냥 실무에만 전념하는 '마당쇠'였다. 이 세상에 권세욕이나 금전욕이 아예 없는 사람이 과연 있을 런지는 모르겠지만 그도 심신이 편치만은 않았을 것이다. 어쩌면 황범송은 가방 끈이 짧은 자신에게 장자 붙은 자리는 사치라고 지레 짐작했는지도 모른다.

거기에 운명의 희롱이라고나 할까? 황범송의 의지와는 달리 그의 인생에 좀처럼 풀리지 않는 '수수께끼'가 있었다. 즉 1950년대 초에 사진기를 멘 당의 후설기관의 촬영기자인데 적어도 '당표(党票)'만은 해결해야 하는 데 그게 풀리지 않았다. 몇 년째 열심히 〈사상회보〉도 써내고 〈당과학습〉에도 열성을 보였다. 나름대로 최선을 다 해 노력하다보니 모범이나 선진사업자 칭호는 많이 받았는데 조직관계에는 좀처럼 푸른 등이 켜지지 않았다. 솔직히 그 일로 속상한 적이 한두 번이 아니었

북경 출장 중 강찬혁 기자와 함께

다. 당시 당지부 성원이자 촬영조 조장이였던 강찬혁의 말 한마디면 황범송의 당원 가입문제가 풀릴 만도 했는데 그 화제만 나오면 회피하는 눈치를 보였다. 그렇다고 대놓고 섭섭하다고 토로할 수도 없는 상황이었다.

한두 해도 아니고 긴긴 세월 그 숙제가 풀리지 않아 속상해 하던 어느 날 연변박물관이 서게 되면서 영입 제의가 들어왔다. 황범송은 이참에 아예 신문사를 떠나버리기로 작심했다. 이 일을 두고 두 사람은 얼굴 한번 붉히지 않았지만 속으로는 은근히 서로에게 드러내지 않은 '앙금'이 남아 있은 것 또한 사실이었다.

훗날 황범송이 박물관에 전근해서 입당문제가 풀리다보니 그 의문의 '앙금'은 세월 속에 묻혀버렸다. 두 사람 사이에 은근한 '라이벌 의식'이 존재했던 것 또한 사실인 듯하다.

하지만 주류적인 각도에서 보면 두 사람은 신문사 내에서 호흡이 착착 맞아떨어졌던 단짝파트너였다. 그들의 합작이 연변 보도사진 영역의 새로운 도약을 불러왔고 그 산하에 조선족촬영예술의 꽃이 만발하게 하였던 것 또한 엄연한 사실

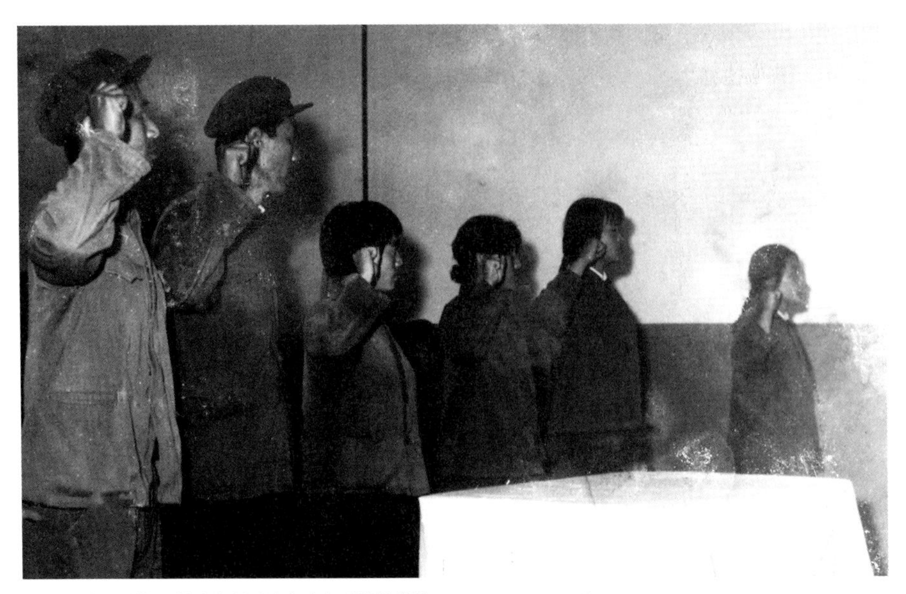

1973년 황범송(왼쪽 첫번째) 입당선서 장면. 강찬혁 촬영

이다. 연변의 촬영예술은 이런 열정을 가진 원로들의 활약으로 하여 촬영예술이 뭔지도 모르는 불모의 땅에 백화제방, 백화만발의 꽃이 만개하게 된 것이다.

약속을 어긴 동갑내기 김홍국

『연변일보』 촬영기자로 근무하던 시절 촬영조에는 선후하여 김진호, 황범송, 강찬혁, 김홍국 등이 있었는데 후세 사람들은 이들을 중국 조선족촬영계의 제1대 원로들이라고 한다.

그 넷 중에 황범송과는 조금은 유별나게 친하게 지낸 지기가 바로 동갑내기 김홍국이었다. 유감스러운 건 두 사람 운명이 너무도 판이하게 엇갈린 팔자여서 한 사람은 93세 고령으로 장수했지만 그의 친구 김홍국은 역사의 '액운'을 면치 못하고 한창 꽃 피울 서른아홉 나이에 극단적인 선택으로 이 세상과 명을 달리하였다.

불운의 사진사 김홍국(金弘國, 1930-1969)은 길림시 교외의 어느 한 농민가정에서 태어났다. 1947년에 통화시조선족중학교를 졸업하고 군에 입대하였다가 제대한 뒤인 1950년 10월에 연변교육출판사에 입사하여 한때 동판고 부고장을 지냈다. 그러다가 『연변소년보』 촬영기자로 옮겨 앉았고 1957년 9월에 『연변일보』 촬영기자로 다시 갈아탔다.

우리 민족 전통문화의 정수를 반영한 그의 작품 〈농악무(1956년 촬영)〉가 발표되면서 김홍국은 민속테마 촬영에 싹수가 보이는 촬영가로 자리매김이 되었다. 1962년 5월 23일자 『연변일보』에 발표된 그의 작품 〈빨래〉가 다시 『중국촬영』에 발표되면서 촬영계의 각광을 받게 되었다.

〈농악무〉는 건국초기 가장 대표성을 띤 조선족 민속촬영 예술작품이라 할 수 있다. 1956년에 연길에서 펼쳐진 연변문공단과 각 현 문예공연대의 문예경연을 관람하던 중 농악무에 매료되어 작품을 완성하게 되었다고 한다.

조선족농악무는 농경민족인 조선민족의 조상들이 수천 년을 이어 온 농경문화 속에서 창조해낸 가장 대표적이고 가장 대중성을 띤 전통 민속무용으로써 노래, 기악, 춤, 놀이가 예술적인 조화를 이룬 조선족 민속문화의 정수이다. 그런 유서 깊은 민속문화의 정수를 〈농악무〉라는 사진 한 장에 담아냈으니 그 작품이 중국촬영학회 기관지 『중국촬영』에도 게재되었고, 1962년 12월에는 중국촬영예술전람에 입선되었다.그 해에 네덜란드에서 펼쳐진 국제촬영전람에도 입선되어 수상하였다.

이 같이 전도유망했던 젊은이가 갑자기 불어 닥친 '문화대혁명'의 회오리에 말려들어 빼도 박도 못하고 방황하다가 극단적인 방법으로 명을 달리하게 되었다.

'문화대혁명' 초기에 『연변일보』의 강찬혁, 황범송, 김홍국, 전광운 등이 억울한 누명을 쓰고 7개월간 무고하게 당학교 건물에 갇혀 지내게 되었다. 그 사이 그들은 조사조에 의해 '특무', '반혁명분자' 등의 혐의로 몰려 심한 고문과 억울한 조사를 받게 되었다. 조사조는 그들 넷을 각각 따로 가둬 놓고 서로 대면하지 못하게 하면서 이른바 '특무' 혐의를 진술하라고 협박하였다.

김홍국의 이른바 '특무' 혐의는 이러했다. '문화대혁명' 초기의 어느 일요일, 김

김홍국의 대표적인 작품 〈농악무〉.

김홍국의 사진작품 〈빨래〉.

홍국과 노창범 등이 철렵을 한답시고 노투구 강변에 가서 물고기를 잡아 끓여 먹었다. 그때 김홍국은 세린하 쪽을 배경으로 철렵하는 장면을 기념으로 남겼다. 그런데 '조사조'에서 김홍국이 찍은 그 사진이 세린하골에 있는 군사창고를 찍어서 외국에 보내려했다는 억지를 부리면서 욕하고 구타하고 협박하면서 이른바 '특무행각'을 시인하라고 했다.

순식간에 너무나도 터무니없는 '죄증'들을 나열하여 들이 받치면서 혹독하게 조지고 협박하는 통에 김홍국은 빼도 박도 못하고 울며 겨자 먹기로 그랬다고 거짓 진술을 할 수밖에 없었다. '조사조'에서는 그 가짜진술을 미끼로 '더 큰 고기'를 잡아내려는 목적으로 배후에 있는 협의분자들의 이름을 대라고 더 험하게 협박하였다.

시간이 지날수록 '특무'혐의가 눈덩이처럼 부풀어져 수습할 수 없는 지경에 이르렀다. 이럴 바엔 아예 계속해서 가짜진술을 하여 '조사조'에서 그 증거자료를 재조사하면서 심사시간을 지연시키는 방법으로 '해명' 받을 그날을 벌어보자고 입을 모았다. 그래서 그 뒤로 수 없이 많은 가짜진술을 하였다.

하루는 전광운(全光雲)이 변소에 가는 기회에 강찬혁이 들어가기로 약속된 변소 틈새에 쪽지를 써서 끼워 넣었다. 그 쪽지의 내용은 대략 다음과 같았다.

"살아남자면 천방백계로 조사시간을 지연시켜야 한다. 천교령임업국에서 노간부를 심사하였는데 그 노간부가 거짓진술을 하여 조사시간을 일 년이나 끌었다고 한다. 그 사이 다른 부문의 진짜진술 '죄행'이 드러나면서 억울함이 입증되어 그 간부도 구사일생으로 풀려났다고 한다. 그러니 우리도 거짓진술을 하여 심사시간을 지연시키는 게 상책이니 다들 그리 알고 '보조'를 맞춰달라."

다시 말하면 자기가 한 일을 상대방도 동조했다고 거짓으로 진술하라는 얘기였다. 그러면서 본인(전광운)의 특무비밀번호는 101번, 강찬혁은 105번, 황범송은 102번임을 먼저 교대하라는 것이었다. 그 쪽지가 비밀리에 빙빙 돌아 서로에게 전달되어 그대로 하기로 약정되었다.

'조사조'는 그런 줄도 모르고 파면 팔수록 꼬리에 꼬리를 무는 '죄증' 앞에서 골머리가 아파났다. 도저히 믿을래야 믿을 수 없는 '죄증'들이 모래밭에서 무 뽑듯이 드러나고 있으니… . 거기에 따른 증거자료를 만들어 하니 이어서 진행되는 조사에서 계속해서 '죄증'들이 불거져 나오고 있어서 어찌할 방도가 없었다. 결과적으로 그들 자체도 나중에 오리무중에 빠져 반은 포기할 수밖에 없는 지경에 이르렀다.

어느 날 "집중학습과 조사가 일 단계 끝났으니 잠시 사업단위에 돌아가 본업에 충실하라"면서 다음 번 집중조사를 기다리라고 했다. 『연변일보』로 돌아오는 길에 황범송과 김홍국은 함께 걸으면서 많은 이야기를 나누었다. 김홍국은 눈물이 글썽해서 이렇게 말했다.

"이번에 보아하니 진짜 내 친구는 너 밖에 없더라. 너 빼고 다들 나를 물어먹었다고 하는 데 그 자식들 얘기를 믿어서는 안 되지만 그래도 속상하다. 세상에 믿을 친구가 너밖에 없다는 게 너무 한심하다. 아무튼 앞으로는 이딴 일에 신경 쓰지 말고 손잡고 잘 해보자…!"

"그래, 지나간 건 지나간 거니까 너무 속에 넣어두지 말고 내일만을 생각하면서 우리 잘 해보자. 참고 기다리다 보면 좋은 날이 오게 되는 거겠지 뭐…"

두 사람은 간만에 이런저런 이야기를 두런두런 나누면서 하남다리를 건너 신

황범송의 딱친구 김홍국(가운데)과 이송영(오른쪽).

문사 앞에 도착하였다. 대문에 들어서려는 데 군중조사조 사람들이 지켜서고 있었다. 둘은 일단 농촌조 사무실로 들어갔다.

그런데 저녁 무렵, 군중조사조 사람들이 막무가내로 김홍국을 다시 불러냈다. 새로운 '특무'혐의를 발견했으니 단독조사를 받아야 한다는 것이었다. 이렇게 김홍국이는 풀려 나온 지 몇 시간 만에 또 끌려갔다. 밤새 또 어떤 고문과 협박이 있었는지 당사인 외에 누구도 모른다.

이튿날 아침 황범송이 울적한 기분으로 출근하여 책상 앞에 마주 앉았으나 일이 손에 잡히지 않았다. 억울함을 호소하던 김홍국이 자꾸 눈에 밟혀 안절부절 했다. 간밤에 불려나가서는 어느 정도 취조를 당했는지? 제발 이제 더는 그런 터무니없는 날조로 사람을 괴롭히는 일이 재연되지 말았으면 하는 마음가짐으로 주변의 동정을 살폈다.

그런데 청천벽력 같은 소식이 전해졌다. 김홍국이 간밤에 변소에서 목을 매 자결했다는 것이었다. 순간 황범송은 갑자기 감전된 듯이 찌릿해 나면서 목구멍에서 터져 나오는 오열을 참을 수가 없었다. 몇 시간 전만 해도 함께 잘 해보자던 친구가 어찌하여 밤 새 자결한단 말인가? 도무지 이해가 가지 않았다. 그는 물끄러미 창문을 마주 서서 밖을 내다보았다.

이윽고 헌 이불로 휘감은 김홍국의 시신을 나귀 차에 싣고 대문 밖으로 나가는 모습이 포착되었다. 설음에 북 바친 황범송이 창문가로 바싹 다가서며 오열을 토하자 조장이 엄숙한 표정으로 소리를 질러댄다.

"뭘 보고 있는 겨? 책상에 돌아와 잠자코 있지 못 할고?"

그는 손으로 이마를 가리고 다시 책상 앞에 주저앉고 말았다. 원통하고 억울하고 서럽다 못해 분통이 터졌지만 딱친구의 죽음에 하소연 한마디 못했고 소리 내여 흐느낄 자유조차 없는 자신의 존재가 너무나도 허무했다.

"이런 세상에서 왜 살아야 하는지? 또 누구를 위해 어떻게 살아가야 하는 지…"만감이 교차하는 순간이었다고 한다.

김몽훈의 또 다른 제자 김세문

연변의 초기사진역사를 거론함에 있어서 김몽훈이나 김진호에 대해서는 이러쿵저러쿵 말하는 데 김세문에 대해서는 별반 얘기하는 사람이 없다. 이를 못 마땅히 여겨 황범송은 수차 관련 부문에 김세문의 역사를 정리해야 할 필요성을 강조하였다. 따지고 보면 황범송과 김세문은 다 김몽훈 문하에서 사진을 배운 학도였다.

김세문은 1922 년 조선 함경북도에서 태여나 부모님을 따라 흑룡강성 밀산에 이주해서 살았다. 그러다가 일찍 1936 년에 사진업에 뜻을 두고 있었던 터라 김몽훈을 스승으로 모시려고 연길 금강사진관을 찾아왔다. 김몽훈은 불원천리하고 찾아온 그를 학도로 받아들여 근 1년간 사진기술을 배워주었다.

1937년에 그는 김몽훈의 도움으로 밀산에 돌아가 금강사진관을 꾸리고 영업을 시작했다. 개업해서 얼마 안 되어 두 살 연상인 김진호가 학도로 들어왔다. 김세문은 스승한테서 사심 없는 가르침을 받았던 밑천을 곧이곧대로 김진호한테 전수했다.

그런데 석 달이 지나 김진호가 밀산사진관의 유일한 밑천인 중형사진 기자재까지 챙겨가지고 관내로 도주해버렸다. 사실 그 사진기자재 역시 김몽훈한테 외상으로 받아 온 것이었다. 커다란 충격을 받은 김세문은 김몽훈을 찾아가 하소연하였다. 김몽훈은 "좌절이 오히려 기회로 될 수 있다"면서 "낙심하지 말고 찾아오는 학도에게 계속해서 베풀어라"라고 일깨워주면서 몹시 아끼던 다른 사진기를 빌려주었다. 이에 신심을 얻은 김세문은 밀산에서 사진관영업을 계속 이어나갈 수 있었다.

그는 부지런히 사진촬영 기술과 현상, 건판수정, 사진유액배합 등 기술을 배워 그곳에서 알아주는 사진관 경영주가 되었다. 특히 그의 건판수정 기술이 섬세하고도 정밀하여 늘 스승의 긍정과 칭찬을 받았다.

시베리아의 한파가 제일 먼저 밀려오는 밀산에도 광복의 새아침이 밝아왔다. 그런데 기쁨도 잠시였다. 새 정권이 수립되지 못한 틈을 타서 부근의 도적떼인 토비(土匪)들이 뛰쳐나와 백성들, 특히 조선인들에 대해 무차별한 노략질을 해댔다. 생명의 위협을 느낀 김세문은 어쩔 수 없이 안정된 보금자리를 찾아 조선으로 나가려고 사진기재들을 챙겨 두만강변에 자리한 연길현 월청구 마패촌에 피난을 갔다.

그런데 예상외로 두만강기슭의 정세는 밀산과는 판이하게 달랐다. 국민당 세력이 미치지 않은 이곳에서는 여러 민족 인민들이 친형제로 지내면서 항일전쟁 승리의 과실을 보호하기 위해, 새로운 인민민주정권 건설을 위해 반혁명숙청, 토지개혁, 애국증산 등 활발한 민주운동이 벌어지고 있었다. 김세문은 조선으로 나가려던 생각을 버리고 그곳에서 자기의 능력을 발휘하며 새로운 형세에 적응해나갔다.

당시 연길현 광개구(개산툰)의 성세호에 대한 역사를 두발로 뛰어다니며 사진으로 남기기에 노력을 아끼지 않았다. 마음씨 착하고 상당한 기술력을 가졌던 그는

김세문. 열군속복무사 사진부 시절의 황범송(뒷줄 왼쪽 1번째)과 김세문(앞줄 왼쪽에서 2번째)

대뜸 민중들의 호응을 받았다.

연변지구에서는 1946 년 3월에 중공중앙 동북국의 지시로 그해 7 월부터 토지개혁이 시작되어 세 단계를 거쳐 1948 년 4월에 끝났다. 연길현 광개구에서도 당정간부들과 동북군정대학 길림분교 사생들로 조직된 공작대가 토지개혁운동을 기세 좋게 전개하였다. 당시 주보중의 부인 왕일지가 광개구 토지개혁운동 현지에 내려와 사업지도를 하고, 공작대에 사진사를 청하여 토지개혁운동의 중요한 장면들을 촬영하라고 지시하였다. 공작대에서는 김세문에게 그 임무를 맡겼다.

촬영임무를 맡은 김세문은 자신의 어깨에 놓인 정치적 임무의 중요성을 자각하면서 포만된 정서와 능숙한 솜씨로 최선을 다 하였다. 그는 조직의 지시에 따라 움직인 만큼 찍은 사진을 모두 해당 기관에 넘겼다. 이들 사진들은 당시 공작대로 내려왔던 왕일지한테 넘겨져 집중 소장됐다고 한다. 그 뒤 왕일지가 주보중을 따라 상경하였고, 그 사진들은 동북군정대학 길림분교 자료실과 연변당안관에 소장

1947년 3월 27일 연길현 광개구 광종향 토지분배대의 모습. 김세문 촬영

연길현 광개구 낡은 집조를 소각하자 환호하는 군중들.(1947년 4월 6일).

되었다.

수십 년 세월이 흐른 지금, 그가 촬영한 연길현 광개구 토지개혁 사진이 역사적인 자료로 보존되어 있다. 이는 김세문의 공로이기도 하지만 역사의 뒤안길에 묻힐 뻔한 사진을 발굴해낸 황범송의 공로이기도 하다.

1949년 김몽훈이 옛 제자 김세문을 다시 금강사진관으로 불러들이면서 한 때

연길현 광개구 참전용사 환송대회.(1947년 4월 6일).

황범송과 김세문은 나란히 스승 문하에서 사진업에 몰두했다.

그 후 김몽훈이 금강사진관을 연길시민정국에 무상으로 기증하다보니 1950년부터 연길시열군속사진관으로 탈바꿈되었고, 황범송이 주임을 맡고 그 아래 8살 연상인 김세문이 보조로 일했다. 1952년 황범송이 『동북조선인민보』로 전근해 가면서 김세문이 열군속사진관 주임으로, 남진우가 부주임으로 발탁되었다.

1955 년에 열군속사진관은 연길시합작총사 사진부로 거듭나면서 김세문이 계속해서 주임으로 일했다. 후에 김세문은 연길을 떠났고 나중엔 타향에서 병으로 사망했다.

초기 연변사진사에 김세문은 빠뜨려서는 안 될 인물이고, 황범송과도 꽤 오랜 동안 사진업계에서 손발을 맞춘 베테랑이었다. 또한 훗날 절친 황범송이 그가 촬영한 사진을 발굴해 소개함으로써 연변조선족자치주 설립 전의 귀중한 역사순간을 담은 사진들과 그의 노고가 기록으로 남게 되었다. 이 또한 두 사람의 인연이 보통이 아니었다는 사실을 보여준다.

8

최후의 승자는 그였다

마지막 동반 촬영과 대화

2021년 6월 14일은 중화민족의 전통명절인 단옷날이다. 단오절을 맞이하여 6월 12일, 연길시 라디오텔레비전방송국과 관광국에서 주최하고 연길시문화관에서 주관한 '문화와 자연유산의 날' 행사로 '연길시 제5회 대중무용' 경연이 모아산 기슭에 자리 잡은 연변조선족문화원에서 성황리에 펼쳐졌다.

단오절축제에 관한 사진자료들을 남기기 위해 필자(이광평)는 아침 일곱 시 반에 용정에서 택시를 잡아타고 연변조선족문화원에 도착하였다. 건당 백주년을 맞아 변모된 문화원은 지방특색과 조선민족특색들이 어우러져 한결 화사해진 분위기였다. 거기에 고대와 현대를 유기적으로 조합시켜 건설한 조선민족특색의 전통가옥이 널따란 도로 양쪽을 따라 즐비하게 이어져 손님들을 반겨 맞았고 쾌적한 거리와 유보도, 길가에 세워진 조선족의 농경문화를 반영하는 밭갈이 조각, 떡치기 조각 … 거기에 조선족상모를 본떠서 만든 칠색가로등이 높이 걸려있어 한결 분위기를 돋궈주었다.

친구와 이야기를 나누는 황범송(2021.6.14).

햇빛도 찬연하여 나들이에 기분을 고조시켜주고 사진촬영하기에는 더구나 안성맞춤이었다. 무거운 카메라가방을 메고 조심조심 주위를 살피면서 이곳의 변화와 새로운 모습들을 한 전 한 점 기록하였다.

그러데 문득 렌즈에 황범송 선생이 들어왔다. 아, 황 선생님도 오셨구나! 사진기를 손에 잡고 카메라가방을 어깨에 걸친 황 선생이 가벼운 걸음으로 무대에 올라 사위를 살피면서 걸어가는 모습이 포착되었다. 92세 고령에도 젊은이들 못지않게 부지런히 셔터를 눌러대는 모습이 참으로 보기 좋았다. 황 선생보다 14살이나 연하인 필자도 팔십 고개에 오르고 보니 힘들어 하는데 황 선생은 전혀 노인이라는 느낌을 주지 않았다. 과연 저 나이에 촬영은 고사하고 운신이나 제대로 하려나? 괜히 부질없는 걱정이 앞서면서 존경스러운 분이라는 생각을 하게 되었다.

친구들이 간혹 건강비결에 대해 물을 때면 촬영이라는 직업을 선택하였기 때문이라고 농담 삼아 자랑하곤 했다. 황 선생의 건강 비결도 어쩌면 촬영이라는 평생 직업을 선택한 데 있지 않을까 하는 혼자생각을 해봤다.

촬영에 몰두하면서 황 선생의 움직임을 주의 깊게 살피다가 근접하자 다가가서 인사를 올렸다.

"오래간만입니다. 건강하시죠?"

"건강하다마다. 지금도 사진기만 메면 이렇게 정신이 들어서 뛰어다닌다오."

그 찰나에 노인 한 분이 달려오더니 "이게 범송이 아닌가? 오래간만이요. 여전히 팔팔 하구만!"하면서 덥석 황 선생의 손을 잡았다. 슬쩍 몸을 빼면서 그 격동적인 장면을 렌즈에 담았다. 두 노인이 큰 소리로 문안도 하고 자신들의 근황에 대해 얘기하면서 지나온 시절의 이야기를 하였다.

이야기를 하면서도 피사체를 살피는 황범송.

한담이 끝나자 곧 황 선생의 모습을 담아두려고 초점을 맞추었다. 언제인가부터 기록으로 남기려고 노 촬영가들의 모습을 찍기 시작했다. 의도를 눈치 챘는지 황 선생도 사진기를 받쳐 들고 초점을 맞추는 익숙한 포즈를 취했다. 미소를 머금은 눈빛과 정열에 불타오르는 모습에서 그의 정신상태가 아주 건강함을 알 수 있었다.

"많이 적적하시지요? 끼니는 제 때에 챙겨 드시나요?"

얼마 전에 상처하고 심난하게 지내고 계실 선생이 걱정되어 관심조로 한마디 했다. 그러자 황 선생은 이젠 많이 적응이 되어 괜찮다고 했다. 그러면서도 새로 연변촬영가협회 주석을 맡은 차광범이 많이 어려울 텐데 잘 받들어주라고 말씀하셨다. 그 연세, 그 처지에서도 협회를 생각하고 젊은 후학들을 챙기는 어르신다운 모습에서 황 선생의 인격과 사진을 향한 일편단심을 읽을 수 있었다.

이윽고 황 선생은 요즘 주로 무슨 일을 하는지 물었다. 특별한 행사가 있으면 간간히 나가서 촬영도 하지만 주로는 이미 누적해놓은 사진에 깃든 이야기들을 정리하여 책으로 펴내는 일에 전념하고 있다고 답변했다.

그러자 황 선생은 이렇게 말했다.

"광평이는 책을 많이 써내야 하오. 우리 세대는 글이 짧아서 그렇게 많은 일을 하고도 그걸 글로 남기지 못했소. 그건 불행이오. 그런 '불행'이 광평이 세대에서부터는 다시는 재연되지 않도록 해야지."

"예, 명심하겠습니다. 아무리 사진을 많이 찍고 글을 많이 썼기로서니 그게 사회적인 공유물로 역사에 남겨지지 못한다면 그 자료들은 나중에 쓰레기로 되고 말지요. 저는 요즘 연길현에서 나타난 전국 노력모범 수훈자들을 다시 발굴해 『해란강반을 빛낸 사람들』라는 책을 집필중입니다. 김시룡, 이호천, 이옥금, 류창은, 황순옥과 이종율의 사적을 집중적으로 조명하고 있습니다. 사료적인 가치 외에 청소년교양서로도 많이 읽힐 거라고 합니다. 책에 황 선생이 찍은 사진들도 몇 점 들어갑니다. 책이 출판되면 꼭 보내드리겠습니다."

"역시나 광평이는 '문무'를 겸비한 사람이여서 기대 되는구먼. 잘 해보오!"

우리가 이야기를 나누고 있는데 새로운 광장무팀이 무대에 올랐다. 즉각 헤어져 각자 나름의 촬영에 임했다. 여러 각도를 돌면서 특색 있는 장면을 기록하기에 여념이 없었다. 그 와중에 황 선생의 촬영장면이 여러 차례 렌즈에 포착되었다. 그때마다 순간을 놓치지 않고 셔터를 눌렀다. 92세 고령임에도 촬영에 열중하는 베테랑의 모습을 담아두고 싶었다.

분주하던 촬영이 끝나자 잠시 휴식을 취하면서 다시 이야기를 나누게 되었다. 그 쉬는 와중에도 황 선생은 무시로 사방을 둘러보다가 민첩하게 셔터를 눌러 대곤하였다. 땀을 들이느라 자주 모자를 벗어 부채질을 하는 와중에도 은근히 한 눈은 촬영대상을 포착하는 데 신경이 곤두서 있었다.

황 선생께 점심 드시러 가자고 하였다. 그러자 그는 손목시계를 보더니 지금 사진책 편집 때문에 오는 손님이 있어서 당장 돌아가야 했다. 그러면서 앞으로 기회가 많으니 다음에 보자고 했다. 아쉽지만 작별인사를 하지 않을 수 없는 상황이었다. 조만간에 한번 찾아뵙겠고 했다.

2021년 11월 24일 약속한대로 황 선생 댁에 찾아갔다. 그날 우리는 많은 이야

80세가 넘은 고령에도 촬영을 즐기는 황범송

기를 나누었다. 특히 '문화혁명' 전 용정의 사진역사에 관한 이야기를 중점으로 담론하였다.

그리고 돌아와서 며칠 뒤 황 선생 댁에 수차 전화를 해도 받지 않기에 다시 연락할 수 없었다. 황 선 생은 집전화만 쓰기에 전화를 받지 않으면 달리 연락을 취할 방도가 없다. 음력설을 맞아 연변촬영가협회 차광범 주석 일행이 1세대 사진가들을 방문하기로 하고 수차 전화를 했는데 받지 않는다고 하면서 자택에 찾아가서 확인하려고 벌을 눌렀는데도 역시 반응이 없다고 했다.

그런데 3월 12일, 전 촬영가협회 주석 한영이 황 선생이 병으로 2022년 3월 9일에 타계하였다는 비보를 전했다. 이런 청천벽력이 없었다. 비보를 받는 순간 아무 말도 못하고 한 나절이나 우울하게 지냈다.

그러고 보니 단오축제 촬영이 황 선생님과의 마지막 교류로 되였고 다시 댁에 찾아가 나눈 이야기가 마지막 대화가 되었다. 더 안타까운 건 16살에 사진기를 메고 중국 조선족 촬영계에 혜성처럼 나타나 운명하는 순간까지 장장 76년을 카메라와 실랑이하며 살았는데 코로나가 한창 기승을 부리던 때라 어느 누구의 조문도 받지 못하고 그냥 한 줌의 재가 되어 하늘나라로 날아갔다는 것이다. 부디 구천에서만은 카메라를 내려놓고 두 다리 쭉 뻗고 편안히 지내기를 두 손 모아 빌었다.

연변사진계에 남긴 발자취

촬영예술의 역사는 보도사진으로 걸음마를 떼였다. 마찬가지로 중국과 연변의 촬영역사도 보도사진으로부터 시작이 되었다.

초창기 연변신문촬영의 최전선에 섰던 사람들을 손꼽으라면 아마도 김진호, 황범송, 강찬혁, 김홍국 순으로 이야기를 풀어가야 할 것이다. 이분들의 이름 뒤에 연변촬영예술의 개척자, 선두주자, 제1대 등의 호칭을 붙여준들 누가 감히 이견을 내지 못할 것이다.

1949년 4월 연길시 연변일보사 전경

보도사진으로 걸음마를 뗀 연변의 사진예술이 역사는 짧지만 진실성, 직관성, 생동성, 형상성으로 하여 대중들의 짙은 사랑을 받아왔고, 함축된 예술로 승화되어 꽃을 피우는 데 이들의 공헌이 절대적이었다.

연변의 촬영예술은 '걸음마 떼기' 단계가 있었는데 그 시기를 1948년부터 1953년까지로 나눌 수 있다. 원로사진작가 황범송은 그 '걸음마 떼기' 단계보다 몇 년 앞서 카메라를 목에 걸었다. 16살 어린 나이에 스승 김몽훈이 운영하는 금강사진관에 학도로 들어가 사진을 배워가지고 곧장 전선원호에 뛰어 들었으니 어찌 보면 '걸음마 떼기'를 시작한 사진예술사의 맨 선두에서 길을 낸 사람이었다.

1948년 6월 20일자 『동북한보』에 기자 '두남'이 찍은 사진 7점이 실렸다. 이것은 해방 후 처음 발표된 보도사진이다. 그 '두남'이 누구의 필명인 지는 지금까지 밝혀지지 않았다.

1949년 5월 7일 연길시 1만여 명 청년들이 5·4청년절을 기념한 사진이 "김진호 찍음”이라고 분명히 명시되어 『동북조선인민보』에 게재되었다.

1922년 출생한 김진호는 1936년에 목단강 평야사진관에 들어가 청소공 겸 학도로 있으면서 황범송보다 10년 앞서 사진을 접한 베테랑이다. 그 뒤 그는 밀산현 이인반, 하남성 개봉, 기현, 난봉현, 강소성 소주, 강음 등지를 떠돌아다니면서 사진을 찍어 생계를 유지했고 그 와중에 조선의용군과 접촉하게 되면서 반일의식이 싹트기 시작하였다. 황범송이 김몽훈 문하에서 사진을 배우기 시작한 시기 김진호는 이미 목단강에서 나온 『인민신보』의 사진기사(동판업무)로 있었다. 그는 1948년 3월에 동북행정위원회의 지시에 따라 『인민신보』와 3지대에서 발간하던 『전투보』가 합병되어 『민주일보』가 되면서 거기에서 사진 관련 업무와 신문설계를 맡아하였다. 동북이 해방되면서 동북국의 결정에 따라 연길의 『연변일보』, 하얼빈의 『민주일보』, 심양의 『단결일보』가 합병되어 『동북조선인민보』로 거듭나면서 김진호는 『동북조선인민보』의 첫 촬영기자로 발탁되었다.

그의 뒤를 이어 1952년 황범송이 『동북조선인민보』에 들어가면서 두 사람은 각별한 사이의 파트너가 되었다. 1956년에는 강찬혁이, 이듬해인 1957년에는 김홍국이 입사해 신문사 산하에 촬영조가 독립할 수 있는 토대가 마련되었다. 그 전까지는 신문사에 단독부서로 촬영조가 없어 그냥 문교조 아니면 미술촬영조라는 부서에 껴들어 더부살이를 하는 형편이었다.

1954년 10월 9일 『동북조선인민보』 3면에 김진호 촬영으로 추정되는 ‘조국의 변강 연변의 아름다운 풍경’이라는 제하에 장백산 천지와 폭포 사진 여러 점이 게재되었다. 이는 해방 후 연변 신문에 게재된 첫 예술사진이었다. 그때부터 연변의 촬영예술은 자기만의 스킬과 풍격을 고집하면서 걸음마를 떼기 시작하였다.

이 시기 신문기자 신분으로 사진을 찍은 사람은 김진호, 황범송, 강찬혁, 김홍국 등 몇 사람뿐이었다. 이들이 찍은 보도사진들은 토지개혁, 항미원조, 변강건설에 큰 기여를 하였을 뿐만 아니라 신문사진이 점차 예술사진으로 승화되는데 ‘주춧돌’ 역할을 했다.

연변일보사에서는 1955년 1월 6일부터 ‘인민미술촬영’이라는 특집을 비정기

연변박물관 촬영전문원으로 활동할 때의 황범송(가운데)

적으로 꾸려 예술사진들을 대거 게재하였다. 1954년부터 1965년까지 연변의 촬영예술은 '걸음마 떼기' 단계에서 거족적인 발전을 이룩해 줄달음치기 시작하였다.

1958년에 연변일보사 산하 미술촬영조에서 촬영조(강찬혁 제1임 조장)가 분리되었고, 같은 해에 중국촬영학회 연변분회가 설립되었다. 어쩌면 그 때까지 연변일보사 미술촬영조가 중국 조선족 촬영예술을 선도해왔다고 해도 과언이 아니다. 그들은 촬영기자로 활약하면서 보도사진으로부터 점차 예술사진으로 촬영예술의 다원화를 추구하면서 그 주제를 넓혀갔다. 그 중에서도 황범송은 유일무이하게 역사사진 수집과 정리 및 보존이라는 거시적인 계획을 평생에 거쳐 이행해 온 베테랑으로 중국 조선족촬영사에 이름을 남겼다.

많은 촬영가들이 그들의 뒤를 이어 두각을 내기 시작하였는데 최정록, 채규익, 박경세, 박성덕, 고귀동, 황영린, 김영호, 김수웅 등이 신문사의 촬영통신원으로 양성되면서 촬영대오가 더 활성화되어 갔다.

1956년에는 김진호가, 1959년에는 강찬혁, 김홍국, 채규익이 중국촬영가협회 회원으로 가입했다. 하지만 그 속에 황범송의 이름은 배제되어 있었다. 같은 라인에서 활동해 온 사람이지만 뭔가 그들과는 다른 자기만의 추구가 있는 삶을 지향하다보니 지금 말로라면 '왕따' 당할 만도 했다. 다들 자기만의 작품창작에 몰입하고 있는 때에 그만은 역사사진을 수집하기 위한 준비작업에 몰입해왔으니 남들의 눈에는 조금 이상하리만치 '괴짜'로 보였을 지도 모른다.

1959년 3월 12일에 연변촬영가협회가 설립되었다. 김진호가 주석으로 되고 강찬혁, 이상선, 김홍국, 남진우가 상무이사로 되였는데 상무이사 명단에도 황범송의 이름은 없었다. 물론 24명 회원 중에는 이름이 끼여 있었다.

외길 인생이 남긴 사진을 한 장 한 장 선별하며

황범송은 권세욕이나 금전욕은 물론 명예욕에도 관심이 없었다. 그는 그저 묵묵히 '유자의 소'가 되어 본인이 가고자 하는 길을 뚜벅뚜벅 걸어왔을 뿐이었다. 누가 주석이 되던, 누가 상무이사가 되던지 별반 관심을 보이지 않았다.

당시 촬영업계에는 하루가 멀다하게 수상소식들이 날아들었다. 누구 사진은 길림성예술사진전에 출품되었다는 등, 누구 사진은 공화국 창건10돌 사진전에 출시되었다는 등, 누구누구는 개인사진전을 준비하고 있다는 등…

다들 신문 보도사진으로 등단하였지만 그 사람의 한해 평점을 매길 때 보면 그가 찍은 어느 예술사진이 어느 급별의 사진전이나 콩쿠르에 입선되었는지를 척도로 삼는 경우가 많았다. 하지만 황범송은 그런 눈앞의 명예나 이득 같은 것에 연연하지 않았다. 늘 말없이 묵묵히 사명감을 갖고 본인이 해야 할 일에만 전념하면

백두산 밀림을 답사 촬영하는 황범송(앞줄 1번째)

서 무릇 그것이 우리 민족 역사의 한 순간을 포착한 사진이라면 모두 찾아내어 데이터화하였다. 주변에서 내로라하는 촬영가들이 예술사진촬영에 열을 올리면서 자신의 이름 석 자를 알리기에 연연할 때 황범송만은 오히려 신문사진과 역사사진 수집정리에 온갖 정력을 쏟아 부으며 먼 곳에 시선을 두고 여유롭게 움직였다. 그는 큰 틀에서 자신만의 아름찬 행동계획을 세워놓고 말없이 묵묵히 소신을 다하면서 자기만의 행복감에 도취되어 있었다. 누구도 걷지 않는, 아니 걷지 않으려는 자신을 한없이 내려놓아야만 완주가 가능한 그 길을 외롭게 걸어왔다.

역사의 수레바퀴는 굴러 세기 교체를 이루어냈고, 자치주가 설립된 지도 어언 70년 세월을 주름잡아왔다. 먼 옛날 신문사에서 촬영기자라는 의젓한 신분으로

2018년 4월 16일 일본 하토야마 유키오(鳩山由紀夫) 전 총리(가운데)와 함께. 왼쪽은 큰사위 허연일 회장

나란히 직업인생을 시작했던 동료들도 이젠 다 저 세상 사람이 되었다.

김진호는 세월의 세파에 못 이겨 두만강 너머 모국으로 돌아가 행방이 묘연해졌고, 김홍국은 '문화대혁명'의 희생물이 되어 스스로 운명을 달리했다. 그나마 강찬혁만은 권세운이 있어 연변촬영가협회 제2임 주석에 이어 중국촬영가협회 이사로까지 거듭나면서 중국 조선족촬영사에 이름을 남겼다. 하지만 그가 저 세상 사람이 된 지도 어언 28년 이 흘렀다. 한 때는 그가 중국 조선족촬영계의 거두로 이름을 남겼다고 여러 언론들이 대서특필했지만 지금은 그의 이름을 떠올리는 이가 거의 없다. 그에 관한 자료를 찾아보자 해도 몇 줄 안 되는 이력이 다다.

하지만 당대에 어딘가 '헤식은 사람'으로 늘 한 구석에 밀려나있던 황범송만은 세기를 넘어오면서 93세 장수노인으로 명을 달리하는 순간까지 카메라를 머리맡에 놓고 조용히 눈을 감았다. 코로나가 3년째로 이어지던 2022년 3월 90일, 그는 혼자 조용히 눈을 감았다. 자신만의 외길인생을 걸어왔듯이 가는 길도 외롭기 그지없는 '나그네 가는 길', 그가 가는 길에 추도가도 울리지 않았고, 추도식도 거행

할 수 없었다. 온 나라가 방역으로 비상이 걸린 때라 해외에 사는 두 딸조차도 외면한 채 총망히 보내드릴 수밖에 없었다. 일편단심 당을 위해 일한 몸인데 당기(黨旗)조차도 덮어드릴 수 없는 비상사태였다. 황범송은 그렇게 우리 곁을 떠났다.

하지만 가는 길이 요란한들 뭣하랴! 누구나 가면 그만인 매정하기 짝이 없는 인생인 것을. 김진호보다는 시작과 끝이 확실하게, 김홍국보다는 지혜롭게 요리조리 에돌아서, 강찬혁보다는 더 굵고 깊게…. 황범송은 그만의 외길인생을 멋지게 살아왔다고 자부할 수 있다. 그 험난한 세월을 살아오면서 조금은 못난 척, 또한 때로는 조금 부족한 척 하면서 누가 모방할 수도, 흉내 낼 수도 없는 자신만의 외길을 걸어왔다.

그가 저 세상 사람이 된지 1년이 다 되어 가는데 요즘 누구 하나 그를 기억하는 사람들이 얼마 없다. 세상이 요지경이라더니 참으로 매정하기 그지없다. 그도 그럴 것이 이미 하늘나라에 간 사람을 찾은들 뭐가 달라질 것도 없지 않은가. 하지만 황범송을 찾지 못하는 대신 그의 애제자를 찾는 사람은 전에 비해 부쩍 많아졌다. 황범송을 기억하는 사람은 적지만 그가 남긴 사진은 지금도 앞으로도 대를 이어 역사의 수레바퀴가 굴러갈수록 보석처럼 더 빛날게 아닌가!

누가 뭐래도 황범송은 최후의 승자다! 뚜렷한 직업의식을 갖고 뚜렷한 목표의식을 정해놓고 누구보다 뚜렷한 발자국을 역사에 남긴 그이야말로 최후의 승자다. 특히 가족의 의뢰로 두 사람이 의기투합해 황범송 선생의 일대기를 정리하고, 그가 남긴 필름과 사진자료를 선별하다 보니 그러한 생각은 확신으로 변화되었다.

그가 남긴 자료가 워낙 방대하다 보니 글을 쓰고, 필름을 정리하는 일이 쉽지만은 않았다. 다만 연변조선족자치주 70년사에 획을 그은 원로카메라맨의 노고를 되새겨보는 고뇌에 푹 빠져 시간가는 줄 모르고 작업을 할 수 있었다.

모쪼록 그가 남긴 필름과 사진자료가 조선족 촬영사의 한 부분으로, 후대의 역사적인 유산으로 남아 여러 나라와 다양한 분야에서 소중하게 쓰였으면 하는 바람이다. 아마도 그것이 사진 외길인생을 걸은 황범송의 유지(遺志)이기도 할 것이다.

추모와 작품세계

연변촬영가협회가 낸 부고(訃告)

원로촬영가 황범송(黃范松)을 추모하며

중국 조선족 촬영사업의 원로 중 한 명이자 중국 조선족 촬영사업에 탁월한 공헌을 한 저명한 사진가이자, 중국사진가협회의 초기 회원이었던 황범송 선생이 지병으로 인해 2022년 3월 9일 오후 2시 45분 93세를 일기로 별세했습니다.

방역사태로 말미암아 유가족들은 조용히 장례식을 치렀습니다. 우리는 매우 비통한 심정으로, 침통하게 황범송 선생을 애도합니다!

황범송 선생은 1930년 7월 7일 왕청현 하마탕(蛤蟆塘) 팔수촌에서 태어났습니다. 1946년 연길의 금강사진관에서 학도로 일했습니다. 1953년『동북조선인민보』(『연변일보』 전신)에서 암실 제작을 담당하다가 1953년 10월 16일 사진기자로 전향했습니다. 1972년 연변박물관으로 옮겼고, 1973년 중국 공산당에 입당했습니다. 1984년에는 중국공산당 연변자치주 위원회 판공실로 옮겨 전임 사진작가로 일했습니다.

초기『동북조선인민보』에서 사진기자는 김진호에 이어 황범송이 두 번째였습니다. 그는 신문사 사진기자로 일하면서 당의 중심사업과 연변의 변화를 반영한 훌륭한 사진자료를 많이 찍었습니다. 그의 신문사진 작품은『동북조선인민보』·『연변일보』·『길림일보』·『인민일보』·『신화통신』 등에 대량으로 실렸고, 해외에도 소개됐습니다.

1972년부터 연변박물관에서 근무하면서 연변 역사유물의 수집, 정리, 소장유물의 촬영에 참여하여 수만 건의 사진자료를 축적하고, 역사와 유물의 사진 갤러리를 직접 구축하여 연변주 역사연구 발전에 지울 수 없는 공헌을 하였습니다.

1984년 황범송은 중국 공산당 연변주위원회 판공실의 전임 사진작가로 자리를 옮겨 개혁개방 이후 연변에서 일어난 천지개벽의 역사적 성취를 촬영했습니다. 또 등소평, 이덕생, 호계립, 호요방, 양상곤, 팽진, 송평, 교석, 이철영, 강택민, 주용기, 이붕, 호금도, 이장춘, 가경림 등 당과 국가지도자들이 연변 시찰에 나서는 역사적 순간들을 정치적 책임감과 사명감으로 촬영했습니다.

1984년에는 김일성 조선 국가주석의 해외 방문 경로인 연변 방문 때의 역사적 장면을 촬영하였습니다. 1990년대 중반에는 김정일 위원장의 초청으로 북한을 방문했습니다.

황범송은 70년 이상 사진 작업에 종사하며 많은 작품을 찍었고, 길림성과 국가 및 해외 사진 전시회에서 많은 상을 받았습니다. 1986년 3월 28일부터 4월 12일까지 미국 뉴욕에서 황범송 개인 사진 전시회 '중국 조선족'이 개최되어 140점의 사진 작품을 전시했습니다. 러시아 블라디보스토크, 일본 홋카이도, 한국 서울 등지에서 사진 전시회를 열기도 했습니다.

황범송은 은퇴 후 수십 년을 하루같이 보냈으며 열심히 일했고, 열정은 예전 못지않았습니다. 카메라는 여전히 두 손을 떠나지 않았고, 여전히 사진계에서 활동하며 연변 사진 역사의 정리, 사진 화첩의 편집 등의 업무를 위해 분주히 뛰어다녔습니다. 퇴직 후 그의 집에 손님이 끊이지 않고, 각계각층의 셀 수 없이 많은 친

황범송이 수집한 1948년 8월 25일 왕청현 배초구 언제 준공기념식 사진.

구들이 그를 찾아가 보물을 취재했습니다. 그는 연변주의 다양한 사업의 발전을 위해 자신이 수십 년 동안 수집한 수만 개의 사진 자료를 아낌없이 바쳤습니다. 사람들은 황 선생에 대해 "연변주의 살아있는 사전"이라고 평가합니다.

황범송 선생의 죽음은 연변 사진계의 큰 손실이며, 연변촬영역사상 누구도 대체할 수 없는 손실입니다.

우리 황범송 선생을 깊이 추모합시다!

2022년 3월 13일 연변촬영가협회

'딸 바보' 아버지를 회억하며

황명옥

'가난한 신사'의 박복한 인생

2023년 3월 9일(음력 2월 26일)은 아버님이 타계하신지 한 돌이 되는 날이었다. 평소에 그렇게 건재했던 아버지께서 급성백혈병이라는 갑작스러운 진단을 받아 보름 만에 사망하다보니 본의 아니게 너무 서운하게 우리 곁을 떠나셨다. 지금도 문뜩 그 때를 떠올리면 억장이 무너지는 느낌이다. 병명이나 사인(死因)이 무엇이든지 그냥 '코로나사망자'로 취급을 받아 추도식은 고사하고 지켜보는 이조차 없는 이름 모를 공간에서 그냥 나무토막 신세가 되어 불가마로 들어갔을 그 순간을 떠올리면 가끔은 자다가도 벌떡 일어나 앉게 된다.

93년 인생에 76년을 카메라와 함께 살아 온 분인데, 한평생 주말이 뭐고 휴가가 뭔지를 모르고 밤에 낮을 이어 열심히 살아 온 분인데, 우리 민족 역사에 발자취를 남기려고 누구보다 열심히 노력해 온 분인데…

어쩌면 가시는 길이 최소한의 예의도 갖추지 못한 그런 초라한 모습이었는지 아무리 받아들이려고 해도 받아들여지지 않았다. 워낙에 한생을 만부화로 사진에만 집착해 온 삶을 살아왔기에 사회적인 시각에서 최소한의 예의를 갖춘 장례식에 묵념이라도 받고 떠나가야 한다는 게 자식의 입장에서 내뱉는 애석한 한탄일 뿐이었다. 그런데 남들이 다하는 추도식이나 유체고별식은 고사하고 초라하기 그지없는 모습으로 그냥 하늘나라에 보내드려야 했다. 하지만 이건 어쩔 수 없는 엄연한 현실이어서 받아들일 수밖에 없었다. 후회한들, 원망한들 아무 의미 없는 이미 엎질러진 물이었다.

불행 중 다행이라고나 할까? 아버지 평생에 아들 맞잡이로 여겨왔던 '허 서방

(사위를 늘 그렇게 불렀음)'이 나서서 장인어른의 일대기를 책으로 펴내는 일을 추진하고 있어 조금이나마 마음의 위안을 받았다. 요즘 바야흐로 집필을 마무리하고 있는 단계라고 하는데 한국의 유력출판사인 경인문화사에서 일대기 출판은 물론 사진에 더 짙은 관심을 내비치고 있다니 그나마 다행이라는 생각이 든다. 어쩌면 눈을 감는 순간까지 아버지의 유일한 소망이 평생 동안 수집정리해온 그 사진데이터가 빛을 보는 게 꿈이었을 것이다. 그 소망이 이루어질 조짐을 보이고 있다니 괜히 기대가 앞선다. 역시 하나님은 공평한 거로구나 하는 생각을 잠깐 가져보았다.

그렇게라도 아버지 이름 석 자와 그 귀한 사진들이 역사에 길이 알려질 수 있다는 게 다행이다.

그래서 요즘은 남편이 더구나 하늘같은 존재로 느껴지면서 며느리 노릇, 아내 노릇, 엄마 노릇 더 잘하는 것으로 보답해야겠다는 생각을 하게 된다. 그리고 밤에 낮을 이어 노심초사하시는 두 작가님들이 너무 고맙고 그 가치를 알아주는 출판사도 더없이 감사할 뿐이다.

오늘 따라 한생을 '가난한 신사'로 살아 온 아버지의 삶이 너무 박복했다는 생각이 든다. 17년 전에 시름시름 앓으시던 엄마를 하늘나라에 보내놓고 아버지는 그나마 건강관리를 잘 하시는 편이어서 한시름 놓았다. 평생 카메라와 실랑이질해 온 분이다보니 상처한 뒤로 카메라에 대한 집착이 더 심해졌던 것 같다. 그게 어쩌면 슬픔에서, 고독에서 벗어나는 유일한 생존수단이었는지도 모르겠다.

따지고 보면 아버지의 삶은 출생 자체가 불행의 시작이었다. 태어나 얼마 안 되어 모친을 여윈 데다가 집안의 가장이라는 분이 너무 외향적이어서 그 어린 아이들을 친척집에 맡겨두고 한생을 '뜬구름 잡는 삶'을 살았으니 부모복은 아예 없었다고 해도 과언이 아닐 성 싶다. 불행 중 다행이라고 할까 소학교 공부를 마치고 일편단심 '사진장이'가 되어보려는 꿈을 꿔 온 것이 기적적으로 이루어지면서 '쥐구멍에도 볕들 날'이 있게 된 것이다.

그 뒤로는 본인이 그렇게 원했던 '카메라 인생'을 살아오면서 애오라지 사진에만 집착해오는 신바람 인생의 신드롬을 일으켰던 것 같다. 자식의 입장에서 봐도

1980년대 황범송 부부의 다정한 모습

늘 카메라를 휴대하고 출퇴근하는 아버지 모습이 그렇게 멋지고 우러러 보였다.

아버지는 '보릿고개'를 넘기던 그해(1963년)에 33살 노총각으로 어머니와 혼인해서 슬하에 네 자식을 보았는데 그게 청일색으로 줄줄이 딸들이다 보니 본의 아니게 '딸부자'라는 별명을 얻게 되였다. 은근히 아들 하나 쯤은 있어야 하는 데라는 아들비위도 꽤 했으련만 우리 딸들은 그런 눈치를 전혀 채지 못했었다. 아버지 말마따나 "아들이면 어떻고 딸이면 어떻고…"였는데 한평생 가난에 쪼들리는 '딸 바보' 아버지를 지켜보는 우리들의 마음은 늘 짠했다.

거기에 설상가상으로 어머니마저 장기 환자나 다름없는 약체질이어서 집안 식구들의 의식주가 아버지 혼자만의 어깨에 놓여있는 상황이었다. 그래서인지 아버지는 늘 목소리가 남들보다 높았고 씩씩해 보이는 척 했지만 속은 텅 비어있었다. 항상 보면 구두도 한 켤레, 양복도 단벌, 넥타이도 하나, 양말도 한 두 켤레에 변변한 와이셔츠도 없는 가난한 카메라맨이지만 마음은 늘 부자인 척하면서 사는 안쓰러워 보이는 아버지였다. 다행히 카메라만이 휴대한 사진기는 늘 최고급 외제품이여서 그 초라함이 베일에 가려져있어 '가난한 신사'이기는 하나 멋졌다.

못 말리는 카메라맨

코로나19가 한창 기승을 부리던 그 비상시기에 연속 며칠째 코피가 멎지 않아 병원으로 진찰을 가야 하는 데 아버지는 그 와중에 카메라부터 챙긴다. 병 보러 가는 데 카메라는 왜 챙겨야 하는지를 두고 못 마땅해 하는 저에게 아버지가 한마디 하셨다.

"이 애비는 설령 이대로 죽는다 해도 카메라만은 내려놓을 수 없다!"

맙소사! 아버지의 못 말리는 카메라 사랑은 이미 정평이 나있기에 더 이상 토를 달지 않고 그냥 뜻에 따라주었다. 그런데 그렇게 가지고 간 카메라를 병상 머리맡에 놓아두고 매일 같이 물끄러미 쳐다보다가 조용히 눈을 감으셨다.

아버지의 못 말리는 카메라 사랑 얘기가 나왔으니 이참에 이 이야기만은 터놓아야겠다. 내가 예닐곱 살 나던 해 6.1절에 있은 일이다. 그 당시 6.1절은 자치주의 최대명절이었는데 집집마다 아이들에게 고까옷을 해 입혀 가지고 삼삼오오 떼를 지어 공원체육장으로 향했다. 남녀노소 할 것 없이 오구작작 북적이며 굉장한 규모의 민속놀이나 스포츠행사를 치른다. 그 때가 되면 아버지는 누구보다도 바쁘다. 주위 서기나 주장 어르신의 동선을 파악해서 사진을 찍어야 했고 민속씨름이나 달리기, 그네, 널뛰기 등 인기종목이 치러지는 곳으로 뛰어다니며 부지런히 셔터를 눌러야 했기에 내 자식, 내 가족을 염려할 겨를이 전혀 없다. 그래서 우리 형제들은 그날만은 다들 입이 뿌루퉁해서 아버지를 아예 '동네집 삼촌'으로 여기고 그냥 어머니와 우리들끼리만 즐겼다.

그런데 그날만은 운명의 일치라고나 할까? 우리가 공원 호수가 옆 소나무 숲에서 싸가지고 간 도시락을 먹으려고 돗자리를 깔고 있는데 저 먼발치에서 아버지가 사진기를 메고 부랴부랴 이쪽으로 오고 있었다.

"아버지!"

인산인해를 이룬 인파 속으로 살같이 달려간 내가 무작정 아버지의 손목을 잡아끌었다. 이렇게 본이 아니게 '체포'되어 그해 6.1절은 아버지와 함께 야외에서 점심을 먹게 되었다.

"아빠, 나 저기 물배를 타면 안 돼?"

점심을 먹다말고 아버지에게 요청했다.

"물배? 그거 위험한데?"

자꾸 시계를 들여다보던 아버지가 차마 거절은 못하고 이런 식으로 답했다.

"물배만 태워주고 그냥 다른 곳으로 가도 돼. 나 오늘만은 꼭 저 물배를 타고 싶단 말이야."

"나두… 나두…"

동생도 신이 나서 제자리에서 퐁퐁 뛰었다. 아버지는 울며 겨자 먹기로 우리 두 자매의 손을 잡고 연못가로 향했다. 인산인해를 이룬 인파 속을 비집고 들어가 관리원한테 뭐라고 말하더니만 요행 '오리물배' 하나를 잡게 되었다. 우리는 "야호!" 환성을 지르면서 물배에 뛰어 올랐다. 그런데 물이 너무 얕은데다가 세 사람이 동시에 뛰어올라 설쳐대는 바람에 배가 뒤뚱거리기면서 뒤집어지기라도 하듯이 심하게 흔들거렸다. 그제야 놀라서 소리를 지르는 가운데 아버지가 어느새 감각적으로 배에서 훌쩍 뛰어내렸다. 우리들의 안전을 위해 뛰어내린 줄 알았는데 그게 아니었다. 물에 발이 닿는 순간 배는 저리가라고 사진기가 물에 잠길까봐 신경이 쓰인 모양이었다. 허벅지를 넘긴 물에서 아버지는 사진기를 하늘로 쳐들고 있었는데 그 모습을 보는 순간 우리는 깔깔깔 웃음을 터뜨리고야 말았다. 결국 배는 배대로 떠돌아다니게 되고 아버지는 그 길로 옷 갈아입으러 어디론가 사라져버렸다.

그 당시는 그냥 웃어넘기고 말았는데 세월이 갈수록 서운하다는 생각이 꼬리에 꼬리를 물고 갈마 들었다. 어쩌면 아버지는 자녀들보다도 카메라가 우선이었기에 당장 물에 빠질 위험이 뒤따르는 딸들을 방치해두고 카메라만을 챙겨들었다는 생각에서 말이다.

그런 일이 있은 지 몇 년이 지난 어느 날 갑자기 아버지에게 물었다.

"저하고 카메라하면 아버지는 어느 게 더 귀중한가요?"

아닌 밤중에 홍두깨였다.

"거야 어련히 우리 귀한 딸이지! 카메라야 돈 주고 사면되는 거니까."

아무 거리낌 없는 통쾌한 대답을 들었는데 어쩐지 기쁜 심정이 아니었다. 말은 듣기 좋게 그렇게 했지만 아버지에게 있어서 1순위는 항상 카메라였다.

'마선(재봉틀)장이'와 '사진장이'

아버지는 부모복은 없었어도 누님(황정자)복은 있었다. 누구보다 장사수완이 좋았고 생활력이 강했던 누님이 부모맞잡이로 손아래동생들을 잘 보필해주어 그나마 부모복이 없었던 박복한 인생에 푸른 등이 켜졌던 것 같다.

아버지와 어머니(윤송죽)는 1963년 정월에 결혼했다. 아버지보다는 7살 연하였던 어머니는 연변 개산툰 태생이었던 터라 당시 흑룡강성의 중등전문학교를 졸업하고 하얼빈 아성의 한 의기공장에 근무했는데 친척의 중매로 아버지와 결혼했다고 한다.

결혼하기 전까지 줄곧 누님 댁에 얹혀 살았다고 한다. 33살 노총각으로 더부살이를 했으니 큰어머니 속도 어중간이 태워드렸을 것이다. 그래서인지 아버지 마음속 1순위가 카메라였지만 그 카메라보다 더 귀하게 여기는 분이 계셨는데 그

아버님(황범송)과 어머님(윤송죽)의 약혼사진(1962년 9월)

1984년 8월 군용비행기 탑승을 앞두고 아버님이 찍어준 기념사진

이가 바로 누님이셨다. 두 분은 어려서부터 생사의 운명을 함께 했고 성인이 되어서 각자 딴 살림을 차렸어도 서로 간의 우애가 각별하다고 할 정도였다. 그 사랑이 시종여일하게 내리 사랑이었지 치사랑은 아니었던 것 같다.

누님은 일찍 상업에 눈을 뜬 '마선장이'로 어마어마한 부를 창출한데 이어 슬하에 '네 마리 용'을 둔 '아들부자'로 국자가(局子街, 지금의 연길시)에서 황정자하면 모르는 이가 없을 정도로 유명세를 탔던 분이었다. 거기에 비해 아버지는 한평생 겉보기만 그럴듯한 빛 좋은 '사진장'이다보니 무럭무럭 커가는 네 조카들 속에 끼어 어련무던한 외삼촌 구실을 해왔던 것 같다. 당시 외제카메라를 메고 다니는 외삼촌이 멋져보였던지 네 조카들이 다들 카메라를 다룰 줄 아는 청년이 되어 어쩌면 하나 같이 '사진장이' 외삼촌 덕을 톡톡히 봤다고 해야 할 것이다. 그게 어쩌면 그 당시 아버지가 고마운 누님한테 간접적으로나마 보상해드릴 수 있는 유일한 수단이었는지도 모른다. 아무튼 누님의 내리사랑이 각별했던 것만큼 아버지가 조카들을 향한 치사랑도 보통은 아니었다 한다. 그게 득이 되고 약이 되여서인지는 모르나 그 '네 마리 용'들이 중국의 A급 도시들에 진출해 다들 내로라하는 CEO로 활약하고 있다. 아버지는 생전에 그 네 조카들의 얘기를 밥 먹듯 해서 나도 장편소설은 아닐지라도 어중간히 얘기할 수 있다.

아무튼 아버지와 큰어머니(우리는 그렇게 불렀음) 사이의 사랑과 우애는 영화나 드라마에서 볼 듯 말 듯 그런 감동스토리 뿐이다. 그런 짙은 우애와 의리를 지켜서인지 태어날 때도 나란히 세 살 터울로, 돌아가실 때도 나란히 93세를 일기로 하늘나라에 가셨다. 아마 지금쯤은 진작 하늘나라에서 서로 만나 이승에서 못 다한 그 끔찍한 우애를 나누고 있을 거라 생각하니 한시름 놓인다.

2023년 8월 12일.

카메라와 더불어 칠십 성상
-연변촬영계의 원로 황범송 외삼촌을 회억하며

남용해

뜻밖의 소식

4년 전 이맘 때 93세 고령의 어머니(황정자)를 하늘나라에 보내면서 이젠 가문에 연장자로 황범송 외삼촌만 남았다는 생각을 하면서 백세시대에 부디 장수하기를 바랐다. 다행히 90세 고령임에도 늘 카메라를 휴대하고 다니면서 촬영계의 원로다운 모습을 보여주어 보기 좋았다. 어찌 보면 그게 외삼촌의 건강비결이라는 생각도 해보았다.

그런데 그렇게 건강하셨던 외삼촌이 2년 전인 2022년 3월 9일 갑자기 코피가 나서 병원에 실려 갔는데 그 길로 영영 하늘나라에 가셨다. 누가 각별난 오누이가 아니랄까봐 계산이라도 한 듯이 더도 덜도 아닌 93세에 부랴부랴 누님 곁으로 떠나간 것이다. 다들 그만하면 장수하셨고 또 유복하게 돌아가셨다고 위로해주지만 외삼촌의 영향을 가장 많이 받은 나로서는 그 현실이 쉽게 받아 들여 지지 않았다.

어머니를 여이고 슬픔에서 헤어 나올 길이 없어 어머니 일대기를 책으로 쓰는 작업을 시작했다. 그러다보니 외삼촌한테 자문전화도 많이 했었다. 황 씨 가문의 풍운사에 대해 이것저것 문의하면 외삼촌은 아주 흥분해서 흥미진진하게 얘기해주었다. 그렇게 어설프게 시작한 작업이 2년여 만에 결실로 이어져『국자가의 전설』이라는 책으로 출판되었다. 두툼한 책을 손에 받아 쥐는 순간 먼저 외삼촌을 떠올렸다. 달려가고 싶었지만 방정맞게도 코로나사태에 비상이 걸려 모든 통행이 금지되는 바람에 어찌 할 수 없었다. 이제나 저제나 비상사태가 풀리기만을 기다리는데 어느 날 외사촌 매제한테서 전화가 걸려왔다. 장인어른(외삼촌)이 갑자기 돌아가셔서 어제 이미 장례를 치렀다는 것이다. 코로나사태 때문에 여러 친척들한

1953년 황범송과 누님 부부. 앞의 어린 아이가 남용운.

테 알리지 못하고 조용히 후사를 치른 점을 이해해 달라고 했다.

순간 나는 할 말을 잃었다. 세상 일이 어쩌면 이렇게까지 엇박자로 빗나간단 말이지? 귀신이 곡할 노릇이었다.

한생을 바느질로 서민갑부 인생을 살아 온 어머니가 국자가 서민들 속에 알려진 '전설'이라면 외삼촌 황범송은 중국조선족의 백여 년의 역사를 사진으로 기록한 원로사진기자로 지인들 속에 널리 알려진 '전설'이었다.

외삼촌은 일욕심도 대단했고 무슨 일을 하나 열정과 끈기를 잃지 않는 프로였다. 특히 개혁개방을 맞아 연변조선족자치주가 전국의 모범자치주로 거듭나면서 연변을 찾는 중앙과 지방 소수민족지역 귀빈들의 발길이 끊이지 않았다. 연변자치주 위원회에서는 아예 책임심이 강한 황범송을 불러다가 주위판공실 산하에 별도로 작업실을 두고 전문직으로 연변을 찾는 귀빈들의 발자취를 기록하게 하였다.

그 사이 황범송은 연변을 찾은 주은래, 주덕, 동필무, 박일파, 하룡, 유백승, 육정일, 호요방, 등소평, 강택민, 이붕, 양상곤, 만리, 팽진, 교석, 주용기 등 부총리 이상급 국가 지도자 50여 명의 수행기자로 활약을 보였고 그들 개개인이 연변에서의 발자취를 사진기록으로 남겼다. 이런 행운의 기회는 아무한테나 차례지는 것이 아니다. 그 면에서 보면 외삼촌은 대단한 열정을 가진 베테랑이면서도 시대의 행운아이기도 하다.

진로를 바꿔 준 첫 번째 플래시

외삼촌은 결혼하기 전까지 우리 집에 얹혀 살았다. 당시 세 살 터울로 줄줄이 태어 난 우리 4형제는 세상 물정을 알게 되면서부터 사진기를 메고 출퇴근하는 외삼촌을 보면서 자랐다. 그 와중에 알게 모르게 카메라에 매료되었다. 평소에 카메라를 목숨처럼 아끼는 외삼촌이지만 어린 조카들이 만지고 싶어 하면 조심하라고 주의는 주면서도 손도 못 대게 거부하지는 않았다. 우리 형제는 어려서부터 카메라를 목에 걸고 맨날 사진 찍는 시늉을 하면서 놀았다. 셔터를 누르면 '찰칵-'하고 소리가 나는데 그게 어쩌면 그렇게 신기했던지? 이따금 '반짝-'하고 플래시가 터질 때면 혜성이나 발견한 것처럼 퐁퐁 뛰었다. 그러면서 차츰 고 쪼그만 렌즈가 어쩌면 사람도 담아내고 또 어마어마하게 큰 산과 들, 그리고 우중충한 건물들을 곧이곧대로 담아내는 지에 흥미를 느꼈다. 우리 형제는 차츰 어깨너머로 사진기술을

1978년 황범송과 백두산 촬영을 하는 남룡해(오른쪽)와 전종윤

배우게 되였고 나중에는 다들 아마추어급 카메라맨이 되었다.

내가 초중을 졸업하고 연변농구공장에 말단직원으로 들어가 전전하던 때의 이야기다. 힘든 공장생활에 어렵게 적응하면서 견습공으로부터 공단장을 거쳐 차간 청년단 서기로, 차간 책임부서 성원으로 한걸음씩 톱아 오르다보니 8년 차에 접어들었다. 그러면서 언젠가는 그 열악한 환경에서 벗어나려고 노력했지만 앞이 보이지 않았다.

문화생활이 궁했던 그 시절 나는 답답하면 사진 찍으러 나갔다. 필름 한통을 다 찍으면 곧장 외삼촌이 일하는 작업실에 찾아가 사진을 현상했다. 삼촌은 사진을 놓고 구도며 빛 활용에 대해 세심하게 가르쳐주었다.

1975년 말에 있었던 일로 기억된다. 그날 공장에서 연말총화를 노동자문화궁에서 하게 되였다. 1,500명 직원이 참가한 대회였다.

당위 서기 겸 공장장의 강화가 두 시간째 이어지다보니 장내가 꽤나 떠들썩했다. 나도 듣기 싫었던 차 무대 뒤에 있는 외삼촌 작업실로 올라갔다. 마침 잡지사 박응길 선생이 와 있었다. 외삼촌은 작업에 열중하느라 알은체를 안 하는데 박 선생이 "어허? 황 선생 조카가 이 시간에 어찌된 일인가?"라고 물었다. 나는 외삼촌 눈치를 봐가면서 지금 우리 공장에서 이 극장에 와서 연말총화대회를 하고 있다는 얘기를 했다.

그러자 박 선생이 눈치 채고 "오, 그러니까 연말총화대회 장면을 한 장 찍어 달라는 그 말인가?"라고 했다.

"아니, 그게 아니라 그냥 사진기만 빌려주면 제가 몇 장 찍어 보려구요."

나는 조금은 낮은 소리로 내뱉으면서 말꼬리를 흐렸다.

"너 촬영이 애들 장난인 줄 아니? 앓니도 안 난 주제에 콩밥 먹겠다구?" 외삼촌이 안 된다고 아예 면박을 놓았다.

왠지 심기가 많이 불편해 보이는 외삼촌에게 아무 대꾸도 못하고 그냥

1981년, 연변력사연구소 소장 김상헌(오른쪽 첫번째) 등과 같이 발해유적지를 답사하는 남룡해(왼쪽 첫사람).

조남기 서기(앞줄 왼쪽에서 3번째)를 비롯한 주위원회 영도와 연변출판사, 연변역사연구소 영도들의 기념촬영

뒤통수만 긁적거리며 돌아서려 했다.

이때라고 지켜보던 박 선생이 한마디 했다.

"황 동무, 오늘 약이라도 잘 못 드신 거요? 앞날이 창창한 조카가 찾아와서 바로 턱밑에 내려가 사진 한 장 찍겠다는데 그게 왜 안 되오? 오늘은 내가 비준할 테니 갖고 가거라."

외삼촌도 박 선생 말에 일리가 있다고 생각했는지 더는 토를 달지 않았다. 이때라고 얼른 카메라를 찾아 목에 걸고 막 뛰어나오려 했다. 그제야 외삼촌이 플래시를 찾아 꽂아 주면서 무대사진은 어찌어찌 찍어야 한다고 몇 마디 하셨다.

나는 "땡큐"를 외치며 먼저 무대 뒤로 갔다. 당위 서기가 여전히 연설을 하고 계셨다. 나는 추호의 망설임도 없이 무대 중앙에 나가 엉거주춤하고 초점을 맞춰 보았다. 신통한 위치가 아니었다. 조금 위로 물러섰다가 다시 앞으로 다가가서 첫

번째 셔터를 눌렀다. 플래시가 번쩍 하는 순간 연설하던 당위 서기 두 눈이 화등잔으로 변했다. 뒤이어 장내가 갑자기 조용해졌다.

(어허! 저게 누구지?)

다들 자기 눈을 의심하는 순간이었다. 슬쩍 무대 뒤에 몸을 숨겼다가 이번에는 다시 무대 정중앙에 나가 객석을 향해 '번-쩍'하고 플래시를 터뜨렸다. 순간 장내에서 웅성웅성하는 소리가 들리기 시작했다. 아마도 십 중 팔구는 "맞잖아, 내가 뭐랬어? 저게 용해라고 했잖아!"라는 소리였을 걸로 짐작이 된다.

마침 당위 서기 발언도 끝났다. 갑자기 장내에서 박수소리가 터져 나왔다. 아마도 반은 카메라 '쇼'를 보인 나한테 쳐주는 박수였을지도 모른다는 생각을 잠깐 했었다.

그 일이 있은 뒤 공장 선전부에서 나의 건의를 받아들여 공장입구에 선전란을 개설하고 그 업무를 나더러 맡아하게 하였다. 나는 하루아침에 '스타'가 된 기분이 들었다. 그 뒤로 공장선전란을 알차게 꾸리려고 하니 사진 찍을 일도 많아졌고 간혹 좋은 작품을 신문에 발표하는 일도 잦아졌다. 나는 서서히 사진작가가 되려는 꿈을 무르익혔다. 하지만 그 길이 그렇게 쉽게 열리지는 않았다.

운명을 바꿔 준 두 번째 플래시

1979년 가을로 기억된다. 강찬혁 선생의 부름을 받고 1년간 연변자치주 위원회 선전부에 가서 국경 30주년 맞이 〈연변사진전람〉 준비사무실에 근무한 적이 있었다. 임시직으로 초빙되었지만 카메라를 메고 세상과 대화할 수 있다는 자체가 너무 좋았다. 게다가 주위에서 사진전람의 성공적인 개최를 위하여 나를 길림화보사에 파견하여 근 5개월간 사진에 대해 공부하는 기회도 주었다. 열심히 배우고 돌아와 강 선생의 보조에 맞추어 국경 30주년 맞이 연변사진전과 북경진출 연변사진전을 순조롭게 마무리했다. 그 기회에 사진기술과 감각이 눈에 띄게 진보를 하였다.

전람이 끝난 뒤 임시사무실을 해산하게 되면서 골칫거리가 생겼다. 강찬혁 선생도 원 단위로 돌아가고 나 역시 돌아가야 하는데 그 기름 때 묻은 작업복을 입기가 싫어졌다. 하지만 당시 별다른 선택이 없었다. 여기 저기 쏘다니면서 기웃거려 봤지만 허세였다. 별별 궁리를 다 하면서 기회를 찾았다. 촌으로 내려 가 아예 떠돌이사진사로 돈을 벌려는 생각도 해보았으나 정작 용기가 나지 않았다.

답답한 일이 생겼으니 갈데라곤 외삼촌이 근무하는 암실이었다. 그래서 그냥 시간만 나면 찾아가 허드렛일도 도와주고 심부름도 해주면서 무정한 하루하루를 보냈다.

그러던 어느 날 외삼촌은 무슨 일로 바삐 돌아치다가 옆 사무실에 전화 받으러 갔다. 돌아와서 하는 말이 지금 당장 민족사무위원회에서 급히 사진 찍을 사람을 보내 달라고 하니 나더러 가보라고 했다. 카메라에 플래시까지 장착해주면서 출판사에 찾아가면 박 과장이라는 사람이 맞아줄 거라고 했다.

부랴부랴 챙겨준 카메라를 메고 출판사에 도착하니 박 과장이 대기하고 있었다. 수인사를 나누고 일단은 진열장부터 가보자고해서 따라 나섰다. 출판사 현관 1, 2층에 전국소수민족산품전시회에 선보일 연변상품을 진열해 놓았는데 이제 곧 주위 지도자들이 사전 점검하러 온다는 것이었다. 잘 대기하고 있다가 그 장면을 몇 장 찍어주면 된다고 했다.

보아하니 출판사 현관에 연변특산품들이 알차게 진열되어 있었다. 현관 양 쪽에 많은 산품을 진열하다 보니 공간이 비좁아 사진구도를 잡기가 불편했다. 그렇다고 손볼 상황도 아니었다.

나는 프로다운 자세로 촬영준비를 마치고 대기하고 있었다. 바로 그때 지프차 몇 대가 들어서더니 조남기 등 영도동지들이 차에서 내려 진열대로 다가왔다. 잽싸게 요리조리 몸을 비틀며 민첩하게 지도자들이 산품을 돌아보는 장면들을 포착했다. 번쩍, 번쩍… 플래시가 터지는 순간 나는 무한한 성취감에 취해 있었다.

뒤끝에 출판사 영도들이 조남기가 왔다고 하니 전부 나와 영접하면서 야단법석이었다. 그 속에는 연변역사연구소(연구소가 출판사 사무실을 사용) 영도들도 포함되어 있었다. 다행히 조남기 서기와 만났는데 함께 기념사진을 남기자고 제의했다. 연변인민출판사 입구 계단에서 조남기 서기를 비롯한 주위원회 영도와 연변인민출판사 및 역사연구소 영도들이 기념사진을 몇 장 찍었다. 촬영을 끝내고 돌아와 외삼촌의 지시대로 인화작업에 들어갔다 .

며칠 후 인화한 기념사진을 가지고 연구소를 찾았다. 사진이 도착했다는 소식에 김상헌 소장이 하던 일을 제쳐놓고 뛰어왔다. 사진들을 이리저리 보더니 "이 청년이 그날 촬영왔던 동무구만. 수고가 많았네"라며 실은 역사연구소에도 촬영 전문인력이 있어야 한다는 얘기를 했다. 그 날 행차가 끈이 되어 운 좋게 김상헌 소장의 부름을 받고 역사연구소에 정직원으로 들어가게 되었다. 꿈에도 상상 못한 복이 차례진 것이다. 그렇게 연변역사연구소 사진편집이라는 순수 사진 전문으로 밥을 먹는 공직자가 되었다. 돌이켜보면 역시 그 외삼촌이 메워 준 카메라 플래시가 또 다시 번쩍하면서 운명이 바뀐 것이다.

마무리하면서

열여섯 살에 사진관 학도로 카메라를 접해서부터 운명을 달리하는 순간까지 장장 76년을 카메라맨으로 살아오신 외삼촌을 하늘나라에 보내놓고 많은 생각을 하게 되었다. 내 직업인생의 멘토이자 롤모델이었던 외삼촌, 장시간 한솥밥을 먹으면서 그의 영향을 받아 사진작가로 성장해 온 나이기에 이 세상에서 황범송을 가장 잘 아는 이가 바로 나라고해도 과언이 아니다.

황범송의 일생은 적어도 연변조선족자치주의 역사를 사진으로 기록한 보람된 삶이었다고 감히 평가할 수 있겠다. 지금까지 그이만큼 역사에 길이 남을 수만 점에 달하는 역사사료를 후세에 남긴 사진작가는 없거니와 다시 나올 수 없을 것이다. 외삼촌은 중국조선족백년사는 물론 연변촬영사에 대서특필해야 할 대공무사(大公無私)한 예술인으로 각인되어 할 것이다. 뒤늦게나마 두 손 모아 외삼촌의 명복을 빈다.

황범송 선생님을 추모하며

한영 | 전(前) 연변촬영가협회(제5기) 주석

중국조선족촬영계의 대표적인 인물의 한 분이며 중국 조선족촬영사업을 위해 특출한 기여를 하신 저명한 촬영가, 중국촬영가협회 회원 황범송 선생님께서 2022년 3월 9일, 병환으로 93세를 일기로 사망하셨다.

황범송 선생님은 1930년 7월 7일, 왕청현 중안향 팔과수촌에서 태어나 지난세기 40년대 중기 일찍 어린 나이에 연변민주동맹에 가담하면서 혁명의 길에 나서게 되였습니다. 1946년 봄 그는 일본에서 사진대학을 졸업하고 1932년부터 연길에서 금강사진관을 경영해 온 김몽훈 스승 문하의 학도가 되면서부터 한생을 사진과 연을 맺고 살아오셨다.

1952년 동북조선인민보사의 사진기자 김진호 선생의 추천으로『동북조선인민보』사진암실원으로 입사하였고, 1953년 10월부터 정식 '본보기자'가 되였습니다. 신문사 근무 20년 사이 그는 중국 조선족 제1대 사진기자로서의 드높은 혁명열정과 부지런함으로 사진 기능을 부단히 높이고, 당의 중심사업과 연변 각 민족 인민들의 불타는 사회주의 건설 모습들을 촬영하여 여러 신문과 잡지에 발표하였습니다. 그 시기에 주은래, 주덕, 동필무, 박일파, 하룡, 유백승, 육정일 등 당과 국가의 지도자들이 연변을 시찰하는 장면들도 사진으로 기록하여 역사에 남겼습니다.

1972년 연변박물관으로 전근된 후에는 연변역사문물 사진들에 대한 촬영, 수집과 정리, 소장사업을 잘 하였을 뿐만 아니라 대량의 정력을 쏟아 부어 중국 조선족이주사, 반일민족독립운동사, 항일투쟁사, 해방전쟁사, 다사다난했던 역사연대와 개혁개방시기의 역사를 수만 점 사진 촬영하고 자료 수집함으로써 비교적 완전한 연변역사문화문물갤러리(Gallery)를 만들었으며 연변조선족자치주의 역사와 문화를 연구하고 발전시키는데 마멸할 수 없는 기여를 하였습니다. 그는 1973년 7월

2005년 7월 서울을 방문해 남산 안중근기념관을 방문한 황범송

1일 영광스럽게 중국공산당에 가입하였습니다.

개혁개방의 부단한 심입과 연변조선족자치주가 전국의 모범자치주로 거듭나면서 연변을 찾는 당과 국가의 지도자들은 물론 기타 소수민족지역을 포함한 형제지역 지도자와 귀빈들이 수없이 늘어났습니다. 하여 황범송 선생님은 1984년에 중공연변주위판공실에 전근되여 전직고급촬영사로 근무하면서 개혁개방이래 연변의 천지개벽의 발전과정들을 촬영하였습니다. 그이께서는 고도의 정치적 책임감과 사명감으로 등소평, 이덕생, 호계립, 호요방, 양상곤, 팽진, 송평, 교석, 리철영, 강택민, 주용기, 이붕, 호금도, 이장춘, 가경림 등 당과 국가의 지도자들이 연변을 시찰하는 역사적인 순간들을 상세하게 기록하였습니다.

1984년 조선민주주의인민공화국 김일성 주석이 소련 방문 도중 도문을 경유하는 장면을 촬영하였고 1990년대 중반에 조선정부의 초청을 받고 중국대표단의 일원으로 조선을 방문하기도 하였습니다.

70여 년간 사진사업에 근무한 황범송 선생은 평생에 수만 점의 작품들을 촬영하여 국가급, 성급 및 국제급 사진전시회와 잡지에 작품을 발표하였고, 엄청 많은 수상을 하기도 하였습니다. 1986년 3월, 중공길림성위의 비준으로 미국 뉴욕에서 140점의 사진작품으로 '황범송 특별사진전'을 펼쳐 국내외에 중국과 중국 조선족을 홍보하는데 특별한 기여를 하였습니다. 그이의 작품은 러시아, 일본, 한국 등 수많은 나라에서 여러 번 전시되기도 하였습니다.

황범송 선생은 2005년 정년퇴직 후에도 초심을 잊지 않고 사명을 명기하고 사진과 관련된 일들을 부지런히 하였습니다. 언제든 사진기를 손에서 놓지 않았고 젊었을 때보다 더 날래게 활약하고 사진역사를 정리하고 사진화책을 편집하고 역사와 문화지식을 전파하는 데 몰입하였습니다. 퇴직 후에도 그이의 집을 찾는 사람들이 줄을 이었고 각 항 각 업에서 모두 찾아와 가르침과 도움을 청했습니다. 그는 그들에게 연변조선족자치주 각항 사업의 발전면모를 반영하는 수만 점의 사진자료들을 제공하여 사회적인 공유를 하도록 하였습니다. 모두들 그이를 연변조선족자치주의 "살아 있는 사전"이라고 칭찬하였습니다.

황범송 선생의 서거는 우리 연변 촬영계와 연변 촬영역사의 크나큰 손실입니다. 그 누구도 그의 이러한 역할을 대체할 수 없을 것입니다.

우리는 비통을 힘으로 바꾸어 그이의 유지를 받들어 나가며 연변 촬영사업을 더 잘 발전시키는 실제적 행동으로 그이를 추모하여야 하겠습니다. 삼가 고인의 명복을 빕니다.

2022년 8월 1일.

연길에서

약속을 어긴 사람

오기활 | 전 연변일보 기자

황 선생님의 도움을 받다

2022년 초에 많은 사진자료를 창작, 수집, 정리하여 진귀한 연변역사 사진자료를 세상에 남긴 둘도 없는 유공자 황범송 선생이 타계했다는 비보를 듣고 더없는 슬픔과 애달픔을 금치 못했다.

내가 황 선생에게 눈도장을 찍게 된 계기는 1990년대에 황 선생이 연변주당위 정보처에서 사업할 때 종종 연변일보사에 왔을 때 우리가 들어본 적이 없는 재밌는 얘기를 들려주실 때였다.

1998년 말, 『연변일보』 '경제주간부(해외판)'에서 상해지식청년 연변하향 30주년을 맞이하여 「상해사람 연변에서」(上海人在延邊)란 전문란을 꾸리기로 하여 30명의 상해 지식청년을 취재하게 되었다.

1999년 3월 어느 날 나는 당년의 상해지식청년들의 활동사진을 얻고자 황 선생님의 댁에 처음으로 찾아갔다. 찾아온 사정을 말했더니 선생님은 아무런 토도 달지 않고 즉석에 자택에 마련한 사진자료실에 들어가더니 많은 사진을 찾아서 나더러 마음대로 선택하라고 하였다. 나는 당보 사업에 적극 협조하려는 황 선생의 책임감에 감동받았다. 종종 일부 사진작가들에게 사진을 부탁하면 거북한 토를 달면서 자기의 작품을 선뜻 내놓지 않았기 때문이었다. 그날 나는 첫걸음에 생각밖으로 만족스러운 결과물을 안고 신문사에 돌아와 큰 소리를 쳤다.

'파격적'인 촬영가

황범송 선생은 연변에 오신 중앙지도자 50여 명의 빛나는 형상을 연변사책에 올렸다. 촬영가들이 당과 국가의 지도자들의 사진촬영을 할 수 있다는 것은 그만큼 행운이고 당과 국가의 지도자들의 활동을 보다 멋진 장면으로 담는 것은 촬영가들의 의무이며 '욕심'이다. 촬영자는 연출이 아닌, 그저 지도자들의 행동을 따르며 사진을 남겨야 하기 때문에 자기의 구상에 따라 뜻대로 찍지 못해 애간장을 태운다.

황 선생에게 들은 두 가지 사례다. 1983년 8월 등소평 동지가 장백산에 오르실 때 황 선생은 등 동지가 수행인원들과 합영을 할 때까지도 이상적인 장면을 찍지 못해 안타까운 마음을 태우다가 파격적으로 조남기 동지의 곁에 다가가 슬그머니 그의 옆구리를 쿡 쳐놓고는 옆으로 빠져 내려갔다. 그러자 황 선생님의 의도를 눈치 챈 조남기 동지가 최림 동지와 함께 등소평 동지의 신변에 다가가 장백산 개황을 소개하기 시작했다. 이때 황 선생님은 여러 각도로 움직이며 감격적인 장면을 예술적 화폭으로 렌즈에 담았다.

그가 찍은 사진들은 전국의 20여종 주요 간행물에 발표되었고 『등소평문집』에도 수록되었다.

1984년 조선 지도자 김일성 동지가 열차를 타고 소련을 방문하는 길에 도문에 들렀을 때 중국 경위원들이 사진을 신화사기자들만 찍을 수 있다면서 지방기자들이 김일성 주석의 주변에 접근하지 못하도록 하였다.

황 선생님은 중국 경위원들이 지방기자들을 막아서서 김 주석에게 접근하지 못하게 할 때 경위원들의 말을 관계치 않고 경위원들이 다리를 벌린 가랑이 밑으로 빠져나가 멋진 사진들을 찍었다. 김일성 주석이 귀국한 후 그가 찍은 멋진 사진들이 조선 측의 칭찬을 받았고, 조선 측에서 황범송 선생님을 특별히 초청해 평양을 방문하도록 하였다.

하마탕에서 자주 만나

취재 차 왕청현 대흥구진 하마탕촌을 자주 다녔다. 하마탕 뱀술공장 공장장 최석준의 환갑 때, 하마탕의 촌사『하마탕촌 발자취』출판식 때, 하마탕촌기념비 낙성식 때에 황 선생을 만났다. 그는 만날 때마다 나를 반겨주었고 술자리에서 많은 이야기를 들려주었다. 황 선생은 하마탕촌기념비 낙성식에서 사진촬영도 달인이 되어야 한다고 강조하고, "지금 보면 많은 촬영자들이 디지털사진기로 한개 장면을 무더기로 찍어서 뽑아낸 후 그중에서 한두 장을 선택하는 '너른 마당 쓸기'를 하는데 자기는 기계사진기을 활용한 단 한번의 '찰칵'으로 정품을 뽑아낸다"면서 나더러 기계사진을 멀리 하지 말라고 가르쳐 주었다.

황 선배의 신체는 젊은이들이 부러워할 정도로 건강하였다. 그는 건강의 비결을 첫째는 심태이고 둘째는 생활습관이라고 하였다. 그는 아침형으로 수십 연간 아침 5시에 기상하고 매일 아침 한 시간 반가량 각종 체육기재들을 사용해 신체를 단련했다. 그리고 저녁 9시가 되면 꼭 잠자리에 들었다. 음식은 많이 먹지는 않고 일상적인 채소와 된장국이나 김치 등 "할머니 정성"이 담긴 음식을 많이 자셨다.

1999년 10월 하마탕 마을 뒤에 있는 사방대산에 올라 토성과 항일유격근거지터를 조사하는 황범송과 답사일행들.

하마탕촌 건촌72주년 기념대회

① 하마탕 주민들의 부채춤 공연 모습
② 하마탕 마을 중심 광장에 나온 촌민들
③ 하마탕 마을 노인들의 장기자랑
④ 기념대회에 참석한 노인들이 공연을 보고 있다.
⑤ 하마탕 마을 주민들에 대한 사진과 구술 영상 촬영 모습.

그는 자기의 심태에 대해 "나는 항상 웃고 즐겁게 사는 편이다. 나에게는 기분이 나쁜 일도 없고 미워하는 원수도 없다. 마음은 항상 비어 있고 모두가 내 친구요, 친인으로 생각한다"고 말했다. 그는 "건강은 일을 할 수 있을 때까지 몸을 지키는 것"이라고 하였다.

그가 들려준 장덕강(張德江) 동지 이야기

황 선생은 장덕강 동지는 참 줏대가 있는 지도자라고 탄복하였다. 1981년 강택민 총서기가 연변을 시찰할 때 용정 동성용 용산촌 조선족 농민가정을 방문하였는데 수행한 경위원들이 이 집은 신화사기자만 들어가기로 결정했다면서 지방기자들을 단속하였다. 이때 옆에 서 있던 당시 연변주 당위원회 장덕강 서기가 어깨가 축 처져있는 그의 마음을 헤아리고 "황 동무, 강택민 총서기의 찍어야 할 장면을 앞질러 찍으시오! 일이 생기면 내가 책임지겠습니다"라고 두둔해주어 경위원의 말을 귓등으로 흘려보내고 집안에 들어가서 강택민 총서기가 신을 벗고 조선족 집의 구들에 앉으신 장면, 농민들과 다정하게 담화하시는 장면을 놓치지 않고 찍었다. 그때 강택민 총서기를 앞질러 찍으라고 장덕강 서기가 두둔해주지 않았다면 지방기자로 연변역사에 길이 남을 장면을 찍을 수 없었을 것이라고 하였다. 그때 황 선생님이 찍은 사진이 중앙당 간행물에 실려 국가급2등상을 받았다고 한다.

또 한 번은 강택민 총서기가 연변의 밀수사건으로 장덕강 서기를 불렀는데 그때 황 선생님도 함께 동행 하였다. 강 총서기가 연변의 밀수를 차문할 때 장덕강 서기는 연변서 조양천국제비행장을 건설할 때의 자동차 밀수상황을 보고하고 나서 계속하여 지방 당위 서기로서 줏대가 있게 "자동차 밀수는 공개적인 것으로 제때에 제지할 수 있지만, 우리에게 압력으로 되는 것은 극히 음성적이고 폭 넓은 마약밀수입니다"며 강택민 총서기가 마약밀수에 중시를 돌리게 하였다. 황 선생은 이렇게 지방의 책임자로 장덕강 동지가 책임감이 아주 높고 줏대를 아주 대담하게 표한다고 높이 평가하였다.

1996년 5월 훈춘시장을 시찰하는 장덕강 연변주위 서기

약속을 어긴 사람

언젠가 한 번은 하마탕촌에 취재 갔을 때 하마탕노인협회 최석준 회장으로부터 하마탕 사방산에 천지가 있다는 이야기를 들었다. 워낙 호기심이 많은 필자는 사방산에 천지가 있다는 말을 황 선생께 말했더니 그는 그 자리에서 "나는 어렸을 때 하마탕을 떠났으니 그런 얘기를 못 들었다"며 "언제 차를 내겠으니 함께 '사방산 천지'를 답사하자"고 약속했다. 그로부터 나는 기쁜 마음으로 황 선생과의 동행을 애타게 기다렸다. 그런데 그 약속을 지키지 못하고 저 세상에 갈 줄이야!

이 시각 약속을 지키지 못한 황범송 선생을 더없이 그리며 두 손 모아 고인의 명복을 기원한다.

2023년 5월 16일

황범송의 작품세계

다양하고 생동감 넘치는 수상작품들

황범송의 사진 작품세계는 2020년에 출간된 『중국조선족예술사(촬영편)』에 잘 평가되어 있다.

그의 촬영작품은 국내외의 전람에 입선되어 수상한 작품이 적지 않다. 그 가운데서 대표적인 것으로는 1981년 5월 촬영작품 〈널뛰기〉가 중국관광박람회에서 조직한 국제촬영전람에 입선되어 국외에까지 소개되였다. 1982년 5월 계열촬영작품 〈소년아동〉이 중국관광박람회 추천으로 일본 홋카이도에서 전시되었다. 1986년에는 〈중국조선족특별사진전〉을 미국에서 펼치기도 하였다.

그는 연변의 농업, 공업, 특산업 등 경제발전과 사회발전 상황도 사진으로 하나하나 기록하였다. 1980년대 초반까지 연길현(지금의 용정시)의 공업생산은 길림성에서 앞자리를 차지하여 연변의 공업발전에 중대한 기여를 하였다. 길림성의 중점기업이었던 용정손잡이뜨락또르(경운기)공장에서는 손잡이뜨락또르를 비롯해 여러 가지 농기계를 생산하여 연변을 비롯한 동북 각지는 물론이고 조선 등 이웃나라에 수출하기도 하였다.

〈손잡이뜨락또르공장〉은 황범송이 1982년에 용정손잡이뜨락또르공장에서 촬영한 작품이다. 공장의 거리 양편에 질서 정연하게 배열된 각종 농기계들은 찬란한 햇빛에 위풍을 떨치며 화면의 도안미를 살렸다. 대각선으로 된 공장의 거리로 시장에 출시되는 손잡이뜨락또르가 두 줄로 늘어서 있는데 두 줄 사이에 발동을 걸어놓은 손잡이뜨락또르에서는 동음소리가 들려오는 듯하다. 화면구성이 잘 짜이고 화면색상이 아름답고 정지된 것과 움직이는 것이 서로 조화를 이루는 이 작품은 그젯 날의 휘황을 자랑해 온 눈길을 끌만한 공업제재의 작품이 되기에 손색이 없다.

1982년 8월 15일, 연길현 동성용향에서는 동성중학교 캠퍼스에서 〈연길현동

〈손잡이뜨락또르공장〉

성용향노인협회 및 동성용향노인절 설립대회〉를 소집하였다. 대회에서는 동성용향노인협회 지도부를 선거하고 노인사업에서 공로가 큰 노인들과 사업자들을 표창하였다. 그리고 각 촌마다 책임지고 60세 이상 되는 노인들에게 풍성한 연회상을 차려드리고 다채로운 문예공연을 펼쳤다. 참가자들은 노인들과 같이 농악에 맞추어 춤추고 노래를 부르면서 노인절 설립을 경축하였다. 이는 전국적으로 처음 설립된 향급 노인협회이자 노인절로 된다. 1983년 동성용향 노인절경축대회에는 국가문화부, 국가민족사무위원회, 중앙텔레비전방송국을 비롯한 여러 관계 부문과 전국 각지에서 온 여러 민족 대표 100여 명이 참석하였으며 800여 명의 농민들이 단체무용 표현을 하였다. 1984년에 연변조선족자치주인민대표대회에서는 매년 8월 15일을 연변의 노인절로 정하였다.

황범송이 찍은 촬영작품 〈연길현 동성용향 노인절〉은 1982년 동성용향노인협회 및 노인절 설립대회의 한 장면이다. 화면 상단의 언덕에 노인절 설립 대회플랜카드가 걸려있고 그 아래에 어설프게 꾸민 주석단이 보이고 그 옆엔 수많은 관람자들이 분주히 서두르는 장면이 보인다. 학교마당에는 돗자리를 깔고 명절옷차림을 한 노인들이 음식상에 둘러 앉아 즐겁게 담소를 나누면서 잔을 기울인다. 그리고 알록달록 명절옷차림을 한 학생들이 춤을 추면서 노인들에게 축하를 올린다. 모든 참가자들의 얼굴에는 웃음꽃이 피어있고 노인을 존경하는 미풍양속이 흘러넘치며 개혁개방이 가져다 준 풍요로운 농촌발전모습이 여과 없이 그려졌다.

황범송은 촬영생애에서 보도촬영과 기록촬영도 많이 남겼을 뿐만 아니라 훌륭한 촬영예술작품도 많이 창작하였다. 기록성이나 예술성이 높은 그의 작품은 국내는 물론 국외의 많은 촬영가협회와 사회단체, 각종 매체들의 중시와 사랑을 받았다. 황범송의 촬영예술작품에는 풍경촬영, 민속촬영과 인물촬영 등 여러 부류가 있다.

1980년대 중반에 황범송은 세계적인 명산인 안휘성 남부에 위치한 황산에 올라 일출 전야의 〈황산운해〉를 촬영하는 희열에 도취되었다. 그는 작품의 강렬한 색상과 높은 화질, 섬세한 입자에 이르기까지 신경을 많이 썼다. 우윳빛 구름이 대지를 포근히 감싸 안고 황홀한 운해를 이루었다. 다행스럽게도 운해 사이로 검은 산봉우리와 기암절벽들이 웅대한 모습을 보이고 그 산봉우리와 기암절벽에 소나무들이 거연히 서서 아침 해를 맞고 있다. 면사포 같은 운해와 드문드문 솟아난 산봉우리들이 서로 숨바꼭질을 하는 듯한 장면은 아릿다운 수묵화를 방불케 한다. 그런대로 낮은 색온의 아침해살이 운해를 헤가르며 산봉우리들에 담담한 붉은 노을을 안겨준다.

좋은 위치를 찾아 삼발이에 카메라를 고정시키고 도정신하여 천태만상으로 변해가는 운해를 관찰하던 황범송은 카메라렌즈와 가까운 산봉우리에 아침노을이 비끼는 순간 신속하고도 과단하게 셔터를 눌렀다. 그리고 렌즈와 가까운 도도한 절개를 자랑하는 산봉우리를 화면 하단의 왼쪽 켠 가까운 화면에 배치하고 또 오른 켠 좀 멀리에 크기가 부동한 두 산봉우리를 원근 대비가 있도록 배치하였다.

1982년 〈연길현 동성용향 노인절〉

그리고 상단의 저 멀리 화면의 왼쪽의 흰 운해 위에 자라 모양의 검은 산봉우리를 하나 살짝 보이도록 배치하였다. 황범송은 바로 이러한 화면 구성으로 운해의 규모와 아름다움이 잘 보이도록 하였을 뿐만 아니라 황산의 특이함과 경이로움, 그리고 도도한 절개를 잘 표현하였다.

황범송은 민속촬영에서도 무게 있는 작품들을 세상에 많이 내놓았다. 그는 명절이나 축제 때 행하는 조선족 민속행사에 대한 촬영을 많이 하였지만 조선족 전통민속이 제일 잘 보존되고 전승되여 있는 마을인 안도현 장흥향 신툰촌에 대한 민속행사 촬영을 수십 년간 꾸준히 견지하여 좋은 자료를 많이 남겨놓았다.

연변조선족자치주문화국에서는 농악놀이, 줄다리기, 탈춤, 달집태우기, 지신밟기 등 조선족의 전통민속놀이 행사를 경상적으로 진행하면서 조선족의 전통민속을 계승하고 발전시키고 있는 안도현 장흥향 신툰촌을 비롯한 여러 조선족마을

황범송의 촬영작품 〈줄다리기〉

에 전문인원들을 배치하여 그들의 민속놀이에 대한 발굴, 표현, 전승사업을 강화하였다. 1987년 9월 3일, 연변조선족자치주창립 35주년 경축대회에서 안도현 장흥향에서는 조선족 민속놀이 행사를 규모 있게 조직하였다.

촬영작품 〈줄다리기〉는 당시 호랑이팀과 사자팀으로 나눈 두 팀이 서로 줄다리기를 하는 장면이다. 줄을 당기는 두 팀 선수들의 힘쓰는 모습도 굉장하지만 응원하는 그 열기가 하늘 땅을 진감하였다. 이로부터 황범송은 1988년, 신툰촌 설립 50주년 민속놀이, 1991년 안도현민속체육대회에서 공연한 신툰촌의 민속놀이, 2001년, 정월 보름에 행한 신툰촌의 지신밟기, 달집태우기 등 민속놀이장면들을 계열적으로 촬영하고 여러 촬영집이나 촬영작품전람에 발표하였다.

황범송은 수십 연간 연변가무단의 농악무와 연길현 농악무, 왕청현 상모춤 등을 계열로 촬영하여 조선족농악무에 대해 수많은 촬영작품을 남겼다.

〈연변가무단에서 표현하는 농악무〉는 연변가무단에서 1982년, 연변조선족자치주 창립 30주년 맞이 축제에서 공연한 정채로운 농악무의 한 장면이다. 연변가무단에서는 민간에서 유행되는 농악무에 대한 발굴과 연구를 진행한 토대에서 안무가들의 창조적인 연구와 창작 및 지도에 힘입어 현대무대예술표현 수요에 꼭 맞는, 현대무용이 결합된 정채롭고도 수준 높은 농악무를 무대에 올려 공연하였다. 남녀 배우들의 부동한 동작의 손북춤과 도도리춤, 단상모, 중상모, 장상모의 율동적인 움직임 그리고 동그란 무지개 같은 상모띠… 이 모든 것들이 현대무대 시설과 조명 등에 힘입어 농악무의 새로운 모습과 정수를 보여주었다. 황범송은 당시 좋은 자리를 찾고 조리개, 감도, 셔터 속도 등을 잘 조절하여 농악무를 성공적으로 촬영하였다.

황범송이 촬영한 〈청춘의 매력〉은 훌륭한 군체인물 촬영작품이다. 1982년 연변조선족자치주창립 30주년 축제에 가무작품을 선물하기 위해 밤낮으로 돌아치던 연길시조선족예술단 청년배우들은 5·4청년절을 맞아 청정자연의 혜택을 맛보고 스트레스를 풀고 서로 간의 친선도 돈독히 하기 위하여 용정 천불지산 산자락 오봉산 해관령을 찾았다. 산등성이를 따라 군락을 이룬 연분홍 진달래꽃이며 청신한 공기 그리고 확 트인 산천 계곡이 가슴을 확 트이게 하였다.

초청에 의해 들놀이 촬영을 갔던 황범송은 진달래 꽃동산에서 즐기는 청춘들의 매력을 카메라에 담았다. 그는 청년배우들에게 진달래가 만개한 공터에서 즐기라고 자리를 지정하여 주었다. 그리고 화면 전경에 흐드러지게 핀 진달래꽃을 넣고 화면 뒤로는 S자로 뻗은 산등성이와 진달래 꽃밭을 선택하였다. 손풍금수와 가야금수가 '붉은해 변강을 비추네'란 경쾌한 곡을 연주하자 무용수가 장구를 메고 가운데에 뛰어들어 경쾌하게 춤을 춘다. 앉기도 하고 서기도 한 청년들이 손풍금 반주에 맞추어 노래 부르고 박수를 친다. 함박꽃 같은 얼굴표정, 날새처럼 훨훨 나는 춤동작, 산간에 메아리치는 아름다운 노래소리, 그 어느 무대에서나 관중들 앞에서 보여 줄 수 없는 흘가분하고 활기찬 청춘들의 정서와 표정은 청춘의 매력을 활활 발산한다.

출처 : 『중국조선족예술사(촬영편)』(연변인민출판사. 2020년)에서 발췌

1988년 신툰촌 설립 50주년 민속놀이 풍경

1991년 안도현민속체육대회에서 공연된 신툰촌의 민속놀이

훈춘시 방천촌(防川村)의 풍경

❶

❷

❸

❹

❺

① 훈춘시 방천 전망대에서 본 두만강 하류 중국, 러시아, 조선 국경지대 모습.
② 중국과 러시아 국경선에 세워져 있는 토자비(土字碑)와 경비경의 모습.
③ 방천전망대에서 본 조선의 두만강역 인근 마을 모습.
④ 두만강하류에서 고기잡이를 하는 어부들의 모습.
⑤ 두만강하류에서 유람선을 타는 관광객들의 모습.

한국 사진학계의 평가
- 황범송 사진의 사료로서의 가치

강위원 | 한국 경일대학교 사진영상학과 명예교수

황범송의 작업은 중국 조선족의 삶의 흔적을 그대로 보여주고 있으며 그는 항상 역사의 현장에 서 있었다. 황범송에 대한 연구는 항일운동을 포함한 조선족 사회의 변천사에 대한 연구임과 동시에 연변 조선족 사진사의 흐름을 인식하는 것이라고 할 수도 있을 것이다. 그의 작업은 사실에 입각한 기록적인 면을 바탕에 깔고 민족적인 특성과 자신이 느끼고 생각한 특성을 접목시켜 예술적인 서정성을 표현하여 당대 조선족사회에 영향을 끼친 사진가이면서, 동시에 역사 속에 파묻혀 사라져 가는 민족의 채취가 남아있는 자료를 수집하여 남겨 좋은 역사 자료의 수집가이기도 하다. 그가 수집한 방대한 자료들과 촬영한 사진원고들은 항일운동사와 조선족에 대한 연구에 필요한 사료로서의 가치가 크다고 생각한다.

사진을 동경한 소년

황범송은 1930년 음력 7월 7일 중국 길림성 왕청현 중안향 팔과수촌 남산의 산재호(마을에서 떨어져 한집씩 살고 있는 외딴 집)의 땅굴 움막에서 황화순과 장 여인 사이의 1남 1녀 중 둘째로 태어났다. 그의 부모는 소작농으로 1년 열두 달 쉴새 없이 일하였지만 네 식솔의 생계유지에 급급하였고 오랫동안 폐병으로 고생하시던 그의 어머니는 그가 6살(누님의 증언으로는 태어나 젖물림도 아니한 때) 때 사망하였다. 그로 인하여 가난 속에서도 서로 믿고 의지하던 가정은 파산되었고 누나와 그는 목단지령을 넘어서 작은할아버지와 삼촌이 소작으로 부치며 살고 있는 남하마탕(1935년 만주국 경영의 일환으로 단행된 강제이주로 형성된 조선족 농촌마을로써 원래 이름은 신흥툰이었지만 개구리[하마]

가 많은 늪[탕]이 있다고 해서 개칭한 이름이다)에 맡겨졌다. 그의 아버지는 다시 살림을 이루면 자식을 데려가기로 하고 천교령의 목재판에 갔다가 후실(누님의 증언에 따르면 연안 하마허재에서 후실을 맞아들였음)을 맞이해서 흑룡강성 태래현 개척민으로 이주해 갔다.

새로운 사물을 동경하는 소년 황범송은 춘탕우급학교(왕청현 춘탕촌 신흥툰[남하마탕]에 1,000여 가구에 있던 유일한 초급교육기관으로서 일본어로 교육했다. 우급학교 4학년 졸업앨범 사진에 찍히면서 황범송은 처음 사진을 경험하였고 사진가가 되어서 농촌의 궁핍한 생활과 불우한 자신의 환경에서 탈출하려는 꿈을 가지게 되었다. 그리고 평소에도 그는 남들이 보고난 신문이나 잡지 등에서 수려한 풍경사진이나 인물사진들을 모아서 쓰고 난 필기장 앞뒤에 붙여서 수집하는 취미를 가지고 있었다. 이러한 취미와 어릴 때부터 가졌던 관심이 그가 연변박물관 주비처에 발령이 난 이후 조선족에 관련 된 엄청난 자료를 수집하게 한 근원이 아닌가 한다.

당시 중학교는 가장 가까운 곳이 연길시에 있었고 동네에서 부유한 가정의 자식들 중 한두 명이 겨우 진학하는 정도였다. 궁핍할 정도로 어려웠던 가정환경 아래에서도 전 학년 학업성적이 1, 2등을 차지하였으며, 진학과 사진에 대한 꿈을 가지고 있는 그는 성공해서 돌아온다는 말로 작은할아버지에게 작별을 고하고 지도 한 장만 가지고 유랑생활을 하게 된다. 돈 한 푼 없이 친지도 없는 12월 달 엄동설한의 만주는 13살의 소년에게는 엄청나게 가혹한 환경이었으나 그는 꿈을 이룩하겠다는 소망으로 문전걸식과 다름없는 생활로 목단강, 하얼빈 등의 사진관을 찾아가 점원으로 일하면서 사진을 배우게 해 달라고 간청하였으나 번번이 거절을 당하게 된다.

당시 하얼빈의 한 사진관 주인이 소년 황범송의 태도와 열정을 아쉬워하면서 "사진은 과학이다. 사진에는 깊은 학문이 있다. 사진을 하자면 셔터만 눌러서 되는 게 아니라 여러가지 지식이 있어야 한다. 넌 아직 나이 어리기에 공부를 할 수 있으면 먼저 학교에 다니고 후에 배워도 늦지 않다"고 말해줬다.

그 말에 용기를 얻은 소년은 흑룡강성 태래현 오묘자촌 만몽농업주식회사 농장에서 새어머니와 같이 황무지를 개간하고 있던 아버지를 찾아가게 된다. 그러나 이곳에는 중학교가 없었고 중학교는 치치하얼시나 오상현으로 가야 했다. 그의 아버지와 계모는 아들을 출세시키려는 마음으로 남의 삯일까지 하면서 학비를 마련하여 우선 진학의 꿈을 가진 소년들을 대상으로 한 대동우급학교 복습반에서 1년간 재학시켰다. 그해의 농사는 풍년이었고 가을걷이를 하던 그의 아버지는 추수 후 쌀을 팔아 아들을 오상중학교에 진학시키려고 하였으나 농장을 관리하는 일제의 착취로 끼니마저 걱정하는 사태가 벌어지자 그의 아버지 염원과 소년 황범송의 꿈은 좌절되고 말았다.

1945년 8월 15일의 해방은 그의 인생에 새로운 전기를 마련하게 된다. 당시 통신 사정이 좋지 않던 이곳은 해방의 소식을 보름정도 후에나 알게 되었고 조선족을 주 대상으로 한 토비들의 약탈과 학살을 피해서 야반도주를 하였고 험난한 난민생활을 경험하게 된다. 동행의 어른들이 소련 홍군과 교섭하여 겨우 귀향길에 오른 소년은 한겨울 만주에서 난방이 없는 화물차로 오묘자촌에서 백성자로, 그리고 장춘으로 이동하게 되었다. 그곳에서 일제강점기에 지질학원이었던 장춘 조선인 중학교(현재 장춘36중학교)에서 천자문을 교재로 하여 조선어를 교육하는 것을 알고 복도에서 보름동안 도둑 강의로 한글의 기초를 다지게 되었다. 소년에게 비추어진 대도시 장춘의 모습은 신기한 것 일색이었으며 당시 조선의용군 300여명이 애국가를 부르고 태극기를 휘날리면서 장춘 시가지를 행진하는 것이 감동적이었다고 한다.

장춘에서 연길로 가는 피난길은 더욱 험난하였다. 그나마 어린이와 부녀자, 노약자들은 4명이 탈 수 있는 공간에 12명이 포개어져 탈수가 있었지만 혹한의 날씨에도 어른들은 화물차의 짐칸 위에서 떨어지지 않도록 자신의 몸을 밧줄로 묶어서 이동하였다.

장춘에서 연길까지 475km의 거리를 이동하는데 20여 일이나 소모되었고 굶어죽고, 얼어죽은 사람들이 부지기수였으며 차가 정지할 때마다 묵념으로 장례절차를 대신하며 시체를 그냥 눈 속에 묻었다고 하며 연길에 도착하여서는 2 km의 시내를 걸어가는데 5시간이 소요될 정도로 탈진하였다고 하니 그 처참함은 말로 설명할 수가 없을 정도로 참담한 것이었다.

조선인 수백 명과 함께 영하 30~40°c의 혹한 속에 20여 일의 유랑생활 끝에 도착한 연길에서 우여곡절 끝에 일본인 포로수용소에서 일본군포로들과 같이 기숙하면서 소년 황범송은 연길에 안착하게 된다. 연길에서 그는 상업을 하면서 사진관을 운영하던 김몽훈을 만나면서 인생의 새로운 전기를 맞이한다.

사진 수업시대

소년 황범송(당시 16세)이 만난 김몽훈은 당시 전 중국에서 4명밖에 없는 일본 오리엔트 사진학교 졸업생(황범송이 박물관에 재임하던 시절 장춘 박물관의 사진사이던 일본 오리엔트사진학교 출신의 북경영화촬영소 창시자인 '몽'씨의 아들을 만나 확인한 사실) 중 유일한 조선족이었고 해박한 사진지식과 탁월한 능력을 갖추었으나 신분적 제약 때문에 사진기자가 되지 못하고 연길시 서광장 서남쪽에서 금강사진관을 운영하고 있었다.

대학에서 사진공부를 하기 전에는 사진관에서 학도공(도제관계로 기술을 배우며 근무하던 소년들을 총칭한 말)생활의 경험이 있는 김몽훈은 "학문을 꼭 학교에서 배워야만 하는 것이 아니라 실습하면서도 결심만 굳으면 가능하다"고 격려하면서 소년 황범송에게 오리엔트 사진학원의 교재로 3개월간의 기초 이론 교육을 실시하였다. 그는 사진관에서 기숙하면서 새벽 3시에 기상하여 청소로 하루 일과를 시작하여 예습과 복습, 그리고 선생의 조수 역할과 암실작업을 통하여 꿈에 그리던 사진수업을 하면서 선생의 교육에 조금도 소홀하지 않고 전력을 다하면서 틈틈이 야학반에서 6년간에 걸쳐 중학교 과정과 고등학교 과정, 그리고 전문대학 과정을 이수하는 열정을 보였다.

촬영실습에 들어가기 바로 직전 김몽훈이 출타한 후에 찾아 온 고객의 간곡한 요청으로 처음 촬영을 한 결과를 본 김몽훈은 더욱 그를 신임하게 되었다. 평소 김몽훈은 자신이 촬영한 사진도 약간의 흠이라도 있다고 판단하면 다시 촬영하는 성품이었다. 황범송이 들어오기 전에 번갈아 들어 온 세 명의 학도공에게 들어온 지

며칠 후부터 바로 사진기를 다루게 하였더니 겨우 서너 달 정도 배워 가지고 나가서 다른 지역에서 개업하면서 김몽훈의 제자라고 하고 다녔다고 한다. 당시 김몽훈은 그들이 사진을 아주 쉽게 생각하는 풍조를 개탄하던 중이었다.

이 사건을 계기로 황범송의 재능과 인간적인 품성, 그리고 고생을 어려워하지 않는 인내심을 알아 본 그는 황범송을 다른 방법으로 교육하여 진정한 자신의 후계자가 되어 조선민족의 사진을 발전시키는 사람으로 키우려고 하였고 누구에게도 보여주지 않고 아끼던 귀중한 사진서적들을 맡기면서 잘 보관하고 자습하라는 격려와 함께 본격적인 사진교육을 시켰다. 김몽훈이 가르친 과목은 《촬영이론》, 《사진의 역사》, 《사진기계학》, 《사진예술론》, 《암실작업》, 《약품처방》, 그리고 세계적인 명작들이 수록된 사진집을 통한 예술교육 등이었으며, 당시 대학에서 사진을 교육하는 수준의 내용들이었다. 그리고 대학의 교재들과 참고서적, 그리고 그 시대상이 담겨있는 사진잡지와 세계적인 명작들이 수록된 사진집 등의 장서들이었으며 손수레 두 대 분량의 당시로는 방대한 것이었다. 이 장서들은 문화혁명시기에 소실되었다.

이렇게 교육받은 그는 열과 성을 다해 창의력을 발휘하여 선생의 교육에 뒤떨어지지 않으려고 노력하였고 그러한 그의 작업태도를 알고 있는 선생은 중요하다고 판단되는 많은 일들을 그에게 맡겼다.

당시 황범송의 작업태도를 볼 수 있는 일화를 살펴보자. 그에게 맡겨진 작업 중의 하나는 연길시 서광장에서 개최된 5.1국제노동절경축대회의 시위행진을 촬영하는 일이었다. 이번의 시위행진은 이 나라의 주인이 된 노동자 인민이 기개를 보여 줌과 동시에 국민당이 1946년 1월에 체결된 '국공 쌍방 정전협정'을 위반하고 해방구를 계속 진공하는 만행을 성토하는 성격을 띠고 있었다. 시위행진의 노정을 살펴 본 후 그는 시위행진의 규모와 주변의 환경을 가장 잘 표현할 수 있는 방법은 부감촬영이라는 판단아래 높이가 5m에 이르는 전봇대에 올라가서 촬영하는 창의성과 대담성, 실행능력을 보여주었다.

이 시기에 그가 시도한 사업 중 탁월한 것은 1950년 동북조선인민서점(1946년 연길시의 처음으로 생긴 서점으로 북한이 설립. 운영하였고 처음으로 연길에서 조선어로 된 서적을 판매한 서점이었다. 연길시에 다른 서점들이 생긴 1950년대에 문을 닫았다)이 요청한 사진앨범 제작에 건축물과 초상사진을 합성하여 인화한 것이 효시가 되어 지금은 농촌에서까지 보편적으로 활용되는 유행을 탄생시킨 것이다.

당시 국민당의 침공으로 어수선한 정국에 쌓여있던 시기에 전쟁에 염증을 느낀 부유한 조선인들이 대다수 귀국한 상황이었으나 김몽훈은 자신이 운영하는 사진관의 문을 임시로 닫고 그와 함께 전선에 사진담당으로 참여하게 되었고 김몽훈이 철수한 후에도 그는 전쟁의 한복판에서 사진가로서의 종군을 경험하게 된다.

황범송이 1946년 5월부터 10월까지 신개령, 노아령, 육도하, 신잔, 서구자, 강밀봉 등에서 촬영한 사진들의 주요장면들을 열거하면 〈삐라를 뿌리며 선회하는 적기〉, 〈폭격으로 부서진 철교의 임시 가교로 무기 탄약 식량 등의 군수품을 만재한 기관차가 건너는 장면〉, 〈군수품 열차의 도강을 환호하는 장병들의 모습〉, 〈폭격으로 파괴 된 도로를 수리하느 군민〉, 〈전쟁이 치열한 흔적이 남아있는 포대〉, 〈폭격과 탄우를 헤치며 식량과 탄약을 이동하는 장면〉 등 말로서 설명하기 어려운 해방전쟁의 모습들을 기록하였다. 이때에 촬영된 사진들은 촬영 직후 필름까지 모두 당시 주보중 장군이 이끄는 군사전선사령부에 귀속되었으며 지금은 북경의 군사박물관에 소장되어있다.

사진의 공적인 기능을 자각하는 시대

사진기자가 되는 것이 꿈이었던 김몽훈의 영향을 받은 그는 만주국의 촬영기자를 지낸 김진호와 교류하면서 사진인생의 새로운 전기를 마련하게 된다. 당시 이 지역의 언론은 1947년 창간된 하얼빈의 『민주일보』와 1948년 창간된 『연변일보』, 그리고 심양의 『단결일보』가 1949년 『동북조선인민보』(1949년 창간된 2절지 4개 면의 일간지로서. 처음에는 한글과 한자를 섞어서 사용하다가 1952년 8월부터 한글만으로 신문을 제작하였다. 당시 발행 부수가 29,932부였으며 1,583호를 발행하였고. 1955년 1월 1일 다시 『연변일보』로 개칭되었다)

로 통합되었으나 신문에 사진을 게재하지 못하는 실정이었다. 김진호와 황범송은 신문에 사진 게재의 필요성에 대해서 토론하였으며 서로 의기가 투합되었다. 김진호가 『동북조선인민보』의 편집부 발행사업에 관계하던 1950년에 이 지역 최초로 신문에 사진이 처음으로 게재되었고, 김진호와 황범송은 정부와 관련된 모든 행사와 신문에서 필요로 하는 모든 사진을 촬영하게 되었다. 애석하게도 당시에 사용된 필름은 대부분 유리건판으로 거의가 유실되었고 일부가 사진으로 남아있다.

1949년 10월 1일부터 중화인민공화국 성립 경축대회를 김진호와 공동으로 촬영한 황범송은 1952년 8월 선망의 대상이던 사진기자로 『동북조선인민보』에 발령이 되었고 1972년 연변박물관 준비처로 전근할 때까지 토지개혁작업과 호조합작운동, 그리고 '문화혁명'을 위한 중요한 역사의 현장들을 신문사진 위주로 기록하였다.

전인영 서기 등과 백두산에 오른 황범송(앞줄 오른쪽에서 2번째)

그는 자신이 태어나서 살고있는 고향을 무척이나 사랑한 그는 연변조선족 자치주 창설과 10주년, 20주년, 30주년, 40주년, 45주년 등 조선족 자치주의 모든 행사와 조선족의 민속들을 지속적으로 촬영하면서 단순한 기록의 차원을 초월하여 그 속에 지역적 특성과 민족적 특성, 그리고 자신의 개성을 불어넣어 한 단계 높은 예술적 가치가 있는 작품으로 승화시켰다.

그의 민속적인 작품들을 살펴보면 그냥 스쳐지나가기 쉬운 나무 한 그루, 흘러가는 구름 한 조각, 한 줄기 시냇물, 초가집, 우물가 등 민족적인 냄새가 배어있는 정경들을 활용하여 형상화하여 의미를 부여하는 것을 볼 수가 있다.

그리고 그는 역대 중국의 지도자들이나 외국의 귀빈들이 연변을 시찰할 때에는 공식적으로 촬영할 수 있는 자격을 부여받은 유일한 사진기자였다. 그가 촬영한 국내외의 지도자급 인물들을 열거하면 중국의 주은래, 주덕, 동필무, 등소평, 강택민, 이붕, 양상곤, 팽진, 교석, 주용기, 호요방 등이며, 외국의 귀빈들로는 김일성 주석, 캄보디아의 시아누크 등이 있다.

역사의식의 도입

1972년 8월 연변일보사에서 연변박물관 준비처로 발령이 난 그는 1년간 전 중국의 박물관과 유적지들을 순회하면서 모주석의 유적을 촬영하고 자료들을 수집하였다. 이 시기에 그는 사진의 역사적인 역할에 대해서 자각하면서 필연적으로 동북아의 근, 현대사와 항일전쟁에 대한 역사서적을 탐독하게 되었고 역사적인 관점에서 사진을 바라보는 안목을 가지게 되었다. 이시기에 수집된 자료와 촬영된 사진들은 모두 연변박물관에 보존되어 있다.

그는 역사의식이 투철한 사진가인 동시에 자료수집가였다. 그의 직업의식의 한 단면을 보여주는 것은 연변보선족 자치주 성립 30주년 기념전인 〈연변인민투쟁사〉를 개최한 것을 들 수 있다. 그는 자료수집과 촬영, 인화가공 등 전시일반에 관련된 분야뿐만 아니라 길림성정부의 비준을 받아내는 일에도 적극적인 자세를 보였다. 길림성정부가 이 전시에 대해서 부정적인 견해를 가지고 있는 것을 보고 당시 중공 연변조선족자치주 제1서기이면서 길림성 부성장인 조남기 장군을 직접 면담하고 그 필요성을 역설하였고 조남기 장군이 직접 나서서 적극적으로 후원함으로써 성사될 수 있었다.

1973년 1월 1일 정식으로 설립된 연변박물관 개관전인 이 전시는 5년간 전시되어 참관한 역사학자들과 관련 기관의 전문가들만도 8만여 명이 되었고 이것들은 지금도 항일운동사의 중요한 학술적 사료로서 평가, 활용되고 있다. 〈연변인민투쟁사〉에 전시된 자료들은 그가 북경군사박물관, 북경에 있는 명나라 청나라 시대의 도서관, 청나라와 중화민국시기의 신문사, 동북당안관(동북지방의 중요한 자료를 보관하는 자료 보관실), 대련박물관, 무순박물관, 무순탄광당안관 등에 산재해 있는 동북지방의 자료를 정리하여 한자리에 모은 것이며, 연변조선족 자치주의 연변박물관이 체계적으로 항일운동과 중국 조선족 100여년에 대한 총괄적인 사진자료의 집합체가 되도록 집대성하였다. 따라서 체제문제로 편향된 자료만 가지고 있는 한국의 자료를 보충하여 근, 현대사를 새롭게 조명할 소중하고 귀중한 역사적 사료라고 생각한다.

그가 기획한 전시들 중에서 중요한 것들을 예로 든다면 1973년에서 1975년 사이에 다섯 차례에 변화를 거치면서 매번 새롭게 개최된 〈연변 출토 문물 전시회〉를 들 수 있다. 이 전시의 특징은 고구려와 발해, 금나라, 청나라 등 연변에서 출토된 문물을 출토된 시기에 따라 새로운 모습으로 한자리에 모은 것이다. 그는 문화재에 대한 자문을 위해 직접 문화재들을 가지고 중국 전역의 전문가의 자문을 받아 고증을 하였으며, 특히 발해의 정효공주 묘의 벽화와 명동학교에서 발견된 상해 임시 정부가 발행한 달력(1920년 상해임시정부가 발행한 달력으로 뒷면에는 명동학교 건립기금 내역을 밝혀놓았다고 한다) 등은 사진이 보여줄 수 있는 재현의 의미를 간직하고 있다. 그리고 상해의 지식청년 5만 명(실제는 1만 8000명임)이 연변에서의 생활을 촬영하여 정리한 〈그들은 어떤 일을 하고 있는가〉는 시대성을 반영하면서 동시대의 젊은이들의 이해와 기록에 대한 예리한 안목을 보여주고 있다.

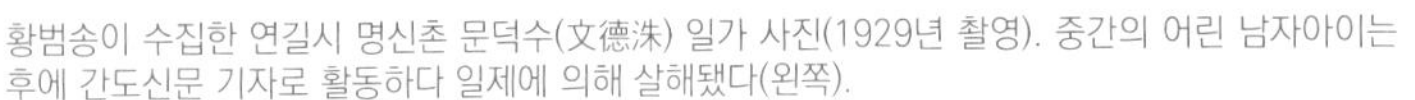

황범송이 수집한 연길시 명신촌 문덕수(文德洙) 일가 사진(1929년 촬영). 중간의 어린 남자아이는 후에 간도신문 기자로 활동하다 일제에 의해 살해됐다(왼쪽).

일제가 학살한 부모님의 사진을 들고 있는 모습을 촬영한 황범송.

그리고 북경 민족궁에서 1978년부터 장기간에 걸친 전시한 56개 민족전람관에 전시한 조선족 민속의 촬영을 담당하여 그 시대의 조선족 생활의 모습을 사진으로 보존하였을 뿐만 아니라 중국의 여러 민족과 중국을 방문한 많은 외국인들에게 고유한 조선족의 민속문화를 알리는 역할을 하였다.

현재 중국 연변조선족 자치주에서 활동하고 있는 신문사의 사진부기자, 정부기관의 사진담당자, 또 사진계의 중견급 이상의 인물들은 그와 사제의 관계를 가지고 있는 사람이 많으며 간접적인 영향을 받은 사람은 더욱더 많다고도 할 수가 있을 것이다.

사진자료집 출간을 기대하며

어렵고 험난한 시대에 태어난 그는 어릴 때부터 동경하던 사진과 인연을 맺어 사진가, 사진기자, 자료수집가로써 남다른 열정으로 인생을 살아왔다. 한 사람이 50여 년을 다민족사화(多民族社會)의 한 도시에서 민족적인 정서를 간직한 채 그 사회의 중요한 일들 거의 대부분을 기록하고, 민족적으로 중요한 전(前) 시대의 자료까지 수집한 경우는 어디에서도 전례를 찾아보기가 매우 어렵다. 그가 수집한 자료들과 촬영한 사진들은 조선민족의 근, 현대사에 중요한 역사적 가치를 가진다고 생각한다. 그리고 이 사진들이 일목요연하게 정리되고, 고증과 해설을 붙여서 발표되면 상당한 파문이 일어나리라는 예측도 해본다. 당면한 문제는 그 자료들이 필름이라는 화학물질의 한계성과, 습도와, 온도조절 등 보존상의 문제를 해결할 수 없는 현실에서 원고가 손상될 위험을 예방하기 위한 대책 수립이 절실하다는 것이다.

조선족의 이주의 역사와, 항일운동의 자료, 중국 조선족 자치주의 성립과 변화과정, 그리고 조선족의 민속들, 그가 수집하고 촬영하여 그의 삶의 흔적들을 고스란히 간직하고 있는 작업들을 하루 빨리 한 자리에 모아 자료집으로, 혹은 연구서적으로 발간하여 길이 보존하기를 간절히 바란다.

출처 : 강위원「황범송에 대한 연구」『현대사진영상학회논문집』2권(현대사진영상학회, 1999)에서 발췌

소년시절

1929년 겨울 황 의원(동네 의원) 내외와 그의 아들 황화순(黄華顺) 내외, 그리고 손녀 황신학(黄新學, 애명 황신애, 후에 황정자로 고침) 다섯 식솔이 두만강을 건너 중국의 북간도 팔과수(八棵树)촌으로 이주.

1930년 7월 7일 팔과수촌(지금의 왕청현 중안향) 남산의 산재호 땅굴에서 황화순과 부인 장 씨 사이에서 출생.

1936년 황범송이 여섯 살 나는 해에 어머니 장 씨가 27살 젊은 나이에 폐결핵으로 사망. 부친은 아홉 살 장녀 신애와 여섯 살 장남 범송을 남하마탕에 계시는 작은아버지황명도 댁에 맡겨두고 천교령 목재판으로 들어감.

부친 황화순

출생지 왕청현 중안향 팔과수촌의 현재 모습

1939년 제2차세계대전 발발하는 해에 남하마탕 춘탕우급학교에 입학.

1943년 남하마탕 춘탕우급학교 4년제를 졸업하면서 사진촬영을 배워보려는 꿈을 안고 방랑길에 오름. 방랑도중 흑룡강성 태래현 오묘자촌에서 가족과 재회.

1945년 8월 15일 오묘자촌에서 광복을 맞이함. 지방토비들의 무차별한 기습을 받아 일가족과 함께 피난길에 올라 국자가(局子街)라 불린 연길시에 도착.

금강사진관시절

1946년 봄 아버지의 알선으로 김몽훈이 운영하는 금강사진관 학도로 들어감.

1946년 4월 24일 스승 김몽훈의 지시로 연변행정독찰전원공서에서 소집한 소련홍군 환송대회 장면을 촬영.

1946년 6월-10월 초 김몽훈의 사진기와 필림을 가지고 전선원호에 나가 하발령, 돈화, 나법, 노일령, 신참, 소구자, 육도하 등지를 전전하면서 '종군기자'로 활동.

1946년 8월 26일 주보중 장군의 부름을 받고 길림성민주학원 교직원 기념촬영.

1946년 10월 30일-11월 2일 연길서광장에서 개최된 '해란강혈안청산대회'를 촬영.

1947년 3월 연길현 동성용 영성촌에서 토지분배를 하는 장면 촬영.

1948년 2월 열군속 모범 김신숙이 아들을 참군시키는 장면 촬영.

금강사진관 시절 스승 김몽훈과 함께

1947년 금강사진관 시절

1950년 연길시열군속회사 사진관 주임 시절

1948년 5월 9일 연길시에서 255명 담가대원들이 전선으로 나갈 준비를 한 장면을 촬영했음.

1949년 9월 29일 연길현 대성구 '리옥금호조조'에서 기음매기를 앞당기는 장면 촬영.

1949년 10월 1일-2일 연변에서 거행된 중화인민공화국 창건 경축행사 장면 촬영.

1949년 10월 16일 주덕해(朱德海) 동지가 중국인민정치협상회의 제1기 전체회의에 참가하러 연길을 떠나는 장면 촬영.

1950년 봄부터 연길시열군속회사 사진관 주임으로 발탁.

1951년 8월 28일 중앙인민정부에서 파견한 '북방노혁명근거지방문단(北方老革命根据地訪問團)' 연변 방문활동을 사진으로 기록.

신문기자시절

1952년 『동북조선인민보』사에 입사.

1952년 8월 연변조선민족자치구 창립을 맞아 『동북조선인민보』사에서 편찬한 조선족의 첫 사진집 『연변조선족인민 사진책』에 사진작품 수집과 선별제작을 맡음.

1952년 8월-9월 연변조선민족자치구 창립을 축하하러 온 중앙대표단 일행의 수행기자로 활약.

1952년 8월 29일-9월 2일 연변조선민족자치구 제1차 인민대표대회 전반 과정을 촬영.

1952년 9월 3일 오후 3시, 연길인민광장에서 연변조선민족자치구인민정부 성립대회 및 경축행사 전반 과정을 사진으로 기록.

1952년 동북조선인민보 기자들

1955년 연변일보사 기자들과 소풍

1953년 동북조선인민보 신문기자 강의를 마치고

1952년 중소우호선전일을 맞아 중소우호사진전람을 조직.

1953년 3월 9일 연길시 인민광장에서 거행된 소련 스탈린 추도행사 전반 과정을 촬영.

1953년 5월 글쓰기강습반에 참가한 신문기자들에게 촬영지식 강의와 현지촬영 실습을 지도.

1953년 8월 왕청현 조선족농민들이 자체의 힘으로 8개의 소형수력발전소를 건설한 장면을 촬영한 보도사진이 신화사 지정원고로 선정.

1953년 10월부터 『동북조선인민보』 촬영기자로 활약. 1953년 10월 13일자 『동북조선인민보』 제1면 톱기사로 첫 보도사진 게재.

1953년 10월 전국열군속 모범 김신숙이 이끄는 초급사에서 전기동력탈곡기로 타작하는 장면을 촬영한 보도사진이 신화사 지정원고(41980)로 선정.

전국 노동모범 김시룡 촬영

선진노동자 여근택 촬영

1953년 12월 전국 노동모범 김시룡이 곡식무지 옆에서 미소를 짓고 있는 보도사진이 신화사원고(41763)로 선정.

1954년 1월 6일 1.500여명이 참여한 〈려근택선진사적보고대회〉 전 과정을 사진으로 기록.

1954년 봄 취재임무를 맡고 혼자서 호랑이가 출몰하는 왕청현 중안향 쿨룽산 지름길을 넘어 취재임무를 완성.

1954년 8월 중화인민공화국 창건 5주년, 연변조선민족자치구 창립 2주년 기념일을 맞아 민족출판사의 『연변 조선민족 자치구 화집』(조선문판과 중문판) 편찬에 사진작품수집과 선별 및 제작을 맡음.

1954년 9월 3일 나라에서 새벽집단농장에 선물한 첫 뜨락또르 입성장면을 촬영.

1955년 1월 1일 『동북조선인민보』가 『연변일보』로 개명되면서 『연변일보』 사진기자가 됨.

1956년 연변대학 방문 호요방 서기 촬영

1955년 2월 17일-19일 전국인민대표대회 상임위원회 부위원장 달레라마를 단장으로 한 서장방문단 일행의 연변 방문 과정을 사진으로 기록.

1955년 8월 30일 연변조선민족자치구를 연변조선족자치주로 개명.

1956년 8월 공청단중앙 호요방(胡耀邦) 서기 연변대학 시찰장면 촬영.

1958년 3월 26일 전국청년노동자대표대회에 참가하고자 연길역을 떠나는 개산툰화학섬유팔프공장의 이룡성과 연변고무공장의 석순희를 촬영.

1959년 8월 새 중국 창건 10주년에 즈음하여『길림성 연변 조선족자치주』화집 편찬에 참가하여 작품수집과 선별 및 제작에 참여.

1959년 11월 11일 네팔공산당 총서기 만 모한 아디카리 일행 연변 방문 과정을 촬영.

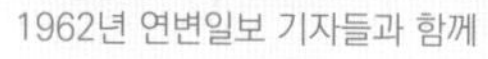

1962년 연변일보 기자들과 함께

1962년 연변 방문 주은래 총리 촬영

1960년 11월 11일 조선을 방문하고 귀국 도중 연변에 들린 국무원 부총리 하룡(賀龍) 원수와 라서경(羅瑞卿) 대장 등의 연변시찰 장면 촬영.

1961년 4월 중앙군위 부주석 엽검영(葉劍英)의 연변시찰 장면 촬영.

1962년 6월 22일-23일 1박 2일간 주은래(周恩來) 총리 부부 연변 시찰 장면 기록.

1962년 『연변조선족자치주 성립 10주년경축대회 기념특간 1952-1962』의 편집 위원으로 사진 제공과 사진작품 수집, 선별, 제작에 참여.

1963년 1월 3일 33살의 노총각으로 윤송죽(尹松竹)과 결혼.

1964년 7월 12일-15일 전국인민대표대회 상무위원회 주덕(朱德) 위원장과 중화인민공화국 동필무(董必武) 부주석 일행의 연변시찰 장면 촬영.

1963년 윤송죽과 결혼

1964년 7월 11일-14일 중공중앙군위 유백승(劉伯承) 부주석의 연변시찰 장면 촬영.

1964년 10월 초순 미국의 저명한 흑인수령 로버트·윌리암 부부 일가의 연변 방문 장면 촬영.

1966년 4월부터 길림성박물관에서 기획한 황순옥 외 약간 명의 〈모주석저작학습전람〉을 꾸리는 데 특파되어 〈연변전시관〉의 사진제작과 전시임무 맡음.

1966년 5월 전대미문의 '문화대혁명' 발발.

1966년 9월 25일 동북국 제1서기 송임궁(宋任窮) 일행의 연변 시찰 장면 촬영.

1968년 8월에 개척민의 꿈을 안고 낙타산으로 내려갔던 부친 황화순이 64세를 일기로 사망.

박물관시절

1972년 봄 연변박물관 촬영사로 전근.

1973년 7월 1일 중국공산당에 가입.

1975년 황범송의 예술사진작품 〈봄싹〉이 동북3성사진전에서 수상.

1976년 여름에 초청을 받고 북경에 가 중국농업성과전람에 연변사진전시관 제작임무를 완성.

1976년 10월 23일 연변 각 민족 인민 7만여 명이 '4인무리'를 일거에 분쇄한 것을 경축하여 시위에 나섬.

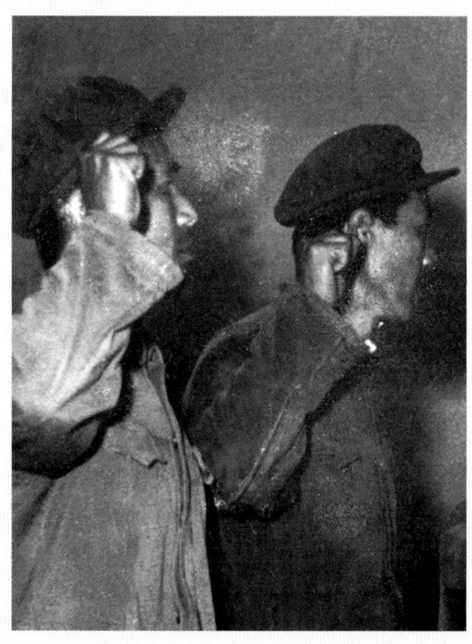

1973년 입당 선서

큰 딸과 함께

1979년 길림성촬영가협회 회의 참가자 기념. 앞줄 왼쪽 1번째가 황범송

1977년 3번에 나누어 북경에 들어가 전국 농업성과전람관 사진제작과 진열임무를 완수. 22미터 되는 거폭의 사진을 제작하여 화제를 모음.

1979년 북경에 들어가 민족문화궁에 〈민족대단결도편전람〉의 일환으로 〈중국조선족관〉의 사진제작과 배치임무 수행.

1980년 1월 31일 연변조선족지치주혁명위원회를 연변조선족지치주인민정부로 개칭.

1980년 12월 8일-12일 5박 6일간 국무원 부총리 만리(萬里)의 연변 방문 촬영.

1982년 6월에 출판한 『장백산 유람』 화책의 사진수집과 제공임무 담당.

1982년 8월 사진 작품이 실린 『연변』 사진집(조문·중문) 출간

현지조사 모습

천안문광장에서

1982년 8월 연변박물관의 〈연변인민혁명투쟁사〉 대형전시 사진전 임무 담당.

1982년 9월 2일-3일 연변예술극장에서 1,400명 참가해 개최한 연변조선족자치주 창립 30돐 경축대회, 8만여 명 여러 민족 인민들이 연길인민경기장에 모여 개최한 자치주 창립 30돐 경축 행사 현장을 기록.

1982년 예술사진작품(계열작품) 〈중국조선족아동들〉이 북방권사진전람에 입선되어 일본에서 전시.

1983년 7월 22일 전국인민대표대회 상무위원회 부위원장 새복정(賽福鼎, 사이부딘 아지지)의 연변 시찰 장면 촬영.

1983년 8월 13일 중공중앙 정치국 위원이며 중앙군사위원회 주석인 등소평(鄧小平)의 연변 시찰 장면을 기록.

발해 정효공주묘 발굴 취재

항일투사 여영준과 함께

1984년 2월 24-27일 중공중앙 정치국 위원이며 중앙지방병예방퇴치소조 조장 이덕생(李德생)이 연변에 와서 지방병예방퇴치사업을 시찰하는 장면을 기록.

연변주 당위원회 전직촬영사시절

1984년 중국공산당 연변주위 판공실 전직촬영사로 전근.

1984년 5월 11-12일 중공중앙 총서기 호요방이 조선에 대한 친선방문을 마치고 연길로 귀국하여 연변을 시찰하는 장면 촬영

1984년 5월 16일 조선노동당중앙위원회 총비서이며 조선민주주의 인민공화국 주석인 김일성을 단장으로 한 조선 당 및 국가 대표단이 소련 방문 도중 도문을 경유하는 장면 촬영.

1984년 7월 11일 공청단중앙서기처 제1서기 호금도(胡錦濤)가 연변에 와서 공청단사업을 시찰하는 장면 기록.

1984년 군용비행기 앞에서

1984년 7월 26일 전국인민대표대회 상무위원회 위원장 팽진(彭眞)이 연변에서 시찰하는 장면 촬영.

1984년 8월 1일-2일 중공중앙 서기처 서기이며 선전부 부장인 등력군((鄧力群)이 연변을 시찰하는 장면 촬영.

1984년 11월 16일 중앙서기처 부서기 학건수가 연변을 시찰하는 장면 촬영.

1985년 8월 14-15일 중공중앙 정치국 위원 송임궁이 연변을 시찰하는 장면 촬영.

1986년 3월 28일부터 4월 12일까지 특별출품 연변조선족자치주 황범송씨 〈해외조선인사진전람〉이 미국 뉴욕 맨하튼 뉴욕한인회관에서 개최. 그해 5월과 7월에 각각 워싱턴과 로스앤젤리스, 캐나다 토론토에서 전시.

1990년대 주은래 총리 배역 배우와 함께

1986년 7월 15일-20일 국무위원 겸 국가계획위원회 주임 송평(宋平), 중앙재정경제지도소조 부조장 두성항이 연변에 와서 시찰하는 장면 촬영.

1986년 8월 13일 중공중앙 선전부 부부장 하경지(賀敬之)의 연변 시찰 장면 촬영.

1987년 7월 15일-22일 전국정치협상회의 부주석 양정인이 연변을 시찰하는 장면 촬영.

1988년 7월 24일-26일 중공중앙 정치국 상무위원이자 중공중앙 규률검사위원회 서기인 교석(喬石)이 연변을 시찰하는 장면 촬영.

1989년 9월 1일-3일 중공중앙 정치국 위원이며 국무위원 이철영이 연변에 와서 시찰하는 장면 촬영.

1992년 9월 전국노력모범 김시룡과 함께

1990년 4월 16일 전국인민대표대회 상무위원회 부위원장 예지복(倪志福)의 연변 사업시찰 장면 촬영.

1990년 6월 22일-23일 외교부 부장 전기침(錢其琛)이 연변을 시찰하는 장면 촬영.

1990년 7월 21일-23일 전국인민대표대회 상무위원회 부위원장이며 전국부련회 주석인 진모화(陳慕華)가 연변 시찰하는 장면 촬영.

1990년 풍경예술사진 〈천지〉가 한국 서울에서 펼쳐진 국제사진작품전에서 금상 수상.

1991년 1월 7일-9일 중공중앙 총서기, 중앙군위 주석 강택민(江澤民)이 연변을 시찰하는 장면 촬영.

서울 방문 때 남산에서

평양 방문 때 김일성 주석 생가 앞에서

1991년 6월 14일-15일 국무원 부총리 주용기(朱鎔基)가 연변을 시찰하는 장면 촬영.

1991년 6월 18일-20일 전국인민대표대회 부위원장이고 민주동맹중앙위원회 주석이며 저명한 사회학자, 민족학자인 비효통(費孝通)이 연변을 시찰하는 장면 촬영.

1991년 8월 6일-7일 국무원 총리 이붕(李鵬)이 연변을 시찰하는 장면 촬영.

1991년 8월 16일-18일 국무원 부총리 추가화(鄒家華)가 연변에 와서 시찰찰사업을 하는 장면 촬영.

1992년 7월 자치주 성립 40주년기념일을 맞아 민족출판사와 연변인민출판사에서 조선문, 중문, 영문으로 된『연변』사진집 출간. 11장의 중앙영도 사진 제공 수록.

1992년 8월 29일-9월 4일 전국정치협상회의 부주석 홍학지(洪學智)가 연변을 시찰하는 장면 촬영.

1990년대 백두산에서 천지에서

1990년대 고향 왕청현 하마당 취재

1993년 9월 13일-18일 전국인민대표대회 부위원장 포혁(布赫, 부허)가 연변을 시찰하는 장면 촬영.

1994년 8월 7일-11일 군사과학원 원장 조남기(趙南起) 상장의 연변 시찰 장면 촬영.

1994년 9월 26일-30일 중국 연변촬영가협회와 조선중앙사진가동맹, 한국사진작가협회의 공동 주최로 중국 연변 제1회 국제사진전람인 〈뉴코리아국제사진학술회의와 합동사진전시〉가 중국 연길 연변미술관에서 개최. 황범송의 〈널뛰기〉 등 3점의 작품 입선.

1995년 6월 21일-22일 중공중앙 총서기이고 국가주석이며 중앙군위 주석인 강택민이 연변에 와서 사업 시찰하는 장면 촬영.

1997년 7월 16일-19일 연변박물관에서 열린 〈97 제1회 중국연변국제촬영리론연구회 및 제2회 연변국제촬영예술작품전람〉에 사진작품 2점 입선.

오방국 국무원 부총리 연변 방문 촬영

리장춘 정치국 상무위원 연변 방문 촬영

1997년 8월 연변인민출판사에서 조선문과 중문으로 편집해 출판한 『연변조선족력사화책』에 사진 150여 장 제공.

1999년 9월 출판된 대형사진집 『당대 중국 조선족』에 당과 국가의 지도자 주은래, 등소평이 연변을 시찰할 때의 사진 실림.

1999년 10월 민족출판사가 조선문으로 출판한 『중국조선민족발자취』(전 8권) 총서에 사진 200여장 제공.

2000년 8월 20일 전국정치협상회의 부주석 조남기와 국가민족사무위원회 주임 리덕수(李德洙)가 연변을 시찰하는 장면 촬영.

2000년 연변박물관에서 조직한 〈항미원조 50주년 전람〉 임무 수행.

2001년 7월 15일-18일 중공중앙 정치국 위원이며 전국인민대표대회 상무위원회 부위원장인 전기운(田紀雲)이 연변을 시찰하는 장면 촬영.

2001년 8월 17일-21일 중공중앙 정치국 상무위원이며 국가 부주석인 호금도가 연변에 와서 사업 시찰하는 장면 촬영.

2002년 7월 18일-20일 중공중앙 정치국 위원이며 국무원 부총리인 오방국(吳邦國)의 연변 시찰 장면 촬영.

2002년 7월 출판된 대형사진집『연변 50년』에 많은 촬영사진들이 실림.

2003년 5월 30일-31일 중공중앙 정치국 상무위원 리장춘(李長春)이 연변에 와서 조사연구를 하는 장면 촬영.

2003년 7월 18일-20일 전 전국정치협상회의 부주석이며 중국과학원 원사인 송건(宋健)이 연변에 와서 고찰을 하는 장면 촬영.

퇴직 후 활동

2005년 7월 중공연변주위 판공실 전직촬영사로서 정년퇴임.

2006년 5월 19일-20일 중공중앙 정치국 상무위원이며 전국정치협상회의 주석인 가경림(賈慶林)이 연변에 와서 사업 시찰하는 장면 촬영.

2006년 6월 부인 윤송죽이 병으로 사망.

2006년부터 2007년 『연변에서의 조남기동지』, 『연변에서의 장덕강동지』, 『연변에서의 리덕수동지』 등 6권의 사진집을 펴냄.

2006년 부인 윤송죽 사망

2007년 논문 「촬영예술은 중국민족특색이 있어야 한다(摄影艺术要有中国民族特色)」가 『중화유명전문가종신성취총서(中华知名专家终身成就丛书)』에 수록. 일등상 수상.

2008년 『주덕해동지기념화책』, 『조남기전』 화책 편찬에 참여.

2008년 6월 29일 연변주정부에서 주최하고 연변주관광국과 연변촬영가협회가 연합 조직한 〈2008 중국 동북아 국제관광촬영작품전람〉에서 사진작품 입선.

2009년 12월 연변인민출판사에서 출판한 『중국조선족통사』(상·중·하)에 사진 60여 장 제공 수록.

2010년 3월 연변인민출판사에서 중문으로 출판한 『연변조선족사(延邊朝鮮族史)』(상·권)에서 128장의 사진 제공 수록.

2010년 8월 백두산에서

2008년 6월 조남기 동지와 함께

2016년 6월 사위 허연일, 딸 황명옥 부부와 양정우열사능원에서

2012년 7월 대형화보집『연변60년』출판에 다수의 사진작품 제공.

2012년 9월 3일 자치주 성립 60주년경축대회 행사 촬영. 1952년부터 연변조선족자치주 성립경축대회 장면을 빠짐없이 기록한 사진가가 됨.

2018년 4월 도쿄 방문 때 자녀, 친척, 사돈들이 차린 생일상

아리랑방송에서 방송을 하는 황범송

2015년 8월 연변인민출판사에서 출판한『항일전쟁과 중국조선족-중국인민항일전쟁 및 세계반파쑈전쟁 승리 70돐 기념문집』에 28장의 사진 제공 수록.

2016년 5월 용정과수원에서 사과배꽃 촬영

2021년 6월 연변조선족민속원에서 촬영하는 모습

2016년　중국문사출판사에서 중문으로 출판한 대형역사서적『중국조선족백년실록』(1-10권)에 84장의 사진 수록.

2017년 12월　연변인민출판사에서 출판한『중국조선족 100년 구술사-구술 연변 65년』(정치편·경제편·문화편)에 사진자료 38장 제공 수록.

2021년 6월 12일 단옷날　〈2021년 주 및 연길시 '문화와 자연유산의 날' 계렬활동〉 연길시제5차 연길대중무용시합 장면 촬영.

2022년 3월 9일　급성백혈병으로 92세를 마감하여 병원에서 별세.

황범송 평전

중국 조선족 촬영예술의 선도자

초판 1쇄 인쇄 2024년 10월 04일
초판 1쇄 발행 2024년 10월 10일

지은이　김창석 이광평

발 행 인　한정희
발 행 처　역사인
편　　집　김숙희 김지선 한주연
마 케 팅　하재일 유인순
출판번호　제406-2010-000060호
주　　소　경기도 파주시 회동길 445-1 경인빌딩 B동 4층
전　　화　031-955-9300　팩스 031-955-9310
홈페이지　www.kyuginp.co.kr
이 메 일　kyungin@kyunginp.co.kr

ISBN 979-11-86828-32-8 03990
값 38,000원

역사인은 경인문화사의 자매 브랜드입니다.